Der moderne Pfadfinder

Der moderne Pfad-Finder

von
Frank Hercher

Tips
für Wanderer
und Abenteurer

F. Englisch Verlag·Wiesbaden

ISBN 3-88140-093-1
© 1981 by F. Englisch Verlag, Wiesbaden
Alle Rechte vorbehalten, auch die des auszugsweisen Nachdrucks und
der fotomechanischen Wiedergabe
Satz: Typostudio Rücker & Schmidt, 6306 Langgöns-Niederkleen
Druck: Offsetdruck Hirsekorn & Naatz, 6204 Taunusstein
Printed in Germany
10987654321

Inhaltsverzeichnis

Vorwort des Präsidenten des Verbandes
Deutscher Gebirgs- und Wandervereine   7
Vorwort   8

I. Ein Abenteuer beginnt bei der Planung   9
  1. Welche Unterlagen geben Auskunft?   12
  2. Überflüssiges belastet unnötig   15
  3. Wasserdicht oder nicht – wie verpackt man richtig?   17
  4. Zweckmäßigkeit geht vor Modegags –
      eine kleine Kleiderkunde   19
  5. Der richtige Rucksack   21
  6. Packliste für den Rucksack   23

II. Orientierung ist keine Hexerei   25
  1. Was die Karte verrät – eine kleine Kartenkunde   27
  2. Der Kompaß weist den Weg   31
  3. Ohne Kompaß geht es auch   38
  4. Wie weit, wie hoch, wie tief? –
      So ermittelt man Entfernungen   42

III. Wissenswertes aus Wald und Flur   48
  1. Der Wald als Schatzkammer   49
  2. Gehölze und ihre Namen   56
  3. Tierarten und ihre Gewohnheiten   74
  4. Fährten richtig entschlüsseln   90

IV. Ohne Zivilisation überleben   93
  1. Lageraufbau und wetterfeste Unterstände   94
  2. Knoten und Knüpfen   109
  3. Lagerplätze, und wie man sie sichert   111
  4. Die richtige Feuerstelle   113
  5. Jagen zum Überleben   130
  6. Schonzeiten   136
  7. Kein Überleben ohne Wasser   137
  8. Unterwegs essen   140
  9. Schmackhaftes aus dem Vorratsschrank der Natur   144

V. Feindseliges   146
  1. Tiere, vor denen man sich hüten sollte   148
  2. Moore und Sümpfe   156
  3. Wenn's blitzt und donnert   159

VI. Wandern einmal anders   162
  1. Tips für Rundwanderwege   162
  2. Mit dem Fahrrad durch die Natur   165
  3. Tips für Tramper   167

VII. Was man sonst noch wissen sollte 168
  1. Umweltschutz, und was wir davon haben 168
  2. Eine kleine Wetterkunde 170
  3. Wetterregeln 176
  4. Verhalten in den Bergen 178
  5. Überleben im Schnee 180
  6. Notsignale 185
  7. Helfen und retten 186
  8. Bergen eines Verletzten 197
  9. Die Grenzen der Belastbarkeit 199
 10. Darauf sollte man beim Baden achten 202
 11. Beobachten und fotografieren 203
 12. Tarnen, anschleichen und beobachten 207
 13. Tips für unsere Jüngsten 209

Vereinsanschriften 210

Vorwort
des Präsidenten des Verbandes Deutscher Gebirgs- und Wandervereine

Die deutschen Wandervereine begrüßen jede Publikation, die sich dem Thema Wandern in vernünftiger Form widmet. Dies ist leider nicht immer der Fall. Die Hinweise und Ratschläge, die Frank Hercher als „Moderner Pfadfinder" hier zusammengestellt hat, erfüllen die Voraussetzungen, die man an ein ideales Lehr- und Informationsbuch auf diesem Gebiet stellen muß. Man gewinnt sehr rasch den Eindruck, daß sich der Autor mit großer Sorgfalt auf diesen umfangreichen Katalog vorbereitet hat.

Ich begrüße es besonders, daß Hercher der Natur als Lebensraum einen hohen Stellenwert einräumt. Bei ihm spürt man deutlich, wie wichtig der praktische Naturschutz genommen werden muß. Das Buch wird dazu beitragen, vielen Menschen die Gewißheit zu vermitteln, daß die Natur das wertvollste Gut ist, das wir für uns und unsere Nachkommen erhalten müssen.

Dem Buch, das sich erfreulicherweise auch an die Jüngsten unter den Wanderinteressierten wendet, wünsche ich eine weite Verbreitung. Ich hoffe, daß viele Leser mit Hilfe dieser Hinweise Freude am Wandern finden.

Konrad Schubach
Staatssekretär a.D.
Präsident des Verbandes Deutscher Gebirgs- und Wandervereine e.V.
Präsident der Europäischen Wandervereinigung e.V.

Vorwort

Zur Erholung und Freizeitgestaltung bieten sich unsere Wälder an. Dieses zu nutzen, ist der Wunsch vieler, wobei den individuellen Bedürfnissen kaum Grenzen gesetzt sind.

Ganz gleich, ob es sich um mehrtägige Aufenthalte in der Natur oder um kurze Rundwanderstrecken handelt: es gibt wesentliche Dinge, die dabei zu beachten sind. Dies beginnt bei der Vorbereitung, beim Packen der wichtigsten Utensilien und reicht bis zu Kenntnissen darüber, wie man sich selbst oder anderen, die in Not geraten sind, helfen kann.

Wer die Natur unbeschwert genießen will, muß gewisse Grundregeln kennen und beachten.

Dies Buch als Wegbegleiter soll dazu beitragen, daß die Stunden der Erholung weitab von den Betonschluchten unserer Städte auch wirklich das geben können, was man von ihnen erhofft.

Obwohl das Buch in erster Linie auf den europäischen Lebensraum zugeschnitten ist, wurde dem Bereich „Überleben ohne Zivilisation" breiter Raum gegeben. Schließlich kann jede Wanderung durch unvorhergesehene Ereignisse Ursprung aufregender Abenteuer sein. Aus diesem Grund laufen drei Interessenbereiche oft nahtlos ineinander über. Sie befassen sich mit den Bedürfnissen der Wanderer, den Erfordernissen der Abenteurer und den Interessen des unternehmungsfreudigen Nachwuchses.

Ich habe versucht, etwas von dem zu wecken, was bei uns im Laufe der Jahrhunderte verlorengegangen ist. Unser Verhältnis zur Umwelt, zu den Vorgängen in der Natur, ihren Gesetzmäßigkeiten wurde mit der Zeit durch die Zivilisation sehr stark überlagert. Erst wenn der Mensch in extremen Situationen gezwungen ist, mit diesen Bedingungen fertig zu werden, wenn er unter wenig erfreulichen Umständen Wochen und Monate fremde Wälder durchstreifen muß, wird ihm dieser Mangel bewußt. Dann ist es meist zu spät, sich verschütteter Instinkte zu besinnen.

In der Wildnis entwickelt der Mensch rege Kreativität. Ungeahnte Fähigkeiten und unerwartete handwerkliche Erfolge steigern in solchen Momenten das Selbstwertgefühl. Beobachtungen und Entdeckungen, zunächst unter Anleitung, später auf eigene Faust, können dazu beitragen, daß junge Menschen später nicht sorglos alle Grünflächen zubetonieren und ein unnatürliches Profitstreben über die Interessen der Natur, der Landschaft und dem Erholungsbedürfnis der Menschen stellen.

Frank Hercher

Ein Abenteuer beginnt bei der Planung

Wer zu erlebnisreichen Stunden in die Natur aufbrechen möchte, sollte großen Wert auf eine gründliche Vorbereitung legen. Dies gilt sowohl für den Wanderer, der mit Schlafsack und Zelt dem Alltag mehrere Tage Lebewohl sagen möchte, als auch für eine Tageswanderung im Mittelgebirge. Während in diesen Fällen eine gründliche Vorbereitung dazu beiträgt, die Stunden in Wald und Flur unbeschwerter zu gestalten, ist sie bei alpinen Klettertouren eine wesentliche Voraussetzung, das Abenteuer in den Bergmassiven nicht mit dem Leben zu bezahlen. Nur wer gründlich plant, kann unliebsame Überraschungen vermeiden.

Dieses Kapitel wird Auskunft darüber geben, wie man bei der Planung einer Wanderung vorgehen muß, was es dabei zu beachten gilt. Alle Hinweise und Ratschläge beziehen sich auf europäische Verhältnisse. Schutz- und Sicherheitsvorkehrungen, die bei ähnlichen Unternehmen in den Tropen, in Wüstenregionen oder auf dem Eis der Polarkappen getroffen werden müßten, wurden hier nicht berücksichtigt.

Bevor sich der Wanderer mit der Planung seines Unternehmens befaßt, sollte er sich darüber im klaren sein, wieviel Zeit ihm für sein Abenteuer zur Verfügung steht, ob er allein oder mit mehreren wandern möchte und in welcher körperlichen Verfassung er und seine Begleiter sich befinden.

Damit ist bereits ein Rahmen vorgegeben, in dem das Unternehmen ablaufen kann. Es bleibt zu klären, ob die Teilnehmer bei mehrtägigen Ausflügen die Romantik am Lagerfeuer, die Übernachtung in Zelt und Schlafsäcken den Annehmlichkeiten eines Hotelzimmers vorziehen.

Haben sich die Teilnehmer auf eine Strecke geeinigt, so ist es wichtig, sich vorab anhand von Unterlagen über die Gegebenheiten rund um die Strecke zu informieren. Das Augenmerk sollte hierbei insbesondere auf die Länge der jeweiligen Etappen gerichtet sein, und Höhenunterschiede mit kraftraubenden Auf- und Abstiegen müssen bei der Festlegung der Teilstrecken mitberücksichtigt werden. Bei Wanderungen mit Zelt und Rucksack ist man – was das Erreichen eines Etappenziels betrifft – auf jeden Fall beweglicher, als wenn man in Hotels oder Pensionen übernachten muß. Dennoch empfiehlt es sich, auch bei Wanderungen mit flexiblen Etappenzielen gewisse Zielpunkte zuvor festzulegen. Hierbei ist es durchaus denkbar, daß man sich nicht mit einem Punkt zufriedengibt, sondern einen Lagerplatz für den Fall einer überdurchschnittlichen Tagesleistung festlegt und zwei weitere für normale oder weniger gute Wanderzeiten aussucht.

Auf jeden Fall sollten – und das gilt insbesondere für Anfänger – keine Gewalttouren geplant werden. Sie gehen am Sinn einer Wanderung vorbei und lassen keinen Raum für persönliche Entfaltung und Entdeckungen in der Natur. Wem es auf Rekordleistungen ankommt, der sollte lieber die Aschenbahnen der Stadien benutzen, die schließlich allein zu diesem Zweck angelegt wurden.

Gerade wer noch nicht so häufig seine Wanderstiefel geschnürt hat, tut gut daran, sich zunächst mit kürzeren Strecken zu begnügen, um seine eigene Leistungsfähigkeit auszuprobieren. Während der Anfänger noch bei geringen Steigungen ins Schwitzen gerät, wird er schon nach der vierten oder fünften Tour feststellen, daß seine Leistungsfähigkeit steigt. Wandert man in einer Gruppe, so sollte das körperlich schwächste Mitglied das Tempo bestimmen. Nur so kann man vermeiden, daß der Wunsch nach Bewegung in der freien Natur bereits nach der ersten Wanderung verflacht und keine Lust für weitere Unternehmen mehr besteht.

Bei längeren Wanderungen hat es sich gezeigt, daß es ermüdender ist, hinter anderen herzulaufen, als wenn man selbst die Führung übernommen hat. Bei jeder Wanderung gibt es so etwas wie einen „toten Punkt". Er äußert sich zumeist in einer gewissen Gleichgültigkeit und wird nicht selten von leichter Müdigkeit begleitet. Verspürt der Wanderer diesen „toten Punkt", so sollte er dies seinen Mitwanderern sagen und sogleich die Führung übernehmen. Bereits nach kurzer Zeit wird dann die Aufmerksamkeit wieder zunehmen, und die Gleichgültigkeit verschwindet. Dies bedeutet für die Planung eines Wanderabenteuers, daß jedes Mitglied einer Gruppe mit den Gegebenheiten der Wanderstrecke, dem Streckenverlauf und der jeweiligen Wanderkarte vertraut sein muß.

Die Planung löst, wenn man sie nicht übertreibt, eine Vorfreude aus, die, gepaart mit einer gewissen Spannung auf das zu Erwartende, eine Aufregung schafft, die mit dem Reisefieber zu vergleichen ist.

Wichtig bei den Vorbesprechungen ist die Aufteilung der Ausrüstung auf die jeweiligen Teilnehmer der Wanderung. Hierbei muß die körperliche Verfassung der Mitglieder den Ausschlag über die Zuteilung von Geräten und Ausrüstungsgegenständen geben.

Wer glaubt, daß ihm die Strecke, die ausgesucht wurde, zu beschwerlich ist, oder daß die Tour zu lang ausfällt, der sollte sich bei einer Vorbesprechung nicht scheuen, dies zu sagen. Das gleiche gilt für die Mitnahme des Gepäcks. Wer Bedenken hat, über längere Zeit die ihm zugewiesene Menge an Ausrüstungsgegenständen tragen zu können, der sollte dies zuvor anmelden.

Bei der Planung einer Wanderung müssen zunächst folgende Fragen geklärt werden:

Soll die Wanderung in ebener oder bergiger Landschaft durchgeführt werden?
Welche Zeit steht für das Unternehmen zur Verfügung?
Wandert man allein oder beteiligen sich an der Wanderung mehrere Personen?
Welche Interessen der Teilnehmer sollen unterwegs besonders berücksichtigt werden?
In welcher körperlichen Verfassung befinden sich die Teilnehmer des Unternehmens?
Soll bei mehrtägigen Wanderungen im Zelt übernachtet werden oder wird einem Hotel der Vorzug gegeben?
Welche Längen sollten die jeweiligen Etappen haben?
In wieviel Etappen soll die Wanderung aufgeteilt werden?
Welche Etappenziele wünschen die Teilnehmer?
Ist die Ausrüstung für das Unternehmen komplett – was muß zusätzlich angeschafft werden?
Sind alle Teilnehmer der Wanderung davon überzeugt, daß sie das Vorhaben ohne große Mühe bewältigen können?
Wann ist eine gemeinsame Vorbesprechung möglich?

Welche Unterlagen geben Auskunft?

Zur Vorbereitung gehört es, sich ein genaues Bild von den Gegebenheiten der jeweiligen Strecke zu machen. Hierzu reicht der Schulatlas nicht aus. Die Darstellungen in Atlanten sind aufgrund des großen Maßstabs allenfalls als Übersichtskarten zu benutzen. In ihnen kann man sich über die Lage größerer Städte in der Nähe des Wandergebiets informieren und eventuell günstige An- und Abfahrtswege zum Ausflugsgebiet heraussuchen.

Wer einen der vielen Wanderparkplätze mit Rundwanderwegen benutzen möchte, kann dies in der Regel auch ohne Wanderkarte tun. Es handelt sich hierbei meist um gut markierte Spazierwege, die durch Tiersymbole wie Hirsch, Fuchs und Eichhörnchen auf gut sichtbar angebrachten Wegetafeln gekennzeichnet sind. Ausgangs- und Endpunkt solcher Rundwanderwege sind stets die Parkplätze. Am Anfang steht meist eine große Übersichtstafel, die erläutert, welchen Verlauf die unterschiedlichen Wege nehmen, welche Wanderdauer dafür notwendig ist und wie viele Kilometer dabei zurückgelegt werden. Fast immer werden drei oder vier verschiedene Möglichkeiten angeboten. Wer aber neben dem Spazierengehen und Wandern auf diesen Rundkursen gern wissen möchte, wie der Bach heißt, den er überschreitet, in welchen Fluß er mündet und wo seine Quelle liegt; wen es interessiert, über welches Dorf er bei seiner Wanderung blickt und wie die Hügel im Hintergrund heißen, dem sei empfohlen, sich auch auf solchen Touren eine entsprechende Wanderkarte mitzunehmen. Oftmals liegt ein Gasthaus nur einige hundert Meter weit von der Strecke entfernt, und der Weg führt nur deshalb nicht dort vorbei, weil die Wanderer sonst über eine Bundesstraße geführt werden müßten.

Was für den Rundwanderweg empfehlenswert ist, ist für die Tageswanderung unentbehrlich. Wanderkarten werden in großer Zahl und unterschiedlicher Aufmachung angeboten. Beim Kauf sollte darauf geachtet werden, daß die Wanderstrecke möglichst nicht am Kartenrand verläuft. Es ist außerdem vorteilhaft, wenn eine Karte das gesamte Wandergebiet umschließt. Benötigt man bei mehrtägigen Wanderungen trotz allem mehrere Kartenwerke, so sollten die Anschlußkarten den gleichen Maßstab wie die anderen haben. Hierbei ist darauf zu achten, daß sich die Kartenübergänge deutlich überlappen. Nur so kann verhindert werden, daß man längere Zeit durch ein „Niemandsland" wandert.

Schon beim Kauf der Karten muß darauf geachtet werden, daß man sie auf der Wanderung mitnehmen muß und in eine Kartentragetasche stecken kann. Die Kartentragetasche kann –

selbstgefertigt – aus einer Klarsichthülle im DIN-A5-Format bestehen, oder man greift auf einen im Handel üblichen Typ zurück. In diesen Kartentragetaschen ist die Karte geschützt und durch ein Fenster aus Klarsichtfolie auch bei strömendem Regen abzulesen. In der Regel trägt man diese Tasche mit einem Band um den Hals oder befestigt sie am Rucksack-Trageriemen oder an der Kleidung. Karten, die Bestandteil von Wanderbüchern sind, haben oft den Nachteil, daß man sie nicht in Kartentragetaschen stecken kann, ohne das Buch zu beschädigen. Diese Werke bieten dafür aber den Vorteil, daß sie meist eine ausführliche Beschreibung des Wandergebiets enthalten. Sie sollten daher in einer Außentasche des Rucksacks mitgenommen werden.

Sollte die Wanderstrecke an Burgen, Denkmälern, historischen Plätzen vorbeiführen, so kann es nicht schaden, wenn man sich zuvor anhand von Lexika und Geschichtsbüchern ein kleines Hintergrundwissen aufbaut. Das gleiche gilt für andere Interessengebiete, wie zum Beispiel für Sammler von Mineralien oder für Vogelkundler. Man sollte sich rechtzeitig hierfür die Fachliteratur – zugeschnitten auf das entsprechende Wandergebiet – besorgen. Bei Wanderungen ins Ausland ist es dringend erforderlich, sich zuvor über die gesetzlichen Bestimmungen bezüglich des Zeltens außerhalb von Campingplätzen zu informieren. Bei Wanderungen ins fremdsprachige Ausland empfiehlt sich ein kleiner Sprachführer, in dem die wichtigsten Redewendungen aufgeführt sind.

Bei der Beschaffung von Unterlagen über ein bestimmtes Wandergebiet sind die Fremdenverkehrsbüros der jeweiligen Gemeinden oder Städte sowie die dortigen Wanderklubs sehr aufgeschlossen und hilfsbereit. Wer sich mit konkreten Vorstellungen rechtzeitig an diese Einrichtungen wendet, der wird viele nützliche Einzelheiten erfahren und kann bereits anhand des Materials bei der Planung des Ausflugs Schwerpunkte setzen. Beim Reisebüro kann man Prospekte der unterschiedlichsten Wandergebiete erhalten, wenn nicht, so doch die Anschriften der jeweiligen Fremdenverkehrsbüros erfahren. Dies ist für all jene besonders wichtig, die bei ihren Wanderungen in Hotels oder Pensionen übernachten wollen. Hier schützt eine rechtzeitige Zimmerreservierung vor unliebsamen Überraschungen.

Bei kombinierten Wanderungen, bei denen für Teilstücke oder den Rückweg die Eisenbahn benutzt werden soll, ist es ratsam, sich zuvor bei der Deutschen Bundesbahn einen Taschenfahrplan für das entsprechende Gebiet zu besorgen.

Im Anhang dieses Buches sind die im Verband Deutscher Gebirgs- und Wandervereine zusammengeschlossenen Klubs und Vereine mit Adresse und Telefonnummer aufgeführt. Sie können exakt über die jeweiligen Wandergebiete Auskunft geben und sind bei der Planung von Wanderungen behilflich. Trotz aller Planung empfiehlt es sich, auch vor Ort aktuelle Informationen der Einheimischen einzuholen. Die beste – und wohl auch angenehmste – Informationsbörse ist dabei der Stammtisch im Dorfgasthaus. Hier erfährt man, ob der vorgesehene Weg überhaupt begehbar ist, ob Holzeinschlag oder Windbruch ihn möglicherweise unpassierbar gemacht haben. Außerdem findet der Wanderer bei dieser Gelegenheit rasch Kontakt zur einheimischen Bevölkerung und erhält die Chance, originelle Anekdoten zu erfahren.

Schon bald wird der Wanderer feststellen, wie gern in unserer motorisierten Welt das Gespräch mit ihm gesucht wird und welche Herzlichkeit man ihm dabei entgegenbringt. Obgleich bei solchen Gesprächen Mißtrauen fehl am Platze ist, sollte der Wanderer dennoch eine alte Trapper- und Fallenstellerregel beherzigen, nämlich Fremden niemals den genauen Ort des nächsten Lagerplatzes zu beschreiben. Dies schließt jedoch nicht aus, daß man Rat und Warnung Einheimischer für ein nächtliches Lager mitberücksichtigt. Dennoch sollte man gerade in diesem Punkt mit Auskünften über das eigene Vorhaben etwas vorsichtig sein.

Von den Einheimischen erhält der Wanderer zumeist sehr exakte Auskünfte über den Zeitbedarf, um diese oder jene Strecke zu bewältigen, und über eine möglicherweise lohnendere Route. So sollte der Wanderer getrost den Ratschlägen der Ortskundigen folgen, wenn diese ihn darauf aufmerksam machen, daß ein anderer, als der ursprünglich geplante Weg, durch ein reizvolleres Gebiet verläuft oder an interessanten Aussichtspunkten vorüberführt.

Überflüssiges belastet unnötig

Die Ausrüstung bildet oft eine wesentliche Voraussetzung zum Überleben bei Wander- und Bergtouren. Wird sie sorgfältig zusammengestellt, gewährleistet sie Schutz und Sicherheit. Dies trifft insbesondere für Hochgebirgstouren zu. Wichtig bei der Zusammenstellung ist es, sich auf die Geländegegebenheiten einzustellen. Dabei sollte man stets vom denkbar schlechtesten Wetter ausgehen und es als Maßstab für die zu wählende Ausrüstung nehmen.

Die Grundausrüstung beginnt bei der richtigen Auswahl der Kleidung, neben einer zweckmäßigen Kleidung benötigt man eine Vielzahl von Kleinigkeiten. Bei allen Gegenständen sollte darauf geachtet werden, daß überflüssiges Gewicht vermieden wird. So wiegen Töpfe und Eßgeschirr aus Aluminium nur einen Bruchteil dessen, was normale Haushaltstöpfe an Gewicht auf die Waage bringen. Aus dem gleichen Grund sollte auch auf Glasflaschen verzichtet werden. Kunststoffbehälter erfüllen den gleichen Zweck, lassen sich ebensogut verstauen und sind sehr viel leichter.

Meist sind es Dosengetränke und -speisen, die das Gepäck schwer werden lassen. Es ist daher zu überlegen, ob für den gesamten Verlauf der Wanderung bereits von Anfang an alle Getränke mitgenommen werden sollen. Man kann zum Beispiel bei der Ausflugsplanung die Strecke so festlegen, daß man Quellen ansteuert, an denen man mit Hilfe von Brausepulver oder -tabletten die leeren Behälter wieder auffüllt. Das gleiche gilt für die Zubereitung von Tee, der in praktischen Beuteln bis zu einer Trinkwasserstelle mitgenommen werden kann. Sind im Wandergebiet keine Quellen, so werden in jedem Ort oder auf jedem Bauernhof die Bewohner bereit sein, Trinkwasser oder Wasser für die Zubereitung von Speisen zur Verfügung zu stellen. Außerdem gibt es überall Gasthäuser, in denen Mineralwasser zum gleichen Zweck gekauft werden kann. So können dann an der Feuerstelle oder auf dem Kocher Suppen und andere Fertiggerichte gekocht werden. Oftmals gibt es Eintöpfe, die, in Beuteln verpackt, weitaus leichter sind als jene, die in Konservendosen fertig angeboten werden. Auf jeden Fall muß man bei der Auswahl der Menüs für unterwegs darauf achten, daß sie möglichst leicht zu transportieren sind.

Viele Wanderer wollen keine umfangreichen Menüs kochen, sondern nur Vorbereitetes erwärmen. Alle sollten aber daran denken, daß sie diese Bequemlichkeit über viele Kilometer mit dem Tragen eines höheren Gewichts erkaufen müssen.

In den meisten Fällen sind die Anhänger absoluter Perfektion jene, die am schwersten zu schleppen haben. Obgleich man für jeden Eventualfall gerüstet sein sollte, muß sich der Wanderer mit dem Gedanken vertraut machen, daß er, anders als zu Hause, nicht alle Gegenstände griffbereit haben kann. Wer glaubt, daß er unbedingt einen kompletten Werkzeugkasten mitnehmen muß, der soll dies ruhig tun, denn schon bald wird er merken, wieviel Kilogramm er unnötig durch die Landschaft geschleppt hat. Menschen mit Talent zur Improvisation sind hier auf jeden Fall im Vorteil.

Auf Leichtigkeit des Gepäcks achten, das bedeutet nicht, auf wichtige Dinge zu verzichten. Sie sind vielmehr durch leichtere und kleinere Ausführungen zu ersetzen. So kann man mit leichtem Campingbesteck ebensogut essen wie mit schwerem Tafelsilber, und eine kleine Schere schneidet Heftpflaster ebensogut wie eine große Schneiderschere. Das meiste, von dem man glaubt, daß man es nageln muß, läßt sich mit dünnem Draht zusammenfügen. Schließlich sollen die Lagerplätze nicht für die Ewigkeit eingerichtet werden.

Zur Grundausstattung eines jeden Rucksacks gehören eine Wanderapotheke, ein Röllchen Draht, eine Rolle Schnur, ein vielseitig verwendbares Taschenmesser mit Dosenöffner, ein Büchsenöffner und ein Korkenzieher. Fehlen sollten nicht: eine Taschenlampe (mit Ersatzbatterien und mit Ersatzbirnchen), eine Anzahl Plastikbeutel für Müll und schmutzige Wäsche, eine kleine Schere, Nähnadel und Faden, Streichhölzer, Sicherheitsnadeln, ein Esbitkocher mit einer Schachtel Brennmaterial, ein Traubenzuckerröllchen, eine Pinzette, ein dünner Plastikregenschutz, ein Vergrößerungsglas, ein Kompaß, eine Kerze sowie eine kleine Ausweistasche mit persönlichen Daten wie Namen, Adresse, Telefonnummer und Blutgruppe.

Wasserdicht oder nicht – wie verpackt man richtig?

Wer sein Gepäck für die Wanderung richtig verstaut, wird weniger Last beim Tragen und weniger Mühe haben, wenn er unterwegs etwas sucht. Richtiges Packen ist eine Erfahrungssache, über die hier berichtet werden soll.

Es empfiehlt sich auf jeden Fall, nach einer Packliste (siehe Kapitel I/6) zunächst einmal die Ausrüstungsgegenstände zusammenzutragen. Anschließend werden sie auf der Liste abgehakt und in einer bestimmten Reihenfolge verstaut.

Nehmen mehrere Personen an der Wanderung teil, so sollte das Packen gemeinsam geschehen. Hierbei kann man am besten feststellen, ob Gegenstände doppelt vorhanden sind, bei denen es ausreicht, wenn nur ein Mitglied der Gruppe sie mitnimmt. Das gemeinsame Packen gibt allen Teilnehmern zusätzlich einen Überblick über Dinge, die möglicherweise bei der eigenen Ausrüstung vergessen oder übersehen worden sind. Alle mitzunehmenden Gegenstände werden dann in gleichschwere Gruppen geteilt, so daß jeder Teilnehmer etwa die gleiche Last zu tragen hat. Dies gilt nicht für die persönliche Ausrüstung, wie Wäschestücke, Kleidung und Dinge des privaten Bedarfs. Würden sie aufgeteilt, gäbe es bei der Rast ein heilloses Durcheinander und unnötiges Suchen. Ist ein gemeinsames Packen nicht möglich, so ist eine vorherige Absprache darüber, wer welche Gegenstände mitzunehmen hat, unerläßlich.

Sollte keine Möglichkeit bestehen, den Schlafsack zusammengerollt unter den Rucksack zu hängen oder am Tragegestell zu befestigen, so gehört er, wie die leichten Kleidungsstücke, auf den Boden des Rucksackinnenraums. Alle übrigen Gegenstände sollten nach dem Gesichtspunkt ihres Gewichts so eingepackt werden, daß die schwersten Sachen (wie zum Beispiel das Zelt) ganz obenauf und nahe dem Rücken des Trägers ihren Platz finden. In die Außentaschen kommen Gegenstände, die voraussichtlich oft gebraucht werden, sowie jene, die im Bedarfsfall rasch zur Hand sein müssen. Hierzu gehören eine dünne Regenhaut, die Anschlußkarten und der Kompaß (wenn dieser nur hin und wieder gebraucht wird), Marschproviant, Rucksackapotheke, Esbitkocher, Trinkbecher, Eßbesteck, Papiertaschentücher, Fahrkarten, persönliche Ausweise und Sonnenbrille.

Bevor jedoch die Ausrüstung im Rucksack verschwindet, ist es ratsam, die jeweiligen Bekleidungsstücke in Plastikbeutel zu packen. Werden diese Beutel richtig verschlossen, so garantieren sie, daß selbst bei schlechtestem Wetter die Kleidung nicht feucht und klamm wird.

Die Textilien sind dazu geeignet, Hohlräume des Gepäcks aus-zufüllen. So kann man mit ihnen den Raum im Eßgeschirr nut-zen und Zwischenräume – am besten zum Rücken des Trägers hin – auspolstern. Es ist beim Packen darauf zu achten, daß keine spitzen oder eckigen Gegenstände am Rücken des Wan-derers scheuern oder drücken.

Außen am Rucksack oder am Gürtel wird die Feldflasche befe-stigt. Auch die Kartentasche mit der aktuellen Wanderkarte fin-det außen am Rucksack oder am Trageriemen ihren Platz, wenn sie nicht um den Hals getragen werden soll. Das Fern-glas – wird es nicht um den Hals hängend auf der Brust getra-gen – sollte ebenso wie der Fotoapparat griffbereit in einer Au-ßentasche oder im Rucksack obenauf verpackt werden.

Ganz besonders wichtig ist das wasserdichte Verpacken von Streichhölzern. Sie sollte man zweckmäßigerweise samt Schachtel und einigen Reservereibflächen in eine flache, was-serdichte Blech- oder Kunststoffdose packen. Eine weitere Schachtel Streichhölzer wird als Reserve ebenfalls wasser-dicht verpackt mitgeführt. Was für die Streichhölzer gilt, kann auch für andere, vor Wasser zu schützende Gegenstände an-gewandt werden. So wickelt man eine Schachtel Streichhölzer – in die man zuvor zusätzlich zwei Ersatzreibflächen gelegt hat – in Aluminiumfolie ein, die anschließend mit flüssigem Kerzen-wachs abgedichtet wird. Steckt man alles zusammen dann noch zusätzlich in einen Plastikbeutel, den man zuknotet, so kann man mit den Streichhölzern getrost einen Fluß durch-schwimmen, ohne daß sie feucht werden. Dieses Abdichtungs-verfahren empfiehlt sich auch für Teebeutel, Brausetabletten sowie für Suppen und Soßen in Pulverform.

Je besser alle Gegenstände gegen Feuchtigkeit geschützt werden, desto angenehmer wird der Wanderer die Tage mit Zelt und Rucksack verbringen.

Zweckmäßigkeit geht vor Modegags – eine kleine Kleiderkunde

Zur Grundausrüstung gehört zünftige Kleidung. So sind wasserdichte Wanderstiefel mit Profilsohle unerläßlich. Bundhosen sind sowohl für Männer als auch für Frauen die günstigste Beinkleidung für Wanderungen. Hierzu gehören die Bundhosenstrümpfe. Sollten Frauen und Mädchen keine Bundhosen tragen wollen, so empfiehlt es sich, einen nicht zu weit geschnittenen Baumwollrock (Kord- oder Jeansstoff) anzuziehen. Bei Hosen und Strümpfen sollte unbedingt atmungsaktivem Material der Vorzug gegeben werden. Wolle sollte man Nylon vorziehen, Kleidung aus Kunststoff ist zu meiden.

Die Unterwäsche sollte wärmend und schweißaufsaugend sein. Bei Strümpfen und Socken ist darauf zu achten, daß sie aus weichem und wolligem Material gefertigt sind. Gestopfte Stellen in den Strümpfen sind oftmals die Ursache für Druck- oder Scheuerschmerzen beim Wandern. Als Unterhemden haben sich bunte Baumwollhemden als sehr geeignet erwiesen. Insbesondere für Frauen, da diese Hemden auch ohne Bluse getragen werden können.

Wer bei Anstrengung stark schwitzt, sollte sich darauf einrichten und einen entsprechenden Vorrat an Hemden mitführen, so daß eine Garnitur bereits während der Wanderung auf dem Rucksack trocknen kann, wenn eine andere angezogen ist.

Als Witterungsschutz gehört ein Regenumhang oder ein Mantel aus Plastik in jeden Rucksack. Regenschutzkleidung muß so ausgewählt sein, daß sie über den Rucksack paßt. Man sollte ein Ersatzsporthemd, Ersatzstrümpfe sowie einen leichten Pullover und einen Anorak oder eine Windbluse mitnehmen, Frauen darüber hinaus eine Ersatzbluse. Gegen zu starke Sonnenstrahlen und gegen Regen schützen kleine Baumwollhüte. Sonnenbrille und Halstuch vervollständigen die richtige Kleidung zum Wandern.

Je nach Wanderziel und Jahreszeit ist diese Kleidung zu variieren. So empfiehlt sich die Mitnahme einer Badehose oder eines Badeanzugs.

Bergwanderer und -steiger benötigen natürlich zu allem einen dicken Pullover, eine wärmende Wollmütze und windundurchlässige Kleidung. Wollfäustlinge und ein Schneehemd als Windschutz sind außerdem zu empfehlen. Ratsam ist weiterhin die Mitnahme einer Rettungsdecke, die eine Überlebenshilfe fürs Notbiwak ist und aus aluminiumbeschichteter Plastikfolie besteht. Sie wiegt nur wenige Gramm.

Jeder Wanderer sollte wissen, daß mehrere Kleidungsstücke übereinander gezogen besser wärmen als ein dickes Kleidungsstück. Wichtig ist bei aller Kleidung, daß sie Schutz vor

den Witterungseinflüssen bietet und daß man sich mit ihr unge-
hemmt bewegen kann. Auf keinen Fall sollte man – nach dem
Motto: „Das wird sich schon geben" – loswandern, wenn etwas
zwickt oder piekst. Der kleinste Druck, den man beim Losge-
hen verspürt, kann nach Stunden zur Zentnerlast werden.
Druck und Reibung durch Schuhe oder gestopfte Stellen in den
Strümpfen führen sehr schnell zu Blasenbildungen und können
schon bald die schönste Wanderung zu schmerzhaftem Ende
führen.

Auch bei der Farbauswahl der Kleidung sollte man sich nicht
bedenkenlos als Wanderer „uniformieren". So farbenfroh rote
Kniebundhosen-Strümpfe und rotkarierte Hemden sein mögen, sind sie doch Fehlfarben in der hiesigen Mittelgebirgs-
landschaft. Das gleiche gilt für gelbe Öljacken, die über viele Kilometer hinweg leuchten und den Wanderer als Fremdkörper in
der grün-braunen Umgebung ausweisen. Dort, wo das Sicher-
heitsinteresse leuchtende Farben fordert, sollte man nicht auf
sie verzichten. Im Wald jedoch stören aggressive und aufdring-
liche Farben die Harmonie der Natur und schrecken das Wild
auf.

Wanderer sind zumeist Individualisten. Sie lassen sich nicht in
gerade aktuelle Modeschablonen pressen, die einer Unifor-
mierung gleichkommen.

Der richtige Rucksack

Es gibt ein reichhaltiges, verwirrendes Angebot an Rucksäcken. Dabei sind nicht alle auf dem Markt befindlichen Modelle gleichermaßen empfehlenswert. Die Auswahl eines Rucksacks richtet sich nach seiner künftigen Verwendung und natürlich auch nach dem Geldbeutel. So gibt es Rucksäcke aus Nylon oder Segeltuch. Es genügt, wenn sie innen aus einem großen Fach bestehen und außen aufgesetzte Taschen haben. Bei verschiedenen Modellen ist die Deckklappe noch zu einem Packfach ausgearbeitet. Sollte dies der Fall sein, so muß diese eingearbeitete Tasche mit Knöpfen oder einem Reißverschluß versehen sein, da sonst bei jedem Öffnen des Rucksacks und Hochklappen des Deckels die darin befindlichen Gegenstände herausfallen würden.

Meist sind jene Rucksäcke, die ohne Tragegestell direkt auf dem Rücken getragen werden, kleiner als jene mit Gestell. Tragegestelle sind meist aus leichtem Aluminiumrohr, haben ein gepolstertes Rückenband und mitunter auch einen gepolsterten Hüftgürtel. Auch die Trageriemen sind an diesen Gestellen befestigt. Viele sind so konstruiert, daß sie im unteren Teil nach hinten abgewinkelt sind und einen Stützrahmen zum Befestigen von Schlafsäcken oder Matratzen bilden.

Auf jeden Fall soll man beim Kauf eines Rucksacks eine Anprobe machen und darauf achten, daß er mit schwerem Inhalt bequem sitzt. Das Tragegestell darf nicht zu lang und nicht zu kurz sein. Während ein zu langes Gestell reibt und Schmerzen verursacht, belastet ein zu kurzes den Rücken übermäßig, da der Hüftgürtel nicht auf der Hüfte sitzt und so die Last nicht mittragen kann. Die gepolsterten Trageriemen sollen etwa eine Handbreit unterhalb des am stärksten ausgeprägten Halswirbels am Tragegestell befestigt sein. Das untere Querband oder der gepolsterte Hüftgürtel muß auf der Hüfte aufsitzen. Dabei ist es wichtig, daß der Hüftgürtel waagerecht nach vorn verläuft.

Ein weiteres Kriterium ist die Verarbeitung eines Rucksacks. Alle Nähte müssen sauber verarbeitet sein, das Gewebe darf nirgendwo Materialfehler aufweisen. Schnallen und Reißverschlüsse müssen sich leicht bedienen lassen. Das Gestell muß in sich stabil und nach Möglichkeit der Rückenform angepaßt sein und darf keine scharfen Kanten und Ecken haben. Wichtig ist die problemlose, sichere Befestigung des Rucksacks auf dem Gestell. Er darf beim Tragen nicht verrutschen und muß dicht am Rahmen anliegen. Es muß möglich sein, die Trageriemen so zu verstellen, daß das Tragegestell ein aufrechtes Gehen ermöglicht. Nur so kann man frühzeitigem Ermüden und Rückenschmerzen vorbeugen. Einen weiteren Gesichtspunkt bildet die problemlose Bedienung der Haken am Trageriemen. Man muß sie ohne größere Verrenkung der Arme bequem öffnen und schließen können. Außerdem sollte der Rucksack über einige Schlaufen an der Außenseite verfügen. Sie benötigt man zum Befestigen der Feldflasche, der Karte sowie der Utensilien, die man bei Bergwanderungen zusätzlich benötigt. In der Praxis haben sich Rucksäcke mit abnehmbaren Außentaschen bewährt. Sie sind ganz besonders vorteilhaft, wenn man kleinere Tagestouren vom Lagerplatz aus unternehmen will. Der Wanderer ist dann nicht gezwungen, den gesamten Rucksack mitzunehmen, sondern alle notwendigen Utensilien werden in den abnehmbaren Taschen verstaut, die man am Gürtel befestigt. Der große Rucksack kann dann bei der Zeltwache verbleiben, oder er wird gut getarnt in der Nähe des Lagerplatzes zurückgelassen.

Packliste für den Rucksack
(Wanderung ohne Übernachtung)

Bei einer nichtalpinen Tageswanderung sollten folgende Gegenstände mitgenommen werden:

- Wanderapotheke (s. nächste Seite)
- Schnur
- ein Röllchen Draht
- Taschenmesser
- Dosenöffner
- Kapselheber
  Taschenlampe
  Ersatzbirnchen
  Nähzeug (s. nächste S.)
- Sicherheitsnadeln
- Plastikbeutel für Abfälle
- Streichölzer
  Esbitkocher
  Brennmaterial
- Traubenzucker
- Plastikregenschutz
  Vergrößerungsglas
- Karte
  Kerze
- Ausweistasche
  Kochgeschirr

- Feldflasche
- Uhr
  Schreibpapier
- Kugelschreiber
  Eßbesteck
  Seife
  Handtuch
- Papiertaschentücher
  Fernglas
- Verpflegung
  Fotoapparat
- Trinkbecher
  Brausetabletten/-Pulver
- Geld
  Fahrscheine
  Fahrplan
- Rettungsdecke
  Sonnenbrille
  Sonnenöl
  Baumwollhemd z. Wechseln
  Socken zum Wechseln
  Persönliche Medizin

Die mit einem Punkt gekennzeichneten Gegenstände gehören zur unerläßlichen Grundausstattung des Wanderers. Während die anderen je nach Vorhaben, Ziel und Zweck der Wanderung variieren können.

Wanderapotheke:
Wundpflaster
sterile Verbandspäckchen
eine kleine Schere
ein Röllchen Leukoplast
ein Fläschchen
Desinfektionstinktur
ein kleines Röllchen
Schmerztabletten
eine kleine Tube
Brandsalbe
Brandwundenverband
ein Dreieckstuch
Sicherheitsnadeln
eine Pinzette

Nähzeugpäckchen:
ein Heftchen Nähnadeln
kleine Schere
ein Dutzend
Stecknadeln
zwei oder drei
verschieden starke
Garnsorten
Sicherheitsnadeln
zwei oder drei große
Druckknöpfe
ein paar Ersatzknöpfe

Orientierung ist keine Hexerei

Wer sich in unbekanntem Gelände bewegt, wird früher oder später einmal vor der Frage stehen: „Wo befinde ich mich jetzt eigentlich?". Bei einer Wanderung im Mittelgebirge ist es zwar unangenehm, wenn man den eigentlichen Wanderweg verloren hat und planlos durch die Wälder irrt, doch bedeutet dies – anders als im Hochgebirge – keine unmittelbare Lebensbedrohung. In unseren stark kultivierten Wäldern gelangt der verirrte Wanderer sehr bald an Weggabelungen, die mit Zeichen und Hinweisschildern versehen sind. Am besten jedoch ist es, wenn man in einem solchen Fall stets bergab geht. Dabei wird man irgendwann an einen Bach gelangen, dem man in seiner Flußrichtung weiter bergab folgt. Dabei geht man so lange dem fließenden Wasser nach, bis man auf Ansiedlungen trifft. Auf diese Art und Weise kommt man auf jeden Fall zu Menschen und in Ortschaften und kann sich dort orientieren und um Hilfe bitten.

Dem gut ausgerüsteten Wanderer aber wird so etwas nicht widerfahren. Er ist nach einigen Übungen mit Karte und Kompaß jederzeit in der Lage, seinen jeweiligen Standort zu bestimmen.

Ist kein Kompaß zur Hand, muß man sich anderer Orientierungshilfen bedienen. Eine große Zahl „stummer Wegweiser" begleiten ständig den Wanderer. Weiß man sie richtig zu deuten, so wird die Orientierung im Gelände zu einer Routinesache.

Orientierung ist also keine Hexerei. Dennoch gibt es beim Zurechtfinden in fremder Umgebung große Unterschiede, die in der Veranlagung der jeweiligen Menschen begründet sind. Viele verfügen über ein schlechtes Orientierungsvermögen, andere wiederum können beinahe mit verbundenen Augen das angestrebte Ziel ansteuern. Dies liegt wohl neben der natürlichen Begabung auch daran, daß gewisse, für die Orientierung notwendige Eigenschaften weder genutzt noch gefördert wurden und sich daher nicht ausbilden konnten.

Wichtigste Voraussetzung für ein gutes Orientierungsvermögen ist eine ganz besondere Art der Aufmerksamkeit. Dies läßt sich an einem ganz einfachen Beispiel verdeutlichen: Legt man als Beifahrer eine Strecke mehrfach zurück, so hat man mitunter Schwierigkeiten, diese Strecke wiederzufinden, wenn man sie selbst fahren muß. Sitzt man jedoch am Steuer, so findet man sich in der Regel bereits nach kurzer Zeit sehr leicht zurecht. Das kommt daher, daß man als Fahrer seiner Umgebung ganz andere Aufmerksamkeit widmet als ein quasi unbeteiligter Beifahrer, der Eindrücke auf sich wirken läßt. So ist es auch für den Wanderer wichtig, seine Umgebung bewußt in sich aufzunehmen und sich markante Punkte einzuprägen. Schon bald wird dies im Vorbeigehen geschehen, und die Wanderung wird später vorm geistigen Auge Schritt für Schritt nachzuvollziehen sein.

Wandert man in einer Gruppe, so ist es empfehlenswert, daß nicht nur ein Mitglied mit Karte und Kompaß arbeitet und die Orientierung übernimmt und alle anderen ihm blind folgen, sondern jedes Gruppenmitglied sollte an diesem Prozess beteiligt werden. So kann man am ehesten einem „stumpfsinnigen Hinterhertrotten" vorbeugen.

Dem richtigen Umgang mit Karte und Kompaß sowie der Deutung „stiller Wegweiser" sollen die folgenden Kapitel gewidmet sein. Ausführlich und umfassend wird der Wanderer mit den Grundlagen richtigen Orientierens in fremder Umgebung vertraut gemacht.

Was die Karte verrät – eine kleine Kartenkunde

Um sich in unbekannten Gegenden zurechtzufinden, ist für den Wanderer eine Karte unentbehrlich. Sie ist das verkleinerte und erläuternde Grundrißbild der Erdoberfläche. Die Verkleinerung wird durch den Maßstab herbeigeführt. Die häufigste Verwendung finden die Maßstäbe 1:25 000 (vier Zentimeter auf der Karte entsprechen einem Kilometer in der Natur), 1:50 000 (zwei Zentimeter entsprechen einem Kilometer) und 1:100 000 (ein Zentimeter entspricht einem Kilometer). Der günstigste Kartenmaßstab für den Wanderer ist 1:25 000. Das bedeutet also, daß das Kartenbild 25 000mal kleiner als der entsprechende Ausschnitt in der Natur ist. Hier sind die Wege sehr deutlich mit all ihren Windungen zu erkennen, und ein Vermessen der tatsächlichen Wegstrecke ist daher exakter möglich als bei den stärkeren Verkleinerungen.

Wichtig ist es, daß der Wanderer die Kartenzeichen kennt, die Karte lesen kann. Für jede Bodenform und Bodenbedeckung gibt es besondere Zeichen, die am Kartenrand in der „Legende" erklärt sind. Auf jeden Fall sollte sich der Wanderer zuvor mit diesen Zeichen vertraut machen und sich jene einprägen, die entlang der ausgewählten Wanderstrecke auf der Karte zu finden sind. Es empfiehlt sich, den Verlauf des geplanten Wanderweges mit einem Fettstift auf der Klarsichtfolie der Kartentragetasche einzuzeichnen. Durch dieses Verfahren wird die Karte selbst nicht verschmiert und die eingetragenen Vermerke können keine wichtigen Kartenzeichen verdecken.

Eine eigene Wegeskizze erübrigt sich, wenn auf der Wanderkarte die im jeweiligen Gebiet ausgeschilderten Wege deutlich eingetragen sind. Hier genügt es, wenn man sich auf einem Zettel notiert, welchem Symbol man folgen muß (Beispiel: bis zur Wegegabelung an der kleinen Kapelle Wanderzeichen „blauer Punkt", dort rechts abbiegen und dem Wanderzeichen „gelbes Dreieck" folgen). Auf dem gleichen Hilfszettel sollten auch markante Punkte vermerkt sein, die in kürzeren Abständen eine Kontrolle darüber ermöglichen, ob man sich noch auf dem richtigen Weg befindet. Solche markanten Stellen können Bachüberquerungen, Schutzhütten und Wegekreuzungen sein. Leider sind oftmals die Wegekennzeichnungen durch mutwillige Zerstörung oder durch Witterungseinflüsse beschädigt oder gar verschwunden.

Der ständige Neu- und Ausbau der Waldwege zum Zwecke einer besseren Holzabfuhr und auf den Feldern im Rahmen der Flurbereinigung kann dazu führen, daß die Wirklichkeit vor Ort nicht immer mit dem Kartenwerk übereinstimmt. Es ist daher sehr wichtig, nur neuestes Kartenmaterial zu benutzen.

Wichtig bei der Vorbereitung ist die Beachtung der jeweiligen Höhen- und Sichtlinien. Sie geben Auskunft über Höhenunterschiede und somit über Steigung und Gefällestrecken. Bei Planung anhand der Karte sollten nach Möglichkeit die kraftraubenden Abschnitte gut über den gesamten Wanderverlauf verteilt sein. Nach ihnen muß man auch bei der Wanderung die Rastplätze aussuchen. Es empfiehlt sich, nach bewältigtem Anstieg zu rasten. Einmal weil die Rast dem Ausruhen dienen und neue Kraft geben soll, zum anderen kann man beruhigter rasten, wenn nicht direkt beim Aufbruch vom Rastplatz gleich eine unangenehme Wegstrecke auf den Wanderer wartet. Meist hat man zudem nach erfolgtem Aufstieg auch einen besseren Ausblick. Nach dem Essen dauert es eine geraume Zeit, bis der Körper wieder zu neuen Leistungen bereit ist. Bietet die nach einer Rast folgende Strecke die Möglichkeit, sich langsam wieder ans Weiterwandern zu gewöhnen, so war der Rastplatz richtig gewählt.

Man muß also so planen, oder sich während der Wanderung so entscheiden, daß entweder nach Aufstieg oder bei längeren Bergauf-Touren vor relativ ebenen Teilstücken der Rastplatz gesucht wird. Die gesamte Wanderung sollte anhand der Höhenlinien in der Karte so geplant werden, daß das letzte Drittel des Tages weniger anstrengend ist als es die vorherigen zwei Drittel waren.

Alle Wanderkarten sind so aufgebaut, daß am oberen Rand Norden, rechts Osten, unten Süden und links Westen ist. Sollte bei lokal begrenzten Karten davon abgewichen werden, um möglichst viele wichtige Punkte auf einem Kartenwerk vereinigen zu können (zum Beispiel bei Lageskizzen, die Gemeinden für ihre Rundwanderwege herausgeben), so ist die Nordrichtung stets mit dem Nordpfeil gekennzeichnet, oder eine Windrose gibt die Richtung an.

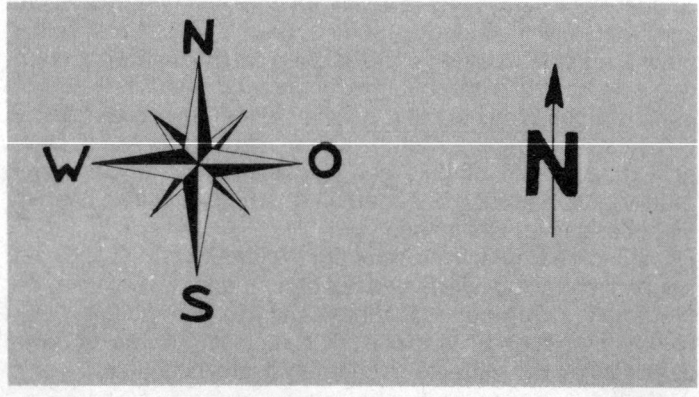

Will man anhand der Karte und ohne Kompaß den eigenen Standort bestimmen, so muß man zunächst die ungefähre Nordrichtung feststellen. Hierbei ist der Sonnenstand behilflich. Außerdem können die im übernächsten Kapitel („Ohne Kompaß geht es auch – stumme Zeugen weisen den Weg") genannten Merkmale genutzt werden. Anschließend überprüft man markante Punkte nach Richtung und Entfernung mit dem eigenen Standort. Nun muß der Wanderer zwei möglichst weit entfernte, von seinem Standpunkt aus hintereinander liegende Objekte, die er auch auf der Karte findet, auswählen. Auf den Symbolen dieser Punkte in der Karte errichtet er jeweils eine Senkrechte. Dies kann mit Hilfe gerader Äste, zweier Bleistifte oder zweier geradegewachsener Grashalme geschehen. Notfalls können auch zwei Streichhölzer den gleichen Zweck erfüllen. Nun visiert der Wanderer über diese beiden hintereinander stehenden Senkrechten die Objekte in der Natur an und dreht die Karte so lang, bis sich die beiden Stäbe mit den Punkten in der Natur decken. Ist dies der Fall, ist die Karte exakt eingenordet.

Zum Ermitteln des eigenen Standortes verbindet er die beiden Objekte durch eine Linie und führt ihre Verlängerung auf sich zu. Anschließend muß er zwei weitere, von seinem Standpunkt

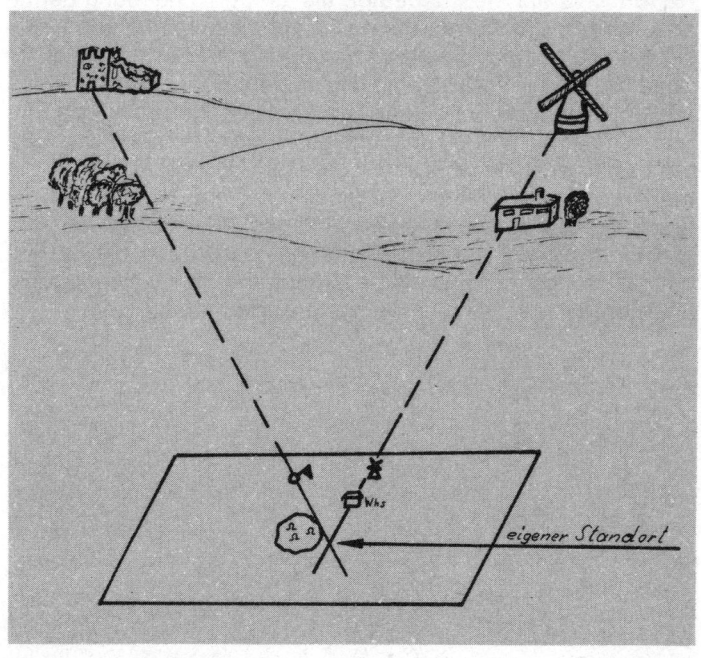

Ermitteln des eigenen Standortes mit Hilfe einer eingenordeten Karte.

aus hintereinander erscheinende markante Punkte auswählen, die er in der Karte wiederfinden kann. Auch diese verbindet er auf der Karte durch eine gerade Linie und verlängert diese ebenfalls auf sich zu. Jener Punkt, an dem sich die beiden Linien kreuzen, ist der Standort des Wanderers (siehe Abbildungen).

Eine eingenordete Karte befindet sich in exakt der Lage, die auch der Umgebung entspricht. Ist eine Karte eingenordet und der eigene Standort festgestellt, wird es dem Wanderer leichtfallen, ihm unbekannte Ortschaften, Berggipfel, Burgen oder Türme durch Anpeilen auf der Karte zu lokalisieren. Dieses Anpeilen geht so vor sich, daß auf dem gefundenen eigenen Standort wieder ein senkrechter Stab aufgestellt und über ihn das zu ermittelnde unbekannte Objekt anvisiert wird. Hierbei ist es wichtig, daß man die Karte nicht verschiebt. Schon bald wird der Wanderer auf der gedachten Linie zwischen Objekt und eigenem Standort die Bezeichnung oder Beschreibung des unbekannten Objekts in der Karte finden. Dies wird ihm noch leichterfallen, wenn er in der Lage ist, die etwaige Entfernung zu schätzen.

Das Einnorden einer Karte ohne Kompaß kann auch geschehen, indem man auf ihr eingezeichnete gerade Bahnstrecken oder Straßen als Anlegepunkte nimmt. Da das Einnorden einer Karte nichts anderes bedeutet, als sie der Umgebung genau anzupassen, genügt es auch, sie auf einer markanten Kreuzung so zu drehen, bis die Kreuzung auf der Karte die gleiche Lage hat wie ihr Vorbild, also die Umgebung.

Ist dem Wanderer der eigene Standort bekannt, so ist das Einnorden leichter. Er muß dann nur einen weit entfernten markanten Punkt im Gelände suchen und sein Symbol auf der Karte markieren. Anschließend verbindet er diese Markierung mit dem eigenen Standort durch Anlegen eines Bleistifts oder Stocks und dreht die Karte so lange, bis er über die Verbindungslinie (eigener Standort – Markierung) den Geländepunkt anvisieren kann. Dann ist die Karte eingenordet.

Der Kompaß weist den Weg

Die Orientierung in fremder Umgebung wird durch die Benutzung des Kompasses erheblich erleichtert. Dies gilt sowohl für die Ermittlung des eigenen Standortes als auch für das Einnorden der Karte. Fremde Geländepunkte können einfacher bestimmt werden, und eine Wanderrichtung ist auch ohne Wege querfeldein einzuhalten.

Um jedoch mit dem Kompaß umgehen zu können, bedarf es einiger Übungen. Beim Kauf sollte darauf geachtet werden, daß er über eine Anlegekante, eine Visiereinrichtung und einen aufklappbaren Spiegel verfügt. Er muß eine drehbare Teilscheibe haben, die in 64 Teilstriche untergliedert ist.

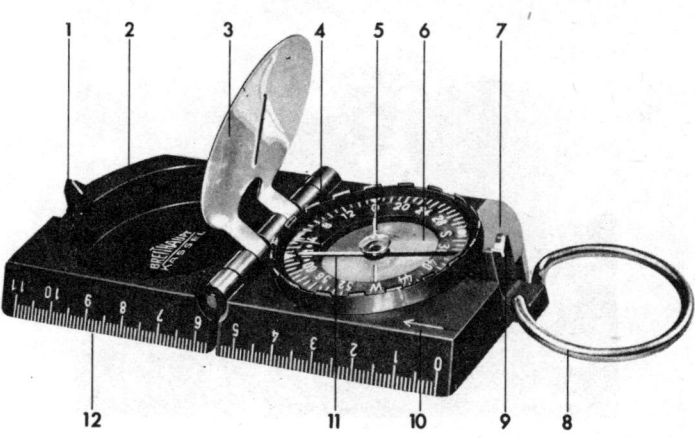

1 Zielkorn	7 Schreibfläche
2 Gehäuse	8 Daumenring
3 Spiegel mit Visierschlitz	9 Kimme
4 Marschrichtungsanzeiger	10 Richtungspfeil
5 Ost-West-Querstrich	11 Magnetnadel (Nordende)
6 Flüssigkeitskapsel	12 Ziehkante mit mm-Teilung

Der Kompaß zeigt den magnetischen Nordpol an, der mit dem geografischen Nordpol nicht identisch ist. Aus diesem Grund gibt es auf der Teilscheibe eine Markierung neben der Nordmarke, die sogenannte Mißweisung. Bei den meisten Karten ist diese Mißweisung bereits berücksichtigt. Mitunter sind entsprechende Hinweise auf der Karte vermerkt.

Es ist wichtig, darauf zu achten, daß die Magnetnadel nicht durch Eisen- und magnetische Teile abgelenkt wird, zum Beispiel durch Uhrenarmbänder, die zu einer Irritierung der Nadel führen können.

Beim Einnorden der Karte durch den Kompaß ist die Teilscheibe so zu drehen, daß Norden auf die Ablesemarke eingestellt ist. Der Kompaß ist dann mit der Anlegekante so an den Kartenrand anzulegen, daß der Richtungspfeil, der auf dem Kompaßgehäuse eingeprägt ist, zum oberen Kartenrand zeigt. Die Karte muß so lange gedreht werden, bis die Spitze der Magnetnadel ebenfalls auf Norden eingespielt ist. Dann ist die Karte eingenordet.

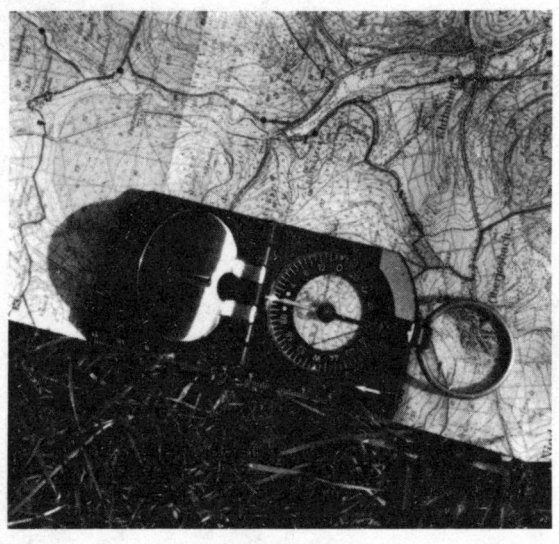

Ist nichts anderes auf der Karte vermerkt, so gibt der senkrecht verlaufende Kartenrand die Nord-Süd-Richtung an. Der Kompaß wird mit der Anlegekante auf den Kartenrand gestellt und die Karte so lange gedreht, bis die Magnetnadel auf „Norden" eingependelt ist.

Steht kein exakter Kartenrand zur Verfügung, so kann die von Westen nach Osten verlaufende Beschriftung als Hilfsmittel benutzt werden. Der Wanderer dreht dann die Teilscheibe so, daß die Ablesemarke auf Osten eingestellt ist. Danach legt er die Anlegekante des Kompasses hart unter einen Ortsnamen und dreht die Karte so lange, bis die Spitze der Magnetnadel auf Norden zeigt.

Auf einer eingenordeten Karte kann mit Hilfe des Kompasses leicht der eigene Standort festgestellt werden. Der Wanderer visiert mit dem Kompaß einen markanten Punkt im Gelände an und dreht die Teilscheibe, bis die Magnetnadel auf Norden einspielt. An der Ablesemarke erkennt er die Kompaßzahl. Anschließend sucht man den markanten Punkt auf der Karte, legt den Kompaß an das Symbol dafür, zieht entlang der Anlegekante mit der gefundenen Kompaßzahl (die Nadel muß dabei stets auf die Nordmarkierung weisen) einen Strich. Dieses Verfahren wiederholt man mit einem oder mehreren Punkten. Der Schnittpunkt aller dieser Linien ist der eigene Standort.

Die Kompaßzahl – auch Marschzahl genannt – ermöglicht ein Querfeldeinwandern nach Kompaß. Man findet die Marschzahl für den jeweiligen Weg, indem man die Karte zuvor einnordet und Ausgangspunkt und Ziel mit einer Linie verbindet. An diese Linie legt man – ohne die Karte zu verrücken – den Kompaß mit seiner Anlegekante entsprechend dem Richtungspfeil an. Anschließend wird die Teilscheibe so lange gedreht, bis sich die Nordmarkierung und die Magnetnadel decken. An der Ablesemarke erhält man nun die Marschzahl. Es ist vorteilhaft, sich diese Zahl zu notieren.

Will man eine Marschzahl für Querfeldeinwanderungen ermitteln, so müssen auf der Karte Ausgangsort und Ziel mit einer Geraden verbunden werden. An diese wird der Kompaß – wie auf dem Foto – angelegt. Die Teilscheibe wird so lange gedreht, bis die Nordmarkierung und die Magnetnadel übereinstimmen. An der Ablesemarke (Marschrichtungsanzeiger) wird die Marschzahl abgelesen.

Da nicht nur auf geraden Strecken gewandert wird, muß man die Wanderwege in verschiedene Kurzstrecken einteilen. Sobald die gerade Linie verlassen wird, ist eine entsprechend andere Marschzahl notwendig. So kann ein Zettel, auf dem die Wanderung aufgeschlüsselt ist, wie folgt aussehen:

Ab	Marschzahl	(etwa km)	bis
Start	4	(1 km)	Wirtshaus
Wirtshaus	8	(3 km)	Forsthaus
Forsthaus	20	(2 km)	See
See	12	(0,6 km)	Denkmal
Denkmal	64	(6,5 km)	Kapelle
Kapelle	61	(2,5 km)	Bach
Bach	9	(4,5 km)	Ziel

Beim Visieren mit dem Kompaß geht der Blick über Kimme und Korn, während die Magnetnadel im schräg stehenden Spiegel beobachtet wird.

Unterwegs werden mit der jeweils gültigen Marschzahl Objekte anvisiert, auf die man zuwandert. Ist das Ziel erreicht, wird ein neuerliches Visieren notwendig.
Der Marschkompaß verfügt über eine Visiereinrichtung aus Kimme, Spiegeldurchbruch und Korn. Um nach der Marsch-zahl ein Zwischenziel anvisieren zu können, klappt man den Spiegel schräg nach oben und hält den Kompaß in Augenhöhe entsprechend dem Richtungspfeil. Nun blickt man über die

Kimme durch den Spiegeldurchbruch und über das Korn. Im schräg gestellten Spiegel beobachtet der Wanderer die Magnetnadel und dreht sich so lange langsam um die eigene Achse, bis die Nadel auf die Nordmarkierung deutet. Alle nun auf der Visierlinie liegenden Punkte können die nächsten Anlaufstellen sein. Wichtig bei dieser Art der Bestimmung einer Wanderrichtung ist es, daß die zuvor festgelegte Marschzahl an der Ablesemarke eingestellt ist und die Teilscheibe nicht bewegt wird. Hat man den anvisierten Punkt erreicht, wiederholt man das Verfahren.

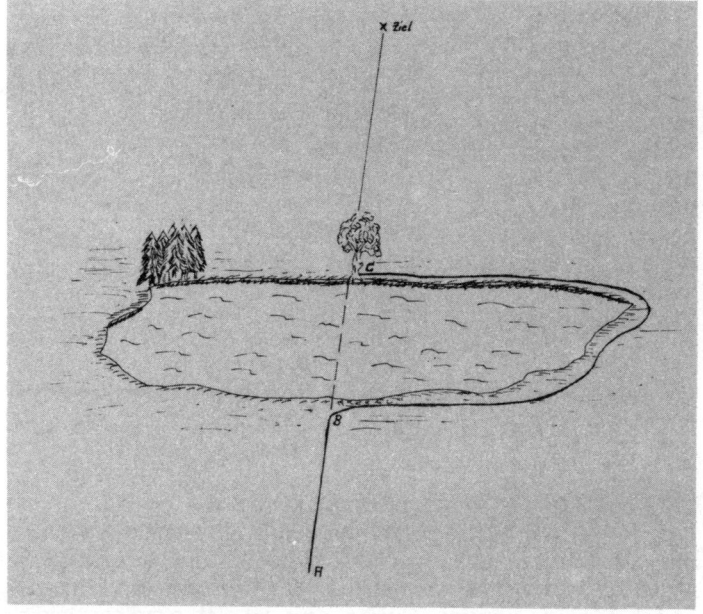

Umgehen eines überschaubaren Hindernisses

Versperrt ein überschaubares Hindernis (zum Beispiel ein See) den Weg, so visiert man in der Marschrichtung, in der man weiterlaufen müßte, einen Punkt auf der gegenüberliegenden Seite an. Anschließend wird das Hindernis umgangen und am zuvor anvisierten Ort mit der bisherigen Marschzahl weitergewandert.
Ist das Hindernis jedoch unüberschaubar, wie zum Beispiel ein Berg, so umgeht man es rechtwinklig. Hierzu zählt man zur bisherigen Marschzahl sechzehn Teilstriche hinzu und läuft nach

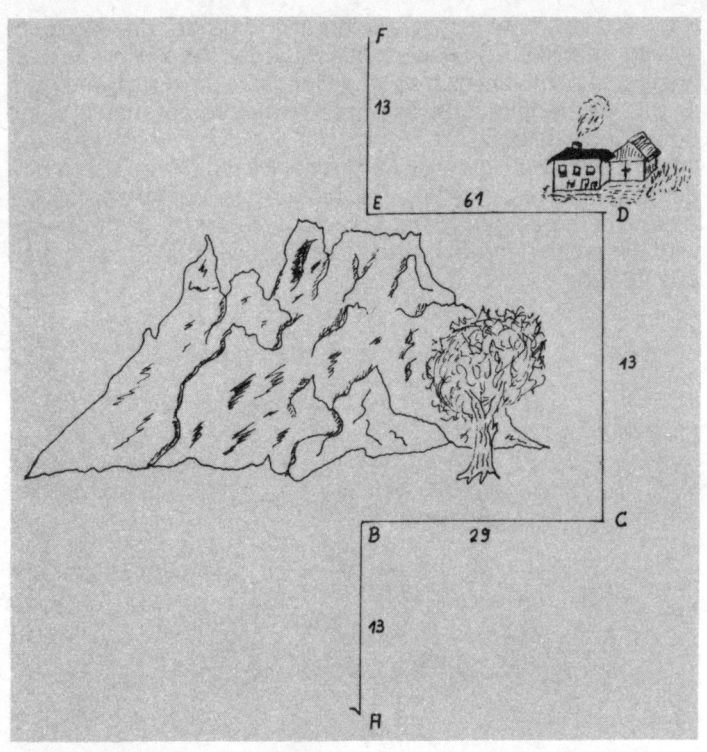

Umgehen eines nicht überschaubaren Hindernisses im rechten Winkel nach Marschzahl.

der neuen Zahl so lange, bis man an dem Hindernis vorbeigehen kann. Die Schritte zählt man, merkt sie sich oder schreibt sie am besten auf. Anschließend wird die ursprüngliche Marschzahl wieder eingestellt, um die Tiefe des Hindernisses abschreiten zu können. Hierbei erübrigt sich ein Schrittezählen. Um jedoch auf die ursprüngliche Linie zurückzukommen – wenn das Hindernis umgangen ist –, sind sechzehn Teilstriche von der ursprünglichen Marschzahl abzuziehen. Nach dieser neuen Marschzahl muß man dann die Schrittzahl zurücklegen, die man zuvor ermittelt hat. Ist dies geschehen, so kann nach der alten Marschzahl (also wieder sechzehn Teilstriche dazuzählen) weitergewandert werden.

Beispiel: Ein Wanderer will von Punkt A nach Punkt F. Ein dazwischen liegender Fels macht ein Ausweichen erforderlich. Die Kompaßzahl für die Wanderung von A nach F ist 13. Nach dieser Zahl geht der Wanderer so lange, bis er auf das Hindernis trifft. Um das Hindernis rechtwinklig zu umgehen, zählt er zu seiner Kompaßzahl 13 sechzehn Teilstriche hinzu. Dies bedeutet, daß die neue Kompaßzahl 29 heißt. Nach ihr wandert er nun und zählt dabei die Schritte oder die Doppelschritte (Doppelschritt = jedes Auftreten mit dem linken Fuß). Diese Zahl muß er sich merken. So gelangt er an Punkt C, an dem wiederum ein rechtwinkliges Abbiegen möglich ist. Hier stellt der Wanderer die alte Kompaßzahl 13 wieder ein und geht so lange, bis er das Hindernis auch in der Tiefe überwunden hat. Damit hat er Punkt D erreicht. Hier nun müssen sechzehn Teilstriche abgezogen werden, also lautet die neue Marschzahl 61. Nach dieser Zahl geht er genau die Anzahl Schritte zurück, die er zuvor gegangen ist. Hat er diese Strecke bewältigt, befindet er sich an Punkt E, der genau auf der ursprünglichen Wanderrichtung liegt. Nun kann nach der alten Kompaßzahl 13 weitergegangen werden. Dieses Beispiel steht für ein Ausweichen nach rechts. Will der Wanderer ein Hindernis links umgehen, so muß er zunächst 16 Teilstriche abziehen und später wieder hinzuzählen. Dies gilt auch generell beim Kompaß. Will man nach rechts abweichen, muß man zuzählen, will man nach links, muß man abziehen. Will der Wanderer auf dem gleichen Weg umkehren, so muß er 32 Teilstriche abziehen oder zuzählen.

Ohne Kompaß geht es auch

Ist ein Wanderer ohne Kompaß unterwegs, oder versagt dieser ihm den Dienst, so gibt es verschiedene andere Orientierungsmöglichkeiten. Den besten Anhaltspunkt zur Bestimmung der Himmelsrichtung liefert die Sonne. Sie ist – wie die Sterne in der Nacht – ein unbestechlicher Wegweiser, beginnt am Morgen ihren Weg im Osten, steht mittags im Süden und geht im Westen unter. Selbst bei bedecktem Himmel wird ein senkrecht gestellter Stock oder Bleistift auf weißem Papier einen Schatten werfen. So läßt sich auch bei fehlendem Sonnenlicht die Himmelsrichtung feststellen. Morgens weisen lange Schatten nach Westen, mittags sind es kurze Schatten, die nach Norden zeigen, und abends fallen lange Schatten nach Osten.

Hat der Wanderer eine Uhr dabei, so kann er sie in Verbindung mit der Sonne oder dem Schattenwurf als Kompaß nutzen. Hierbei verfährt er so, daß er den kleinen Zeiger der waagerecht gehaltenen Uhr auf die Sonne richtet. Anschließend denkt er sich eine Linie vom Drehpunkt des Zeigers bis zur Zahl zwölf. Den Winkel, den nun diese gedachte Linie und der kleine Zeiger bilden, muß der Wanderer halbieren. Diese Halbierungslinie weist stets nach Süden. Verlängert man die Halbierungslinie über den Drehpunkt der Zeiger hinaus, weist diese nach Norden.

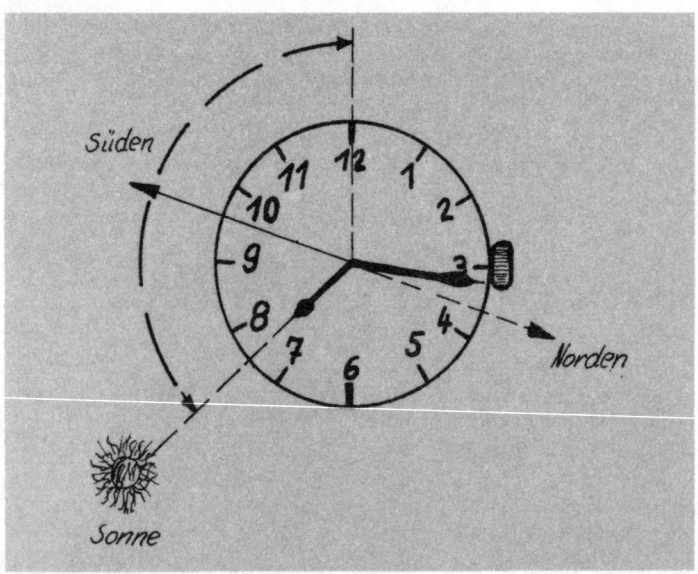

Versagt der Kompaß den Dienst, kann auch mit der Uhr die Richtung festgestellt werden.

Bei diesem Verfahren muß der Wanderer darauf achten, daß er stets den kleineren Winkel zwischen dem Stundenzeiger und der Zwölf halbiert. Das bedeutet, daß der Winkel vormittags auf der linken Seite der Uhr, nachmittags auf der rechten liegt.

Da sich die Sonne aber nicht nach der Sommerzeit richtet, die schließlich eine künstliche Zeit darstellt, ist während ihrer Geltungsdauer die Uhr vor Ermitteln der Himmelsrichtung genau eine Stunde vorzustellen.

In der Nacht ist die Orientierung naturgemäß schwerer. Doch kann man bei sternklarem Himmel den Polarstern als Orientierungspunkt nehmen. Er steht direkt über dem Nordpol. Es fällt in der Regel nicht schwer, ihn im Sternengewirr am nächtlichen Himmel auszumachen.

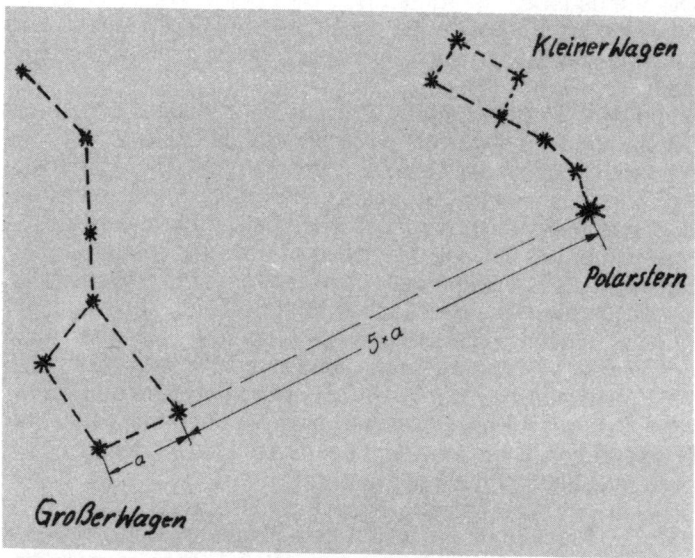

Die fünffache Entfernung der hinteren Sterne des Großen Wagens führt zum ersten Deichselstern des kleinen Wagens, dem Polarstern.

Da sich die Erde dreht, erscheint es von der Erde aus, als bewegten sich die Sterne am Himmel. Da der Polarstern direkt über dem Nordpol steht, will es scheinen, als stünde er als einziger immer am selben Fleck. Für den Betrachter von der Erde bildet er den Mittelpunkt des nördlichen Sternenhimmels, um den sich alle Sternbilder „drehen". Man findet den Polarstern sehr leicht, wobei dem Wanderer das Sternbild des „Großen Wagens" (auch „Großer Bär" genannt) hilft. Reiht man die Entfernung seiner beiden hinteren Sterne fünfmal geradlinig aneinander, so trifft man auf den Polarstern. Er ist gleichzeitig der erste Deichselstern des Sternbildes „Kleiner Wagen" (auch „Kleiner Bär" genannt).

Der Mond ist ein recht unsicherer Wegweiser, da man ihn nur bei Vollmond zum Bestimmen der Himmelsrichtungen benutzen kann. Der Vollmond steht der Sonne genau gegenüber.

Bevor sich der Wanderer bei der Orientierung in der Dunkelheit an das Sternbild des Orion hält, oder die Venus als Orientierungshilfe nutzt, sollte er sich an den deutlicher auszumachenden Polarstern halten. Dennoch seien hier die Wege von Orion und Venus erwähnt.

Das Sternbild des Orion zeichnet sich durch seinen Gürtel aus. Er besteht aus drei eng aneinanderliegenden Sternen an der Taille des Sternbildes. Der Orion geht – wie die Sonne – im Osten auf und im Westen unter.

Die Venus ist der Morgen- und Abendstern. Während sie am Morgen kurz vor Sonnenaufgang bereits im Osten steht, ist sie als Abendstern kurz nach Sonnenuntergang im Westen zu finden.

In unseren Breitengraden bläst der Wind hauptsächlich aus Westen oder Nordwesten, was dem Wanderer die Möglichkeit gibt, sich auch an anderen stummen Zeugen für die Himmelsrichtung zu orientieren. Er sollte dabei jedoch stets daran denken, daß diese Orientierungsmerkmale nur die etwaige Himmelsrichtung angeben können. So sind einzeln stehende Bäume meist nach Osten geneigt. Im Gebirge hartem Wetter ausgesetzt, haben sie meist nach Osten oder Südosten hin längere Äste. Masten und Baumstämme, Gebäude, Kilometersteine und Wegweiser, die frei stehen, sind zumeist infolge des feuchten Westwetters auf der West- oder Nordwestseite bemoost.

In den meisten Fällen befinden sich Ameisenhaufen auf der Südseite von Gebüsch und Gesträuch. Die Ausgangslöcher der Ameisenbauten weisen fast immer nach Süden, da an dieser Seite die Ameisen ihre Puppen zum trocknen auslegen.

An den Baumstümpfen frisch geschlagener, frei stehender Bäume sind die Jahresringe auf der Wetterseite – also im Westen bis Nordwesten – dichter gedrängt, ihre Rinde weist eine gröbere Struktur auf.

Auch am Wuchs der Pflanzen läßt sich die Himmelsrichtung erkennen. Hier seien nur die Sonnenblumen und der Senf genannt, die ihre Blüten stets zur Sonne drehen und damit die Hauptrichtung Süden anzeigen. Außerdem wird bei Bodenerhebungen der Pflanzenwuchs auf der südlichen Seite stets üppiger sein als auf dem Nordhang.

Neben diesen natürlichen Orientierungsmerkmalen gibt es eine Anzahl künstlicher Orientierungshilfen. So stehen die Türme alter Kirchen oft auf der West-, die Altäre auf der Ostseite. Auf alten Grabkreuzen weist die Inschrift vielfach nach Osten. Findet der Wanderer im Gelände einen Trigonometrischen

Punkt, der durch einen Stein gekennzeichnet ist, so wird er auf dessen Oberfläche ein eingemeißeltes Kreuz entdecken. Dieses Kreuz markiert mit seinen vier Armen die Haupthimmelsrichtungen. Die nach Süden zeigende Fläche trägt die eingemeißelten Buchstaben „TP" (Trigonometrischer Punkt).

Befindet sich der Wanderer in Gebieten, in denen Windmühlen stehen, so wird er an ihrem Sockel oft Himmelsrichtungsmarkierungen finden.

Hat der Wanderer seine Karte dabei, so kann er sich auch durch Vergleiche orientieren. Flurbezeichnungen in Wäldern und Wegemarkierungen sowie der auffällige Verlauf verschiedener Wege können wesentliche Orientierungshilfen sein.

Die größten Feinde einer exakten Orientierung sind schlechte Sicht oder gar Nebel. In solchen Fällen kann sich der Wanderer weitab von Wegen am Verlauf von Leitungsmasten orientieren. Im Gebirge oder im unwegsamen Gelände sollte er aber hierauf verzichten und stets daran denken, daß Fernleitungen auch oft über Abhänge und Steilwände führen. Gerade bei Nebel ist auch die Nutzung von Bahngleisen und Kraftfahrzeugstraßen als Leitlinie sehr gefährlich. So muß man stets an ihnen entlang, aber niemals auf ihnen wandern, wenn man sie als Richtungshilfe benutzen will.

Wie weit, wie hoch, wie tief? –
So ermittelt man Entfernungen

Bei Wanderungen und Aufenthalten in der freien Natur wird es irgendwann notwendig sein, Entfernungen zu schätzen, Höhen oder Längen zu bestimmen. Um dies exakt durchführen zu können, benötigt man ein geschultes Auge sowie eine gewisse Erfahrung. Nur zu leicht nämlich unterliegt das menschliche Auge optischen Täuschungen. So erscheinen Gegenstände bei klarem Wetter oder bei Föhn stets näher, als sie es wirklich sind. Das gleiche trifft zu, wenn die Sonne im Rücken steht und die Entfernung in einer Ebene oder über Täler hinweg geschätzt werden soll. Man schätzt außerdem bei welligem Gelände sowie auf Schnee- und Wasserflächen die Entfernung zu kurz ein. Trübes Wetter läßt Gegenstände entfernter erscheinen. So schätzt man in der Dämmerung oder gegen einen dunklen Hintergrund Entfernungen meist zu weit ein. Das gleiche trifft bei flimmernder Luft, wenn man gegen das Sonnenlicht blickt oder bergauf schaut, zu. Allein diese Faktoren zeigen, wie unsicher das Schätzen von Entfernungen ist. Es gibt daher eine Reihe von Anhaltspunkten, die man berücksichtigen sollte, wenn man eine Entfernung optisch vermessen will. Ein nicht besonders sicheres Mittel dazu ist die Unterteilung der Gesamtstrecke in Teilabschnitte. Da kurze Strecken leichter zu erfassen sind, unterteilt man die Strecke zunächst in zwei Hälften, halbiert diese wieder und reiht anschließend die für jedes der vier Teilstücke geschätzte Meterzahl wieder viermal aneinander.

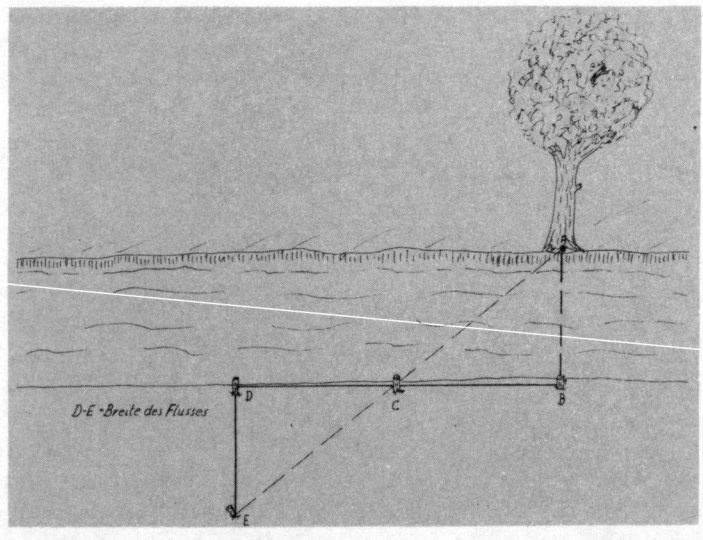

D-E »Breite des Flusses«

Sicherer hingegen sind Messungen. Will man beispielsweise die Breite eines Flusses messen, so sucht man sich einen markanten Punkt (A) auf der gegenüberliegenden Flußseite aus. Diesem genau gegenüber steckt man auf der eigenen Uferseite einen Pflock in die Erde (B). Zur Linie A/B bewegt man sich nun im rechten Winkel eine beliebige Anzahl von Schritten zur Seite. Man zählt die Schritte und steckt (zum Beispiel nach 100 Schritten) einen weiteren Pflock in die Erde (C). Nun geht man die gleiche Anzahl Schritte bis zum Punkt D und verpflockt diesen wieder. Rechtwinklig zu der soeben gegangenen Linie biegt man landeinwärts ab und geht so lange, bis man einen Punkt erreicht (E), von dem aus man über den Pflock C den markanten Punkt auf der gegenüber liegenden Flußseite (A) anvisieren kann. Ist dies möglich, so stellt die Strecke von D nach E exakt die Breite des Flußes dar. Sie muß man nun abschreiten oder vermessen.

Bei größeren Entfernungen, die es zu schätzen gilt, ist es natürlich nicht möglich, sie im Maßstab von 1:1 wie bei dem Beispiel mit dem Fluß abzuschreiten. Dann muß man die Strecke C/D verkürzen. Zum Beispiel halbieren, vierteln oder durch zehn teilen. Das bedeutet: wenn man von B nach C 100 Schritte geht, von C nach D aber nur zehn, muß man zum Schluß die Strecke D/E mit zehn multiplizieren, um die Entfernung A/B zu erreichen.

Um aber alle diese Messungen durchführen zu können, sollte man bestimmte, vorhandene Maße kennen. So ist der eigene Körper die beste Meßlatte.

Feststehende persönliche Maße

Körpergröße (aufrecht stehend ohne Schuhe)	: _____
Höhe mit senkrecht nach oben gestrecktem Arm	: _____
Höhe vom Boden bis zum Knie	: _____
Breite bei beiderseits ausgestreckten Armen	: _____
Höhe vom Boden bis zu den Fingerspitzen des herabhängenden Armes	: _____
Länge vom angewinkelten Ellbogen bis zur Spitze des Mittelfingers bei flach aufliegender Hand	: _____
Länge des Spanns (zwischen Daumenspitze und der Spitze des kleinen Fingers bei weit gespreizter Hand	: _____
Länge der Hand	: _____
Länge des Fußes	: _____

Welche einprägsamen Strecken am eigenen Körper haben eine Länge von:

10 Zentimeter _____

50 Zentimeter _____

100 Zentimeter _____

150 Zentimeter _____

Strecken mit den eigenen Schritten messen.
Wie viele Normal-Schritte benötigt man um:

10 Meter _____

20 Meter _____

50 Meter _____

100 Meter _____

zurückzulegen.

Ob „Elle" oder „Spann", in freier Natur muß man sich oft mit den eigenen Körpermaßen helfen. Diese sollte man gleich ermitteln und in die Tabelle in diesem Kapitel eintragen. Da dieses Buch als Wegbegleiter auf allen Wanderungen mitgeführt werden sollte, sind so die einzelnen Körpermaße unterwegs stets nachzulesen.

Entfernungen kann man auch – im wahrsten Sinne des Wortes – über den Daumen peilen. Diese Methode ist nicht so exakt wie das Vermessen, doch liefert sie, richtig angewandt und nach einiger Übung, relativ genaue Entfernungsangaben. Der Vorteil dieses Verfahrens ist der, daß es ohne großen Zeitverlust und jederzeit durchführbar ist. Der Grundgedanke der Entfernungmessung durch das Peilen über den Daumen (auch Daumensprung genannt) ist der, daß man Querdistanzen wesentlich leichter schätzen kann als geradlinig vom Betrachter ausgehende Entfernungen.

Das Verfahren ist denkbar einfach: man schließt ein Auge und hält am ausgestreckten Arm den Daumen senkrecht nach oben vor das anzuvisierende Objekt. Danach beläßt man den Daumen in dieser Stellung, öffnet das geschlossene Auge und schließt das andere. Nun befindet sich der Daumen in einer seitlichen Distanz zum anvisierten Objekt. Diese Querdistanz gilt es nun zu schätzen und mit zehn zu multiplizieren. So erhält man relativ genau die Entfernung vom eigenen Standort bis zum anvisierten Objekt.

Auch beim Schätzen von Höhen kann man sich der Methode des Anvisierens bedienen. Will man zum Beispiel die Höhe eines Baumes ermitteln, so nimmt man einen geraden Stock in die Hand des ausgestreckten Armes und visiert aus etwa 25 bis 30 Meter Entfernung über ihn den zu messenden Baum an. Hierbei läßt man ihn so weit nach unten durch die Hand gleiten, bis sich seine Oberkante mit der Spitze des Baumes deckt. Der Daumen markiert die Stelle, an der der Baum aus dem Boden

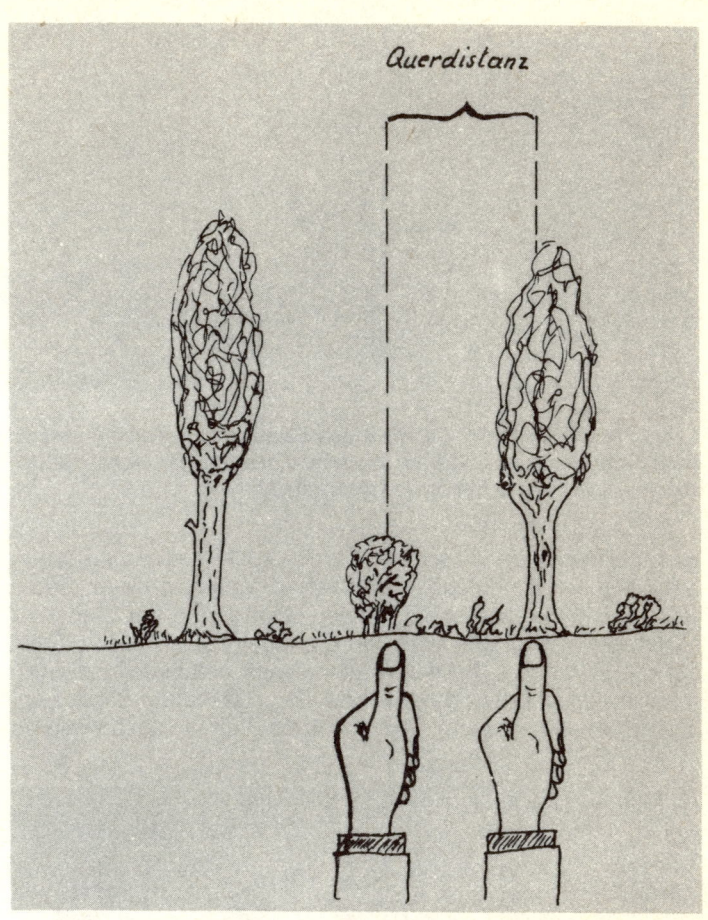

Mit Hilfe des Daumensprungs lassen sich Entfernungen schätzen. Die Querdistanz muß mit zehn multipliziert werden.

kommt. Nun legt man rechtwinklig den Stock um (so als würde der Baum gefällt werden) und merkt sich jene Stelle, an der die Spitze des Stockes auf die Grundfläche aufkommt. Anschließend wird dieser Punkt verpflockt und von dort die Entfernung bis zum Baumstamm vermessen. Sie entspricht der Höhe des Baumes.

Um sie aber exakter ermitteln zu können, kann man sich mit ganz einfachen Mitteln ein Meßgerät konstruieren. Hierzu ist ein bißchen Mathematik notwendig. Zunächst sucht man sich einen Stock, der geradegewachsen ist und dessen exakte Länge durch die eigenen Körpermaße oder ein Maßband zu ermit-

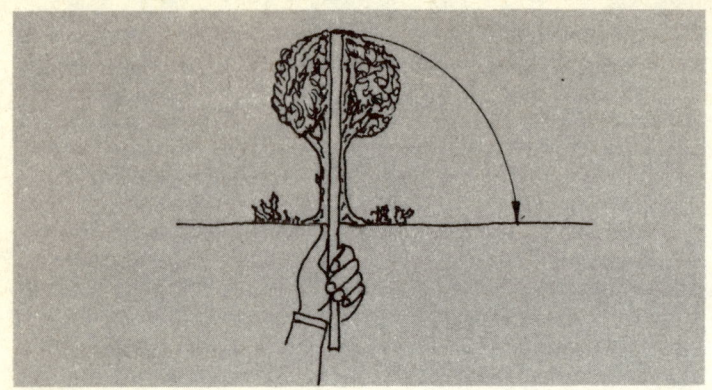

Eine einfache Methode, die Höhe des Baumes zu schätzen, wenden hauptsächlich die Holzfäller an. Mit Hilfe eines Stabes „legen" sie den Baum auf die Seite und schreiten die Länge ab.

teln ist. Hat man einen solchen Stock – zum Beispiel zwei Meter lang – gefunden, so geht man einige Meter von dem Baum weg, steckt die Meßlatte so in den Boden, daß der Stab zwei Meter herausragt und verlagert die eigene Augenhöhe direkt auf den Erdboden. Dann bewegt man sich solange von dem zu messenden Baum und dem in die Erde gestellten Stock weg, bis man über die Spitze des Stockes die Baumspitze anvisieren

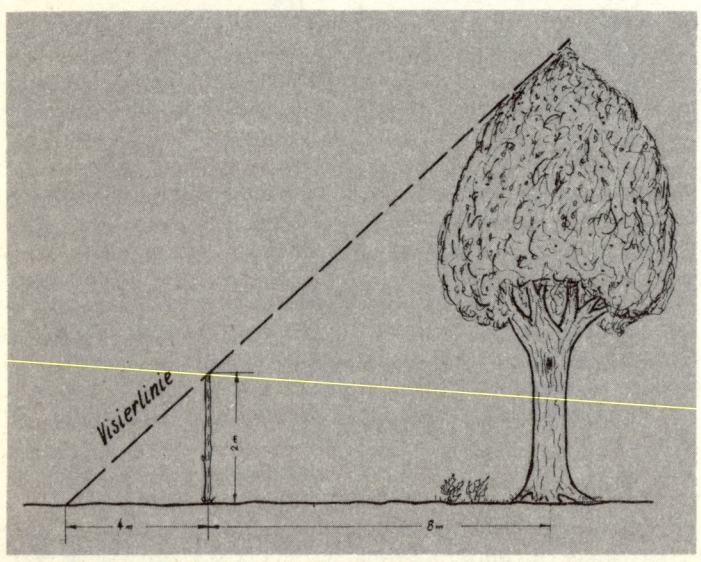

Mit einer einfachen Formel lassen sich Höhen exakt ermitteln.

46

kann. Die Höhe des Baumes verhält sich zur Höhe der Meßlatte ebenso wie die Länge zwischen Betrachter und Baum zur Strecke Meßlatte – Betrachter. Dies läßt sich auf eine sehr einfache Formel bringen. Nimmt man die Höhe des Baumes als Unbekannte an, und bezeichnet man die Strecke zwischen Baum und Ausgangspunkt der Visierlinie als a, die zwischen Meßlatte und Ausgangspunkt für die Visierlinie als b und die Meßlatte selbst als c, ergibt sich folgende Formel:

$$\frac{x}{c} = \frac{a}{b}$$

$$\frac{x}{2} = \frac{12}{4}$$

$$\frac{x}{2} = 3$$

$$x = 3 \times 2$$

$$x = 6$$

Der Baum in unserem Beispiel ist also sechs Meter hoch.
Wer nicht so gerne mit Formeln rechnet, kann sich das Messen eines Baumes – wenn auch nicht so exakt – auch einfacher machen. Diese Methode beruht auf dem gleichen System, doch arbeitet man von vornherein mit einer Zehnerteilung. So entfernt man sich neun Schritte von dem zu messenden Baum und steckt dort eine beliebig lange Stange in den Boden. Anschließend macht man einen zehnten Schritt, markiert am Boden die Stelle, an der der Fuß aufkommt, und visiert von dort aus den Baumwipfel an. An der Stelle, an der die Visierstelle den Stock schneidet, bringt man eine Markierung an und mißt die Höhe vom Boden bis zu dieser Markierung. Dieses Maß wird mit zehn multipliziert, und die Höhe des Baumes ist errechnet.

Wissenswertes aus Wald und Flur

Wer eine Wanderung unternimmt und sich längere Zeit in der Natur aufhält, wird schon bald ein besonderes Verhältnis zu Bäumen, Sträuchern, Wiesen und Feldfrüchten bekommen. Er wird wissen wollen, wie dieser oder jener Käfer heißt, welcher Pilz eßbar ist, welche Fährte zu welchem Tier gehört, was die Rufe aus dem Dickicht bedeuten.

Jedes Insekt, jeder Wurm, jeder Vogel, jedes Säugetier hat in der Natur seinen bestimmten Platz und besondere Aufgabe zu erfüllen. Insofern ist der Wanderer eigentlich ein Fremdkörper. Dies muß sich jedoch nicht negativ auswirken, wenn der „Fremdkörper Mensch", mit dem richtigen Fachwissen ausgerüstet, sich der Natur anpaßt und ihr keinen Schaden zufügt. Die wenigsten Vergehen gegen die Natur begeht der Wanderer vorsätzlich. Meist ist es Unwissenheit und ein großes Maß an Unachtsamkeit.

Es besteht großes forstwirtschaftliches Interesse an den Gehölzen unserer Wälder. Gesetze regeln den Umfang des Holzeinschlags und setzen gleichzeitig fest, wieviel Neuanpflanzungen notwendig sind. Das Verhältnis zwischen Holzeinschlag und Neuaufzucht ist so geregelt, daß der Fortbestand des Waldes in seinem ursprünglichen Umfang beibehalten wird.

Ähnliches gilt für die von der Landwirtschaft kultivierten Flächen, die durch Anbau von Feldfrüchten oder als Wiesen und Koppeln vor einer Versteppung bewahrt werden.

Der Wald als Schatzkammer

Ausgedehnte Wälder bedeckten vor 2000 Jahren den größten Teil unserer Erde. Sie wurden nur von Steppen, Sumpfgebieten und Mooren unterbrochen. In breiten Streifen standen die Auwälder entlang der Flüsse. Die regelmäßig in Frühjahr und Herbst überschwemmten Wälder bestanden aus unterschiedlichen Laubholzarten, es überwogen Rotbuchen- und Eichenwälder. Die Hainbuche hatte sich lediglich im Raum von Ostpreußen durchgesetzt, die Fichtenwälder dominierten auf den Höhen des Schwarzwaldes, in den Voralpen und in den Sudeten. Nach und nach mußten die Wälder dem Ackerbau und der Viehzucht weichen. Da Laubwald einen nährstoffreichen Boden benötigt, war er natürlich auch für die Landwirtschaft interessant.

Vor etwa 1000 Jahren hatte man dem Wald in Europa den Kampf angesagt. Er galt als Kulturhindernis, da er fruchtbaren Boden der landwirtschaftlichen Nutzung entzog. Dieses Verhalten wird verständlich, wenn man sich vorstellt, daß damals über dreiviertel der Landfläche bewaldet war. Dieser Rodungsprozeß konnte im 13. Jahrhundert beendet werden.

Im Mittelalter erlebte das Holzhandwerk eine hohe Blüte. In den Städten benötigte man immer mehr Holz als Bau- und Zierwerkstoff; es wurde knapp, Holz mußte gespart werden, die ersten Bauordnungen entstanden. Kluge Köpfe gingen daran, die Wälder systematisch zu nutzen und die Forstwirtschaft ins Leben zu rufen. Man suchte andere Rohstoffe zum Beheizen der Häuser. Philipp der Großmütige rief 1532 in Hessen eine Forstordnung ins Leben. Die Ausführungsbestimmungen dieser Forstordnung wurden im Jahre 1553 in Zusammenarbeit mit den Landesständen die gesetzliche Grundlage zum Ausbau einer einheitlichen Forstwirtschaft. Oberstes Ziel war es, das knapp gewordene Bauholz sparsam zu verwenden und nicht als Brennholz zu vergeuden. Wie wichtig schon früh das Holz für die Menschen war, zeigt, daß der Landgraf von Hessen-Kassel, Wilhelm IV., in seinem Testament seinen Sohn Moritz mahnte, Waldverwüstungen unbedingt Einhalt zu gebieten.

Das südliche Europa gibt ein Beispiel von den verheerenden Auswirkungen einer rigorosen Rodung von Waldflächen. Dort, wo die Wurzeln der Bäume das Erdreich nicht mehr gegen Erosion schützen können, die Baumkronen keinen Schatten auf das Land werfen, trocknet der Boden aus, wird vom Wind abgetragen oder vom Regen zu Tal gespült. Verkarstete Hänge wie in Griechenland sind die Folge.

Die größten Schäden am Öko-System Wald wurden durch den oft ungezügelten Fernstraßenausbau seit dem Krieg hervorgerufen. Breite Asphaltbänder zerschneiden ehemals zusammenhängende Waldstücke, stören die Balance der Natur und bringen durch Abgase, ölige Abwässer und Streusalzrückstände Schadstoffe in diese für den Menschen so lebenswichtige Landschaft.

Neben der Regulierung des Wasserhaushaltes sind die Wälder zur Reinhaltung der Luft unentbehrlich. Dadurch, daß sich Waldregionen weniger stark aufheizen als Ackerflächen und bebautes Land, befindet sich über Wäldern stets ein Frischluftreservoir, das bei aufsteigender Warmluft über den Städten selbst bei Windstille für einen Luftaustausch sorgen kann, indem es dorthin nachströmt, wo Warmluft aufsteigt.

Infolge der besonderen Eigenschaften und Wirkungen der Baumkronen entsteht über den waldbedeckten Flächen ein besonderes inneres „Waldklima". Doch wirkt der Wald genauso bei der Gestaltung des übrigen Landklimas mit. Der Wald hat eine ausgleichende Klimafunktion. So ist es im Sommer im Wald wesentlich kühler, während es im Winter inmitten der Bäume wärmer ist als auf dem Freiland. Die Baumkronen dämpfen die Tagesschwankungen der Lufttemperatur erheblich. Dies sei am Beispiel einer Fichtendickung im Hochsommer aufgezeigt: So werden 63 Prozent der tagsüber zur Verfügung stehenden 615 cal/qcm aus der Strahlungsbilanz für die

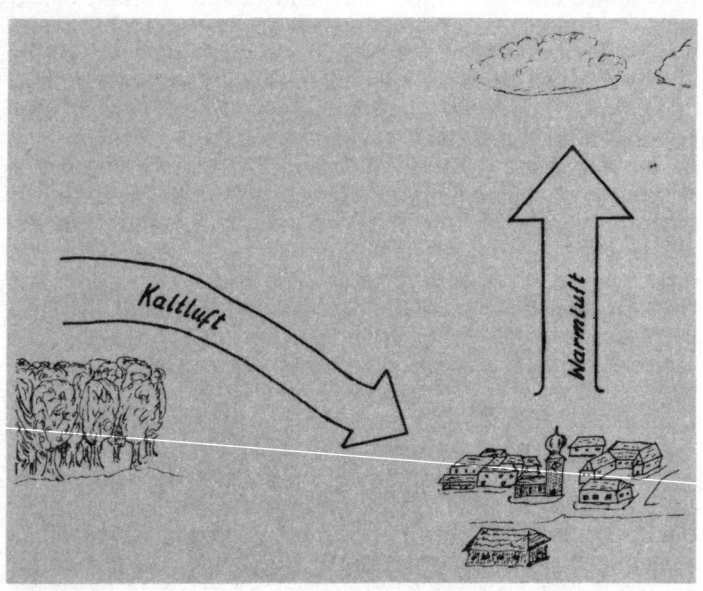

Selbst bei Windstille sorgt die kühle Luft über unseren Wäldern für Luftaustausch. Sie strömt dorthin nach, wo die erwärmte Luft aufsteigt.

Verdunstung verwandt. 31 Prozent bleiben als fühlbare Wärme über dem Baumkronenbereich, sie wird an die Luft abgegeben. Drei Prozent werden zur Erwärmung des Bodens, zwei Prozent zur Erwärmung der Pflanzenmasse und nur 0,5 Prozent zur Erwärmung der Luft innerhalb des Waldes genutzt. Das bedeutet, daß es im Sommer im Wald angenehm kühl ist.

Für den Wind sind die Baumkronen der rauheste Teil der Erdoberfläche. Sie stellen sich mit einer 30fach rauheren Fläche als beispielsweise ein Getreidefeld dem Wind entgegen. Baumkronen sind dabei noch 60fach rauher als normales Grünland und erreichen sogar das 300fache des aerodynamischen Widerstandes gegenüber einer Rasenfläche. Auch bei starkem Wind über dem Freiland wird im inneren des Waldes die Luftgeschwindigkeit von 0,5 bis einen Meter in der Sekunde nicht überschritten.

Die Rauhheit und Größe der Waldoberfläche tragen zu einer großen Filterwirkung gegen feste und flüssige Fremdstoffe bei. Zu diesen Fremdstoffen gehören Gase, Staubpartikeln und ähnliches. Diese Luftverunreinigungen werden durch Abbremsen der Luftmassen durch die Bäume in den ersten 50 bis 150 Metern des Waldes abgelagert. Neben diesem wesentlichen Teil, der bei verringerter Luftgeschwindigkeit zu Boden fällt, bleibt ein anderer Teil an Blättern und Nadeln hängen und wird später durch den Regen abgewaschen. Eine hohe Reinigungskraft haben die Fichten- und Kiefernwälder. Sie „fegen" jährlich pro Hektar etwa 30 bis 35 Tonnen Staub aus der Luft. Noch höher liegt dieser Wert bei den Buchenbeständen. Sie schaffen die unvorstellbare Menge von 68 Tonnen Staub, die sie jährlich pro Hektar aufnehmen. Mißt man den Staub- und Rußanteil der Luft über Industriestädten, so schwankt dieser Wert zwischen 100.000 bis 500.000 Teilchen je Kubikmeter Luft. Über offener Landschaft sind es immerhin noch 5000 Partikeln pro Kubikmeter. Im Wald hingegen schwankt diese Zahl um 500 Teilchen.

Auch die Anzahl der Krankheitserreger kann durch die Filterwirkung des Waldes herabgesetzt werden. So ergaben Messungen, daß je Kubikmeter Luft über der Straße 500 bis 800 Bakterienarten gezählt werden konnten, im angrenzenden Wald aber nur 40 bis 50. Zur Erreichung eines wirkungsvollen Lärmschutzes sind Wälder mit größerer Ausdehnung notwendig. Sie müssen mindestens eine Tiefe von 50 Metern haben. Dann aber „schlucken" sie speziell Töne mit hoher Frequenz, die für das menschliche Ohr sehr peinigend sind.

In unserer heutigen Gesellschaft hat der Wald einen ganz besonders hohen Freizeitwert.

Von den zuständigen Stellen werden große Anstrengungen unternommen, um den Wald einer möglichst breiten Bevölkerungsschicht zugänglich zu machen, wobei darauf geachtet

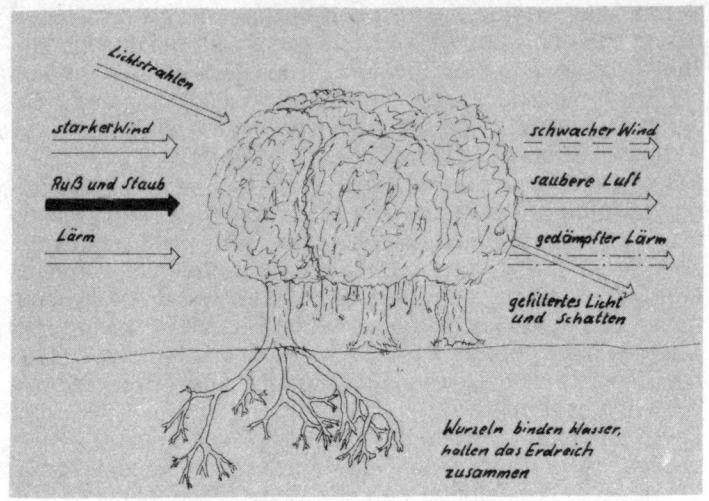

Der Wald und seine Funktionsweise – zum Nutzen unserer Umwelt.

wird, daß die Nutzung des Waldes als Erholungsraum Pflanzen und Tieren keinen Schaden zufügt.

Durch die Bemühungen der Forstbehörden, der Wandervereine und der Träger der Naturparks ist sichergestellt, daß der Wald als Allgemeingut auch im größtmöglichen Rahmen der Allgemeinheit zur Verfügung steht. Wanderparkplätze, Rundwanderwege und Waldlehrpfade sind Teile dieses Programms.

Im waldreichsten Bundesland Hessen werden jährlich etwa dreieinhalb Millionen Festmeter (Kubikmeter) Holz eingeschlagen. Um sich diese Menge zu verdeutlichen, stelle man sich einen Stoß von einem Meter Höhe und einem Meter Breite vor, der aneinandergereiht einer Länge der doppelten Strecke Frankfurt – Moskau entspricht. Diese enorme Holzmenge kann aber nur eingeschlagen werden, weil in diesem Bundesland auch jährlich etwa 40 bis 50 Millionen Bäume zur Erhaltung des Waldes angepflanzt werden. Durch diese starke Aufforstung wachsen jährlich allein in Hessen über drei Millionen Festmeterholz nach. Die Holzvorräte bleiben also stets erhalten.

Dieses System der Aufforstung unterscheidet unsere Wälder von den Urwäldern. So verfügt der Kulturwald nicht über natürliche Pflanzengemeinschaften, die jedes Lebensalter, das heißt vom Keimling bis hin zum absterbenden oder vermodernden Baum, aufweisen. Die intensive Holznutzung führt dazu, daß unsere Wälder unnatürlich jung sind. Meist übersteigen sie nicht das Alter von 150 Jahren. Dies hängt mit der forstwirtschaftlichen Rentabilität der Gehölze zusammen. Haben sie das optimale Alter erreicht, so werden sie abgeholzt. Das führt dazu, daß in den Wäldern nur selten 1000jährige Eichen oder andere, mehrere hundert Jahre alte Bäume zu finden sind. Diese Bäume trifft man – meist als Naturdenkmal gekennzeichnet – inmitten der Dörfer, in denen man die Dorflinde erhalten hat, oder aber in alten Parks und Schloßgärten, wo sie zur Zierde erhalten werden.

Die forstwirtschaftliche Rentabilität war auch ausschlaggebend dafür, daß die relativ langsam wachsenden Laubbäume in vielen Bereichen durch Nadelgehölze ersetzt wurden. Sie sind wesentlich früher ausgewachsen und können daher auch eher geschlagen werden.

Eine Eiche benötigt zum Heranwachsen 140 bis 250 Jahre, eine Buche etwa 140 Jahre. Die Nadelhölzer Fichte und Kiefer hingegen können „schon" nach einem Jahrhundert geschlagen werden.

Wenn man bedenkt, daß der Landwirt meist innerhalb eines Jahres auch das ernten kann, was er gesät hat, so ist forstwirtschaftliche Planung stets eine Planung für künftige Generationen.

Diese kann in weiten Bereichen dadurch zunichte gemacht werden, daß Wind- und Schneebruch oder der Befall durch Schädlinge die Anpflanzungen zerstört. Große Schäden verursachen insbesondere die Waldbrände. Neben dem wirtschaftlichen Schaden bedeuten sie die Zerstörung wertvollen Lebensraums unzähliger Lebewesen. Es bedarf vieler Jahre – manchmal sogar Jahrzehnte –, um das biologische Gleichgewicht wieder zu stabilisieren.

Die häufigste Brandursache ist die Unachtsamkeit der Menschen. So besteht ab 1. März jeden Jahres ein absolutes Rauchverbot im Wald. Dieses Datum ist deshalb gewählt, weil im März und April einer meteorologischen Erfahrung gemäß jedes Jahr Trockenwetterlagen einsetzen. Sie halten oft mehrere Wochen an, sind durch trocknen Ostwind gekennzeichnet und werden von intensiver Sonneneinstrahlung begleitet. Da die Bäume noch kein Laub tragen, fehlt die Schattenwirkung, und durch die intensiv beginnende Bodenwasseraufnahme der Bäume verstärkt sich das Austrocknen der oberen Bodenschicht. Die verwelkten Gras- und Krautreste an Wald- und Wegrändern entlang der Straßen und Parkplätze sind ebenfalls so trocken, daß bereits ein kleiner Funke ausreicht, um sie zum Herd ausgedehnter Brände werden zu lassen. Eine achtlos vom Spaziergänger oder aus dem Autofenster geworfene Zigarette ist in den meisten Fällen der Verursacher von Waldbränden.

Doch sind dies nicht die einzigen Schäden, die der Mensch der Natur zufügt. Insbesondere dann, wenn die Obstbäume blühen, die Weiden- und die Haselnußsträucher ihre Blüten tragen, wenn Birke und Buche ihr junges Grün hervorbringen, glauben viele Menschen, daß sie sich diesen Schmuck unbedingt in die Wohnung holen müssen. Sie reißen dann, wenn der Herbstwald in seinen schönsten Farben prangt, wenn leuchtende Früchte die Sträucher zieren oder Fichten und Tannen in der Adventszeit als letzte Bäume grünen, Äste und Zweige ab und begründen dies meist noch töricht mit den ihnen vermeintlich zustehenden Ansprüchen auf das Allgemeingut Wald. Welchen Schaden sie der Natur zufügen, um sich wenige Tage in meist überheizten Wohnzimmern an den abgerissenen Ästen zu erfreuen, scheinen sie nicht zu übersehen.

Neben den waldbestandenen Flächen prägen Wiesen und Felder das Gesicht unserer Landschaft. Sie sind zumeist bewirtschaftet, dienen dem Anbau von Feldfrüchten, als Futterwiesen oder Weideflächen. Trotz der landwirtschaftlichen Nutzung dieser ausgedehnten Flächen sind die Wiesen und Felder das Lebensgebiet vieler Tiere. Zu den Säugetieren, die die Wiesenlandschaft bevölkern, gehören unter anderem das Wiesel, der Maulwurf und die Feldmaus. Die Feldlerche, die hinter Erdschollen brütet, und der Wiesenpieper, der sein Nest in Form einer Halbkugel ebenfalls auf dem Wiesenboden versteckt, zählen zu den gefiederten Bewohnern, ebenso die Grauammer. Obgleich viele andere Vögel nicht zu den direkten Wiesenbewohnern zählen, nutzen sie sie doch als reichhaltige Speisekammer. So sind Stare, Hänflinge und Grünfinken ständige Gäste zwischen Gräsern und Wiesenblumen.

Insbesondere gehören Schmetterlinge und ihre Raupen zur Lebensgemeinschaft innerhalb der Wiesen. Am auffälligsten sind wohl die Hummeln, die im Klee ihre Hauptnahrungsquelle finden. Die Wiesenhummel nutzt Erdmulden zum Nestbau, während die Erdhummel in Erdlöchern haust. Diese beiden Hummelarten haben zwei gelbe Querbinden auf ihrem Hinterleib und unterscheiden sich nur dadurch, daß die Wiesenhummel eine rote Hinterleibsspitze, die Erdhummel eine weiße hat. Die Wiese beheimatet außerdem die gelbe Wiesenameise, die Rasenameise, die schwarzbraune Wegameise sowie die Feld- und Laubheuschrecke, die Feldgrille und die Schaumzikade.

Um diese Lebensgemeinschaft zwischen Blumen und Gräsern sowie der unterschiedlichen Tierarten nicht zu stören, sollte es der Wanderer vermeiden, Wiesen zu durchqueren. Abgesehen davon, daß er das Gelege der Feldlerche zertreten kann, das feinmaschig gesponnene Netz der Spinne zerreißt oder aber die Rike von ihrem Kitz aufschreckt, tritt er doch auf jeden Fall wertvolle Futterwiesen nieder und erschwert unnötig die Arbeit des Landwirts. Dies gilt insbesondere dann, wenn ausgedehnte Lagerplätze in Wiesen angelegt werden. Mögen sie auch noch so lauschig sein, so ist dies auf keinen Fall eine Rechtfertigung für den Schaden, den man an Pflanzen und Tieren sowie am wirtschaftlichen Ertrag des Landwirts anrichtet.

Daß man bestellte Felder nicht durchquert, ist wohl eine Selbstverständlichkeit. Der Wanderer, der sich auf seinem Weg durch die Natur als ihr Teil verstanden wissen will, wird überdies stets bemüht sein, Schaden von der Pflanzen- und Tierwelt abzuwenden.

Wald und Flur sind Schatzkammern der Menschheit, und es gilt, alles daranzusetzen, sie für uns zu erhalten. Sie regulieren den Wasserhaushalt, reinigen die Luft, beeinflussen das Klima und stehen als Orte der Erholung und Besinnung zur Verfügung. Sie ernähren uns, geben uns Rohstoffe, sichern Arbeitsplätze und lassen sich wirtschaftlich nutzen.

Das ist der Wald:
- die größte und modernste Klimaanlage der Welt, die einmal unter natürlichen Bedingungen völlig störungsfrei arbeitet, zum anderen ausschließlich mit Sonnenenergie betrieben wird und außerdem die Luft ständig befeuchtet, reinigt, kühlt oder erwärmt und regeneriert sowie mit angenehm wirkenden Stoffen versieht;
- der billigste und bewährteste Wasserspeicher;
- eine moderne und wirkungsvolle Immissions- und Schallschutzanlage, die von allen Vegetationsformen am besten in der Lage ist, uns auch vor radioaktiver Luftverschmutzung zu schützen;
- die größte und billigste Erholungsanlage und
- eine Nahrungsmittelfabrik, die mehrere tausend Tonnen Güter wie Beeren, Pilze, Honig, Wild und vieles andere mehr für die menschliche Ernährung liefert.

Gehölze und ihre Namen

Die Linde

Die Linde erreicht ein Alter von etwa 1000 Jahren und wird über 30 Meter hoch. Man findet sie in den Auwäldern entlang größerer Flüsse und in lichten Baumbeständen an Berghängen. Viel besungen ist die Dorflinde, die einstmals den Mittelpunkt der Ansiedlungen bildete. Im Schatten ihrer mächtigen Krone saß man zu Gericht, feierte Feste, traf man sich zum abendlichen Palaver. Schon die Germanen pflanzten sie als heiligen Baum in ihre Siedlungen. Einstmals wurde ihr Rindenbast zum flechten von Körben und Matten genutzt. Davon leitet sich auch der Name „Linde" ab, von „lind", was soviel wie „biegsam" bedeutet.

Das Holz des Baumes wird, da es sehr weich ist, auch heute noch gern für Schnitzarbeiten genutzt. Künstler schätzen die

Eine stattliche Sommerlinde im Herbst.

aus Lindenholz gewonnene Zeichenkohle. Während die Blüten Ende Juni die Bienen scharenweise anlocken und ihnen eine reiche Honigquelle bieten, schätzen die Menschen die getrockneten Lindenblüten, aus denen ein schweißtreibender Tee gebrüht werden kann.
Bei den einheimischen Lindenarten unterscheidet man zwischen Sommer- und Winterlinde. Während die Sommerlinde Ende Juni blüht, lockt die Winterlinde erst im Juli die Bienen mit ihren Blüten an. Die Winterlinde wird auch Wald- oder Spätlinde genannt. Ihre Blätter sind kleiner als die der Sommerlinde und auf beiden Seiten glatt. Die Sommerlinde hingegen, die auch Frühlinde oder großblättrige Linde genannt wird, verfügt über etwa 15 Zentimeter lange, schiefherzförmig zugespitzte und am Rand gesägte Blätter, die auf der Unterseite weich behaart sind. Gegen Umweltbelastungen wie Autoabgase und Luftschadstoffe sowie gegen Streusalzrückstände sind beide Lindenarten sehr empfindlich.
In bezug auf Wärme und Licht ist die Winterlinde, die in Osteuropa ebenso wie in Spanien, in Südskandinavien und in England zu Hause ist, genügsamer als die Sommerlinde, die ihren Ursprung in Südeuropa und Kleinasien hat. Die Winterlinde bietet bessere Holzqualität, wird allerdings weder so hoch noch so alt wie die Sommerlinde.

Ahornarten

Es gibt drei verschiedene Ahornarten: Spitz-, Berg- und Feldahorn. Sie unterscheiden sich durch Größe und Blattform. Das Holz aller drei Ahornarten wird von Kunsttischlern und Drechslern geschätzt.

Der Bergahorn
Er ist vom Kaukasus bis Mitteleuropa verbreitet. In Berglandschaften findet man ihn bis zu einer Höhe von 1600 Metern. Aber auch in städtischen Parks und an Straßenrändern ist er anzutreffen. Beim Bergahorn blättert die Rinde in großen Schuppen ab, seine Blätter bestehen aus fünf Lappen, die grob gesägt sind und in stumpfen Spitzen enden. Es gibt Bergahornbäume, die bis zu 500 Jahre alt geworden sind. Gegen Schadstoffe in der Luft ist der Bergahorn sehr widerstandsfähig. Er verlangt einen tiefgründigen Boden, gedeiht aber auch auf gut durchfeuchteten Geröllböden. Aufgrund seines reichen Wurzelwerkes und des reichen Streuabfalls (Blätter) wirken die Ahornarten bodenverbessernd. Das Holz des Bergahorns ist weiß, mittelmäßig hart und schwer, ziemlich elastisch und zäh. Es ist sehr dauerhaft und besitzt einen hohen Schönheitswert. Im engen Bestand bildet der Bergahorn sehr regelmäßige, vollholzige, hoch hinauf astreine Stämme, während er im Frei-

stand eine tiefangesetzte, starkästige Krone und einen dickeren abholzigen Stamm entwickelt. Dieser Stamm kann zwei bis drei Meter stark und etwa 30 Meter hoch werden. In der Möbelindustrie werden Ahornfurniere als Ausstattungs- und Schmuckholz verwendet. Außerdem findet das Ahornnutzholz neben der Schnitzerei auch Verwendung bei der Herstellung von Musikinstrumenten, Tischplatten, Teigrollen und Frühstücksbrettchen.

Im Sommer kann man den Bergahorn am besten an seinen geflügelten Früchten von der Platane – mit der er oft verwechselt wird – unterscheiden. Im November fallen sie wie kleine Propeller von den Bäumen.

Der Spitzahorn

Er kommt ebenfalls fast überall in Europa vor. Sein Verbreitungsgebiet erstreckt sich wie das des Bergahorns bis zum Kaukasus. Er ist etwas kleiner und wird etwa 20 Meter hoch, bevorzugt Ebenen und die unteren Regionen des Berglandes. Auch der Spitzahorn ist häufig an Straßenrändern und in Parks zu finden. Sein Alter beschränkt sich auf etwa 100 Jahre. Das Holz weist die gleichen Qualitäten wie die des Bergahorns auf, ist jedoch etwas dunkler. Auch seine Früchte sind geflügelt und können dadurch, daß sie im Schraubenflug langsam nach unten sinken, vom Wind weit fortgetragen werden. Die gleichmäßig schön geformten Blätter weisen fünf oder sieben Lappen auf, die zu feinen Spitzen ausgezogen sind.

Sein Blatt ziert die kanadische Flagge.

Der Name Ahorn gründet auf die scharf gezeichneten Blattspitzen und leitet sich von dem lateinischen Wort „acer", spitz, scharf, ab. Seine forstwirtschaftliche Nutzung ist relativ gering, obwohl dieser Baum sehr anpassungsfähig ist.

Der Feldahorn

Er fühlt sich im Schatten sehr wohl. Ihn findet man in Südschweden ebenso wie in Nordafrika und Kleinasien. Sehr schnell paßt sich dieser kleinste unter den Ahorngewächsen den unterschiedlichen Standorten an. Sind die Bedingungen gut, so wächst er zum Baum aus, sind sie weniger gut, bildet er nur einen Strauch. Der Feldahorn steht sowohl am Feldrain als auch an Waldrändern inmitten von Gebüschen, aber auch in Laubwäldern. Sein Wachstum ist sehr langsam und daher forstwirtschaftlich nicht interessant. Oft ist der Feldahorn Zierde der Gärten, wo er, wie die anderen Ahorngewächse, im Herbst sein farbenprächtiges Laub zur Schau stellt. Kunsttischler schätzen sein schön gemasertes Wurzelholz. Das Holz ist leicht rötlich. Seine Blätter sind drei- bis fünflappig und haben abgerundete Spitzen.

Kaum einem anderen Baum wurde in der Geschichte unserer Ahnen mehr Ehre zuteil als der Eiche. Sie war dem altgermanischen Gott Donar geweiht.

Eine Eiche kann ein Alter von 1000 und mehr Jahren erreichen. Sie bevorzugt einen nicht zu trocknen, tiefgründigen Boden und wächst zumeist in Ebenen und Flußniederungen. Zum Gedeihen benötigt der Baum volles Sonnenlicht. In der Gesellschaft der Eichen siedeln sich je nach Feuchtigkeit Birken, Ahorn und Hainbuchen an, und die lichtdurchlässige Krone der Eiche gestattet es, daß in ihrem Umfeld verschiedene Stauden und Sträucher gedeihen. Die Eicheln, die alle zwei bis sieben Jahre den Waldboden bedecken, sind eine Lieblingsnahrung der Schweine. Auch das Schwarzwild bevorzugt die Eichenbestände.

Seit jeher waren die Eichen wertvolle Rohstofflieferanten und wurden zum Haus- und Schiffsbau verwandt. Die Gerbsäure der Eichen macht ihr Holz gegen Fäulnisbefall widerstandsfähig, so daß Eichen für den Bau von Holzfässern bevorzugt werden. Die Gerbsäure war es auch, die die Rinde der Eichen für die Gerbereien unentbehrlich machte. Auch in der Medizin und Pflanzenheilkunde wird die Eiche als Rohstofflieferant genutzt. Das Eichenholz ist hart, sehr dauerhaft, ihr Kern gelblichbraun. Je größer die Jahresringbreiten, desto härter das Holz; je enger – bei ausreichender Reife – desto milder und als Furnierholz geeigneter. Die Verwendungsarten des Eichenholzes sind so vielseitig, daß hier nur einige aufgeführt sein sollen: Furniere, Möbel, Parkett, Treppen, Faßdauben, Fenster, Türen, Schwellen und Zaunpfosten, für Drechslerarbeiten, Schnitzereien und Täfelungen sowie als Wasserbauholz und Schiffsbauholz. Auf Versteigerungen sind schon für wertvollste Furnierstämme Preise von über 4000 Mark je Festmeter erzielt worden.

Sehr viele Tiere fühlen sich im Eichenwald heimisch, zum Beispiel die Gallwespe, die die kugeligen Wucherungen auf den Blättern (Galläpfel) verursacht, Maikäfer, die nicht selten die Kronen der Bäume völlig kahl fressen, und die vielen Raupen der unterschiedlichsten Schmetterlingsarten, die sich in dem Eichengeäst satt fressen. Auch der Kuckuck, der diese Raupen als Nahrung zu sich nimmt, bevorzugt den Eichenwald. Neben dem Wildschwein, fühlen sich auch Siebenschläfer, Eichhörnchen und Eichelhäher im Eichenwald wohl, der für sie die Hauptnahrungsgrundlage darstellt. Mit diesen Tieren kommen aber auch deren Feinde: so tummeln sich Fuchs, Habicht und Marder ebenfalls in den Eichenbeständen. Spechte, Eulen, Dolen, Stare und andere Vögel nutzen das große Nahrungsangebot des Eichenwaldes.

Eichenlaub mit einem von der Gallwespe hervorgerufenen Gallapfel.

In Europa unterscheidet man im wesentlichen zwei Eichenarten. Es sind dies die Stiel- oder Sommereiche sowie die Trauben-, Winter- oder Steineiche.

Die Stieleiche
Sie wird etwa 20 bis 30 Meter hoch. Ihre Krone ist lichtdurchlässig, ihre Konturen sind unregelmäßig. Die Stieleiche hat im Ge-

gensatz zur Traubeneiche so gut wie keinen Blattstiel. Der Ansatz der Blätter ist dadurch gekennzeichnet, daß er zwei ohrläppchenartige Ausbuchtungen aufweist. Die Blätter der Traubeneiche hingegen kommen keilförmig aus dem langen Blattstiel hervor. Die Stieleiche verdankt ihren Namen den an langen Stielen sitzenden Eicheln. Die Stieleiche stößt im Winter ihr Blätterkleid ab und erhielt dadurch, im Gegensatz zur Traubeneiche, auch den Namen Sommereiche. Die Traubeneiche hingegen – besonders junge Bäume – läßt ihr vertrocknetes Laub den Winter über an den Ästen hängen. Der Stamm der Stieleiche ist meist in Bodennähe bereits verzweigt.

Die Traubeneiche
Sie wird in der Regel höher als die Stieleiche. Ihr Stamm ist nicht so dick und erstreckt sich meist bis in die Spitze. Die Eicheln haben keine Stiele, hängen dicht und traubenartig zusammen, daher der Name. Die Traubeneiche weist deutliche Blattstiele auf, in die das Blatt meist keilförmig mündet. Dieser Baum ist weniger anspruchsvoll als die Stieleiche. Ihr Hauptverbreitungsgebiet sind Hügel- und untere Bergregionen. Die schönsten und wertvollsten Traubeneichenbestände Deutschlands gibt es in Spessart und Pfälzer Wald. Die Traubeneiche ist trotz ihrer stattlichen Höhe von mitunter vierzig Metern sehr sturmfest. Da sie ihr vertrocknetes Laub – insbesondere an jungen Bäumen – den Winter über behält, heißt sie auch Wintereiche. Die Übersetzung ihres lateinischen Namens (Quercus petraea) brachte ihr außerdem die Bezeichnung „Steineiche" ein.

Er gehört zur Familie der Birkengewächse. Für unsere germanischen Vorfahren war er das Sinnbild des Frühlings und der Unsterblichkeit. Die Germanen waren überzeugt, daß der Haselnußstrauch den besonderen Schutz des Gottes Donar genieße und daher vor Blitzschlag bewahre. Viele Wunderkräfte erhoffte man sich vom Haselnußstrauch. So schnitt man die Wünschelruten aus seinen Zweigen und suchte nach verborgenen Quellen und unterirdischen Schätzen. Wie sehr dieser Kult übertrieben wurde, ist daran zu ermessen, daß die Wünschelruten in der Johannis- oder Karfreitagsnacht geschnitten werden mußten. Der Haselnußstrauch ist in der Gemeinschaft von anderen Sträuchern vor allem im Laubwald anzutreffen. Er wird fünf bis sechs Meter hoch und ist eine sehr lichtbedürftige und frostharte Holzart. Je nach Lage blüht die Hasel sehr zeitig im Frühjahr, lange vor dem Laubausbruch. Die Haselnüsse sind eine begehrte und wohlschmeckende Frucht. Außerdem gewinnt man aus ihren Kernen ein angenehm schmeckendes Öl. Die Zweige des Strauchs sind sehr biegsam und werden oft zum flechten und zum bereifen von Fässern benutzt. Der Ha-

selnußstrauch erreicht ein Alter von 60 bis 70 Jahren. Er steht zur Blütezeit unter Naturschutz, da die Bienen an warmen Tagen erstmals den Blütenstaub als Nahrung holen.
Die reifen Haselnüsse sind Nahrung für Eichhörnchen und Eichelhäher. Die Eichhörnchen sammeln die Nüsse wie Eicheln

und Bucheckern und legen einen Wintervorrat an. Der Eichelhäher versteckt sie oft im Erdreich. Die vergessenen Nüsse
sorgen für die Weiterverbreitung des Haselnußstrauchs. Interessant ist, daß die Tiere unreife Haselnüsse nicht sammeln.
Das hat seinen Grund darin, daß die Hülle für sie bis zur Rei-
fung einen unangenehmen Geschmack hat.
Die Blätter des Haselnußstrauchs sind ei- oder herzförmig. Sie
tragen am Rand Sägezähne, die wiederum fein gezahnt sind.

Die Birke

Durch ihr frisches Grün fällt im Mai die Birke besonders auf. Ihr
freundliches Aussehen verdankt sie nicht zuletzt dem seidig
weißglänzenden Stamm und dem hellgrünen Laub.
Die Weiß- oder auch Hängebirke hat – im Gegensatz zur Moorbirke – hängende Zweige. Sie bevorzugt feuchte Standorte im
nordeuropäischen Raum. Die Triebe der Moorbirke sind ohne
Warzen, die Blätter nur einfach gezähnt. Die Blattform ist weniger spitz. Die Hängebirke findet man in den gemäßigten und
kalten Zonen Asiens und Europas. Die Weißbirke kommt bei
uns nur in kleineren Gruppen oder einzeln vor, oder wird dort
angepflanzt, wo kein anderer Baum gedeiht; in Osteuropa existieren hingegen ausgedehnte Birkenwälder.
Hat die Birke genügend Sonne, so ist sie sehr anspruchslos
und gedeiht auch auf sandigem und nährstoffarmem Boden.
Auch saurer Boden läßt sie gedeihen. Sie kann etwa 120 Jahre
alt werden. Ihr Holz ist als Furnier geschätzt. Es ist sehr zäh
und daher auch beliebt bei Wagenbauern, Drechslern und
Tischlern. Besitzer von Kaminen bevorzugen Birkenholz, da es
selbst frisch geschlagen gut brennt. Die dünnen Äste werden
zu Besenreisig verarbeitet, die dickeren dienen als Faßreifen.
Aus dem frischen Saft der Birke werden Haarwasser hergestellt. Medizinisch bedient man sich der jungen Blätter der
Weißbirke, aus denen man einen hervorragenden Tee für Bla-
sen- und Nierenkranke aufbrühen kann.
Die Blätter der Weiß- oder Hängebirke haben eine lange Spitze, sind breit und am Rand doppelt gezähnt. Im Herbst hüllt
sich die Weißbirke in ein goldgelbes Blätterkleid.

Die Buche

Wegen ihres rötlichen Holzes wird die Buche auch Rotbuche
genannt. Sie ist der wichtigste Baum unserer heimischen Laub-
wälder. Sie gedeiht überall in Mitteleuropa und bevorzugt ein
gemäßigtes Klima. Als Bodenart liebt sie sandige Tonböden
und kalkhaltigen Untergrund. Sie meidet die höheren Lagen
des Hochgebirges, da sie hier die Wärme vermißt. Die starken
Äste, die von ihrem silbergrauen, glatten Stamm abzweigen,

sind stets steil nach oben gerichtet, während die von diesem wiederum abgehenden Äste sich stärker nach unten neigen. So entsteht eine dichte Krone. Die Buche ist der für die Forstwirtschaft wichtigste Laubbaum. Obgleich Buchen 300 Jahre alt werden können, erreichen sie bei uns ein Durchschnittsalter von 150 Jahren.

Ihr Holz ist mäßig hart, aber sehr haltbar, besitzt einen hohen Heizwert und wird daher auch zu Holzkohle verarbeitet. Auch gewinnt man Holzessig und Buchenholzteer aus der Buche. Das Buchenholz wird vorwiegend als Bauholz verwendet, aber auch zur Fertigung von Möbeln, Treppen, Werkzeugen, Wagen. Aus den Bucheckern, die die Bäume alle fünf bis acht Jahre tragen, wird wertvolles Speiseöl gewonnen.

Steht die Buche allein, so ist sie bereits tief beastet. Im Hochwald hingegen bleibt ihr Stamm bis hoch hinauf in die Krone astlos. Der Baum wird bis zu 40 Meter hoch, trägt ganzrandig gewellte, nach vorn spitz zulaufende Blätter. Das vertrocknete Laub bleibt bei jungen Beständen oft bis in das Frühjahr hinein an den Ästen.

Da die Buche durch ihre dichte Krone den niederen Pflanzen das Licht nimmt, unterscheidet sich der Buchen- vom Eichenwald sowohl durch die Bodenbepflanzung wie durch ein artenarmes Tierleben. Während die Blüten der niederen Gewächse im Eichenwald scharenweise Insekten anziehen, ist dies im Buchenwald nicht der Fall. Allerdings halten sich in der modernden Bodendecke viele Würmer und Larven auf, die dort auch günstige Bedingungen zum Überwintern finden. Durch das modernde Laub ist der Boden des Buchenwaldes auch im Winter kaum kälter als null Grad. Diese Kleintiere ziehen einige wenige Vögel an, wie zum Beispiel Drossel und Amsel. Im Jungwuchs der Buchen findet das Rotwild einen idealen Unterschlupf. Obwohl der Buchfink seinen Namen dem Baum verdankt, ist er auch in Mischwäldern anzutreffen.

Die Hainbuche

Die Hainbuche ähnelt in vielen Beziehungen der Rotbuche. Sie wird wegen ihrer Holzbeschaffenheit auch Weißbuche genannt und trägt außerdem den Namen Hagebuche. Hagebuche oder auch Hainbuche stammt von der Bezeichnung „Hag", was so viel wie Einfriedung bedeutet. Diese Bezeichnung weist darauf hin, daß die Hainbuche oft als Heckenpflanze für Einfriedungen genutzt wurde. In dieser Form ist sie uns heute noch bekannt, da sie den Schnitt sehr gut verträgt. Läßt man sie auswachsen, kann sie eine Höhe von fast 30 Metern erreichen und über 150 Jahre alt werden.
Sie verfügt über ein extrem hartes und zähes Holz, daß sich insbesondere zur Werkzeugherstellung eignet.
Im Unterschied zur Rotbuche, bringt die Hainbuche keine Bucheckern hervor. Ihre Früchte bestehen aus kleinen Nüssen, die an dreiflügeligen Blättern sitzen. Diese Früchte bleiben bis zum Winter am Baum. Die Blätter der Hainbuche sind länglich und eiförmig, spitz und am Rand doppelt gezähnt.
Der Baum ist in ganz Europa mit Ausnahme von Spanien und Nordskandinavien verbreitet. Dieser Hartholzbaum wächst sehr langsam, kann in Buschform oder als Baum auftreten und verträgt auch Schatten.

Die Eßkastanie

Wahrscheinlich brachten die Römer gemeinsam mit Wein und Kirsche auch die Eßkastanie in unsere Regionen. Sie nutzten vermutlich die Schößlinge der Eßkastanie als Stützen im Weinbau. Die Frucht – die Marone – will jedoch bei uns nicht so recht die Größe annehmen, wie in den Mittelmeerländern. In den bestachelten Fruchtbechern befinden sich bis zu drei braunglänzende Früchte.
Der Baum hat sehr weit ausladende Äste und einen starken Stamm, wird bis zu 30 Meter hoch und bildet eine breite Krone. Die Blätter sind lanzettenartig, länglichspitz und verfügen über einen sägeblattähnlichen Rand.
Der Baum kann über 600 Jahre alt werden und findet wegen seiner schönen Maserung Liebhaber unter den Möbeltischlern.

Sein Holz ist hart und verschleißfest. Der Baum gehört einer anderen Gattung als die Roßkastanie an.

Die Roßkastanie

Ihre Heimat ist Griechenland und Bulgarien. Heute ziert sie unsere Straßen und Parks. Die ausgebildeten Blätter der Roßkastanie bestehen aus fünf oder sieben fein gezähnten Einzelblättern, die sich am Ende eines langen Stiels wie die Finger einer Hand spreizen. Die Roßkastanie bildet ein Blatt-Mosaik, da kein Blatt das andere beschattet. Alle Blätter sind lichtbedürftig. Die glänzenden braunen Kastanien sind ein begehrtes Futter für Rot- und Damwild. Die Roßkastanienbäume werden etwa 200 Jahre alt. Die Blüten der normalen Roßkastanien sind weiß und herzförmig, die Frucht reift in stacheligen Hüllen, im Gegensatz zu den stachellosen Früchten der rotblühenden Roßkastanie. Diese ist ein Mischling und wird nicht so alt wie die normale Roßkastanie, von der sie sich auch durch die wesentlich kleineren und dunkleren Blätter unterscheidet.

Der Walnußbaum

Den Walnußbaum verdanken wir, wie viele andere Gehölze, den Römern. Er wächst noch heute in Vorderasien und Griechenland wild. Den Ursprung seines Namens kann man von dem Wort welsche ableiten. Es deutet darauf hin, daß dieser Baum aus Italien stammt. Seine Blüten erscheinen gleichzeitig mit den Blättern und setzen sich aus fünf bis neun Fiederblättern zusammen, die länglich, eiförmig und etwas zugespitzt sind.
Zur Herstellung von Holzbeizen benutzt man die gerbstoffreichen Hüllen der Nuß. Ebenso findet die grüne Nußhülle bei bräunenden Sonnenölen Verwendung.
Römern und Griechen war dieser Baum heilig, sie weihten ihn Jupiter und Zeus und glaubten an seinen Schutz vor Blitzeinschlag. Aus dem Samen – also dem eßbaren Nußinneren – wird ein wertvolles Speiseöl gewonnen. Das Holz des Walnußbaums ist wegen seiner schönen Maserung bei Möbeltischlern sehr begehrt.
Der Baum kann bis zu 30 Meter hoch werden und verfügt über eine runde Krone. Die Samen seiner Früchte sind fetthaltig und nahrhaft.

Die Esche

Sie gehört, wie der Flieder, zur Familie der Ölbaumgewächse. Sie ist von jeher in unserer Gegend heimisch. Mit Ausnahme des hohen Nordens und der Mittelmeerländer kommt sie in ganz Europa vor und gehört zu den stattlichsten Bäumen unserer Regionen, die bis zu 40 Meter hoch werden können und eine weit ausladende, lichtdurchlässige Krone aufweisen. Ihr Lebensalter kann 250 Jahre überschreiten.

Dieser Baum fühlt sich in Flußtälern und Auwäldern sehr wohl, aber auch in den Alpen ist er bis zu einer Höhe von etwa 1600 Metern vertreten. In unbelaubtem Zustand erkennt man ihn sehr leicht an den Knospen, die stets etwas berußt aussehen. Seine Blätter sind unpaarig gefiedert, stiellos, spitz und am Rand gezähnt. Auffallend an dem Baum ist, daß die Blätter erst sehr spät austreiben. Sie erscheinen im Juni.

Früher nutzte man das Laub der Esche als Vieh- und Schaffutter. Das Holz der Esche ist sehr hart und zäh und wird zur Herstellung von Turngeräten, Werkzeugen, Schaufelstielen, Schneeschuhen, Ruderriemen und Leitern verwandt. Das trotz seiner Härte elastische Holz ist sehr wertvoll.

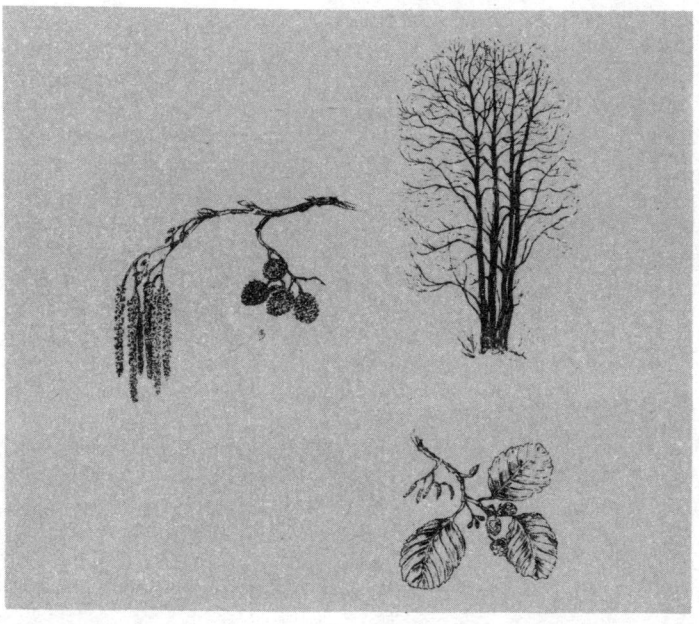

Die Schwarzerle

Zu den Birkengewächsen zählt die Schwarzerle, auch Roterle oder Eller genannt. Ihr begegnet man in der Nähe von Bachläufen als Baum oder Strauch oder an feuchten Stellen, wo sie mit Birken und Weiden mitunter Bruchwälder bildet. Sie ist an ihren rundlichen, abgestutzten Blättern leicht zu erkennen. Das rotbraune Holz der Schwarzerle wird gern von Tischlern und

Drechslern verwandt. Weil es gegen Wasser sehr widerstandsfähig ist, eignet es sich insbesondere für Pfähle und Bootsste-
ge. Man nutzt es auch gern zur Herstellung von solidem Spielzeug und Holzschuhen. Sie kann 100 Jahre alt werden. Ihr Holz
wird in der Luft orange-rot, daher der Beiname Roterle.
Die Schwarzerle schlägt oft mehrstämmig aus und ihre Rinde
erscheint schwarz-braun, was ihr den Namen Schwarzerle ein-
brachte.

Die Salweide

Sie weist einen meist krummen Stamm und sparrige Äste auf
und ist in Laubwäldern, an Flußläufen und Gräben zu finden.
Sie bevorzugt feuchte Stellen, findet sich aber ebenso in Steinbrüchen, wo sie bis zu 60 Jahre alt werden kann.
Die Weide kann man dadurch vermehren, daß man Zweige
vorm Knospenaustrieb in feuchte Erde steckt oder in einem

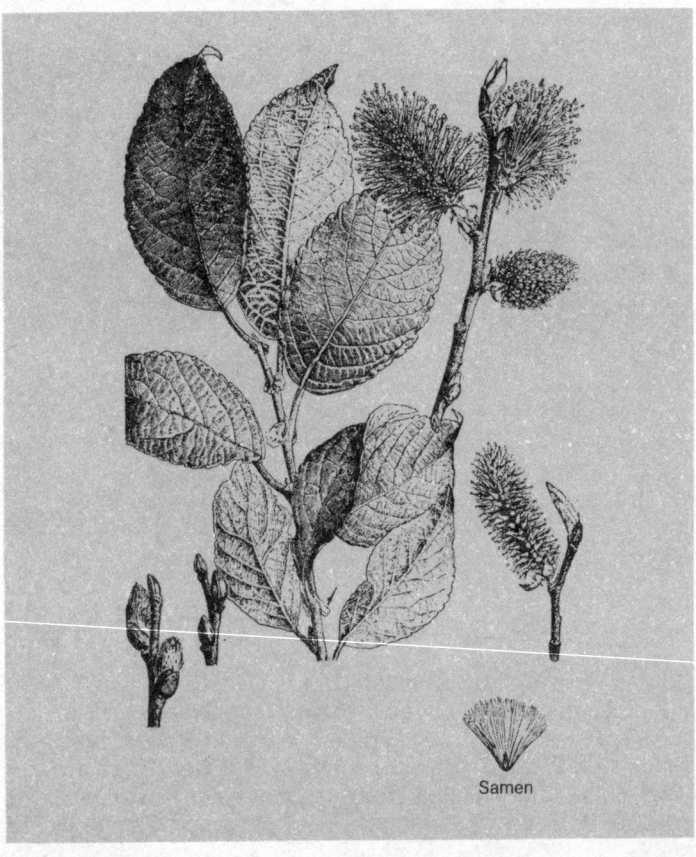

Samen

Glas Wasser Wurzeln ziehen läßt. Oftmals bildet die Salweide mit anderen Weidenarten Mischformen und läßt sich dann nur schwer als Salweide erkennen. Ihr Holz ist sehr weich. In früherer Zeit nutzte man die Rinde der Salweide zum gerben. Lange Triebe können zur Herstellung von Faßreifen oder grobem Flechtwerk genutzt werden. Die Salweide hat eiförmige, breite Blätter, die eine zur Seite verbogene Spitze aufweisen. Der Blattrand ist leicht gekerbt oder glatt.

Sie kommt sowohl als kleiner Baum wie als Strauch vor, ist im Durchschnitt sechs bis acht Meter hoch und bekannt durch ihre Kätzchen. Die Salweide steht während der Blütezeit unter Naturschutz und bietet den Bienen in der noch kühlen Jahreszeit wertvolle Nahrung.

Die Trauerweide

Sie ist die Zierde eines jeden Parks und mit ihren langen, bis auf den Boden herabhängenden dünnen Zweigen, Blickfang an den Seeufern. Sie ist eine Züchtung und gilt als Gartenform der Silberweide. Die Trauerweide hat ihren Ursprung in Frankreich, wo zu Beginn des 19. Jahrhunderts ein Urbaum gezüchtet und durch Stecklinge vermehrt wurde. So kommt es, daß alle Hängeformen der Silberweide männlich sind.

Die Trauerweiden haben eine weit ausladende Krone und erreichen eine Höhe von mehr als 20 Metern.

Sie hat lange, schmale Blätter, die an ihrem Rand ganz leicht gezähnt sind und eine feine Behaarung aufweisen.

Die Silberweide

Die Silberweide wird auch als Weiß-, Kopf- oder Korbweide bezeichnet. Der Name Silberweide leitet sich vom silbrigen Schimmer des Blattwerks her. Die Silberweide ist seit jeher bei uns heimisch. Man findet sie in Europa bis nach Mittelasien und Nordafrika. Sie ist in Tälern, an Bächen und Flüssen zu Hause und liebt, wie alle anderen Weidenarten, feuchten Boden.

An günstigen Standorten wird sie über 100 Jahre alt. Mit den anderen Weidenarten hat sie ein langes und vielfach verzweigtes Wurzelwerk, das sich besonders gut zur Befestigung von Ufern und Dämmen eignet, gemeinsam.

Besonders auffällig sind die Kopfweiden, die dadurch entstehen, daß die jungen Stämme abgeschnitten und aller ihrer Zweige beraubt werden. An diesem gestutzten Ende entstehen lange Austriebe in Form einer besenförmigen Krone. Diese Triebe sind lange, astlose Ruten und eignen sich vorzüglich zur Korbflechterei. Da das Verfahren des Stutzens in regelmäßigen Abständen wiederholt wird, bildet sich ein dicker Kopf. Die Lebensdauer der Kopfweiden ist dadurch begrenzt, daß in die immer wieder geschlagenen Wunden Krankheitserreger eindringen können und daß Wasser und Pilzsporen den Baum zerstören. Das Holz beginnt dann zu faulen und bildet die Weidenerde, eine lockere, braune Masse. Nach und nach wird der Stamm dadurch hohl.

Auch die Blätter der Silberweide sind schlank und laufen spitz zu, sind fein gesägt und auf der Unterseite fein silbrig behaart. Silberweiden haben weiches und leichtes Holz. Die Stämme verzweigen sich schon nahe dem Boden und bilden eine stark verästelte Krone.

Die Bruchweide

Eine recht eigenwillige Art der Weiterverbreitung findet man bei der Bruchweide. Sie steht in feuchten Wäldern, an Flußufern und in der Gemeinschaft mit der Schwarzerle. Laut knackend brechen ihre Äste bei Sturm ab, fallen in den Fluß und schlagen dort, wo sie angeschwemmt werden, wieder aus. Der Name Bruchweide weist auf die Zerbrechlichkeit des Baumes hin. Bricht durch den Sturm oder durch Zurückbiegen der Zweige ein Ast ab, so ist festzustellen, daß die Bruchstelle extrem sauber ist. Dieser Baum kommt bis hin nach Sibirien vor. Sein Holz ist weich und sehr leicht. Die Blätter der Bruchweide sind länglich und spitz, am Rand fein gesägt.

Der Baum ähnelt in der Form seiner unregelmäßigen Krone stark der Silberweide.

Die Kiefer

Während die meisten Waldbäume den Sandboden meiden, fühlt sie sich hier wohl. Sie wird auch Föhre, Forche oder Forle genannt und bildet in Mittel- und Nordeuropa ausgedehnte Wälder. Ihr Verbreitungsgebiet ist sehr groß. Sie zählt neben der Fichte zum wichtigsten Waldbaum in Deutschland. Die Kiefer paßt sich dem kontinentalen Klima gut an und ist sehr genügsam. Gegen Frost und Hitze unempfindlich, liebt sie den tiefgrundigen, frischen Sandboden, auf dem sie gut gedeiht, wenn ihr Lichtbedürfnis befriedigt wird. Die Kiefer wird auch Brotbaum des Ostens genannt. Ihre Blütezeit ist im Mai nach der der Fichte. Die Zapfen der Kiefer benötigen zwei Sommer bis zur Reife. Der Samenabfall erfolgt im März des dritten Jahres.

Das Holz der Kiefer ist gelblich bis rotbraun, weich, elastisch und dauerhaft. Es wird als Bauholz verwandt, für Rammpfähle und Masten genutzt und gilt als das sicherste Grubenholz. Außerdem wird das Kiefernholz zu Zellulose verarbeitet. Auch in der Möbelschreinerei und bei Vertäfelung findet die Kiefer Verwendung.

Haben die Kiefern ein Alter von 80 bis 100 Jahren erreicht, werden sie gefällt. Da in einem reinen Kiefernbestand die Bäume etwa das gleiche Alter haben, kommt es nicht selten zum Kahlschlag. Diese Flächen werden unverzüglich wieder mit Kiefern aufgeforstet und als Schonung eingezäunt. Die Kiefernnadeln sind ein hervorragender Nährboden für viele Pilzarten.

Das Tierleben im Kiefernwald ist von dem Strauch- und Bodenbewuchs abhängig und nicht so artenreich wie im Laubwald. Gefährdet werden die Kiefernbestände durch die Raupen Kiefernspanners, der Nonne, der Kieferneule und des Borkenkäfers, die oft ganze Wälder vernichten. Die Waldameise nutzt die abgefallenen Nadeln im Kiefernwald zum Bau ihres „Hügels".

Die Kiefer hat große wirtschaftliche Bedeutung. So kann selbst aus Sandboden ein forstwirtschaftlicher Nutzen gezogen werden. Die Kiefer liefert neben wichtigem Bau- und Werkholz auch den Rohstoff für festes Papier und Pappe. Das Harz der Kiefer wird für Terpentinöl genutzt, das von Malern und Lackierern benötigt wird, aber auch in der Medizin Verwendung findet. Weiterhin erfolgt die Verarbeitung des Harzes zu Geigenharz (Kolophonium) und Faßpech. Verbrennt man das harzreiche Holz – also das Kienholz –, bleibt der Kienruß zurück, aus dem Druckerschwärze und Schuhcreme gefertigt werden. Die Kiefer behält selbst über trockene Winter hinweg ihr Nadelkleid. Die einzelnen Nadeln leben etwa zwei bis drei Jahre. Anders als Fichten, leiden die bis zu 50 Meter hohen Kiefern seltener unter Schneebruch.

Die Fichte

Sie kann bis zu 600 Jahre alt werden. Dabei erreicht sie Höhen um 50 Meter. Die Fichte wird von keinem anderen Waldbaum in ihrem Nutzwert übertroffen. Schon in einem Alter von 70 bis 100 Jahren kann sie forstwirtschaftlich nutzbringend geschlagen werden. Aber auch für die jungen Fichten gibt es eine große Anzahl Verwendungsmöglichkeiten. So sind sie als Weihnachtsbäume sehr gefragt, liefern durch ihren geraden Wuchs Bohnenstangen, ihre Äste sind als Deckreisig begehrt.

Die Fichte bildet keine Pfahlwurzel, so daß sie bei Stürmen leicht entwurzelt wird. Im Hügel- und Gebirgsland, wo sie ausgedehnte Wälder bildet, klammert sie sich mit ihren langen Wurzeln gern um die Felsblöcke und findet so guten Halt. Steht eine Fichte frei, so weist sie meist eine gleichmäßige Pyramidenform auf. Im Wald hingegen sterben die unteren Äste bald infolge Lichtmangels ab, und der Stamm ist weit nach oben hin kahl.

Im Fichtendickicht finden Hirsche und Wildschweine besonders guten Unterschlupf. Der Fichtenwald zieht auch eine große Zahl Schädlinge an. Neben den Raupen von Nonne, Kiefernspanner, Kieferneule und Borkenkäfer kommen hier noch der Fichtenborkenkäfer – oder auch Buchdrucker – sowie der Fichtenrüsselkäfer vor. Sie richten sehr großen Schaden an.

Da die Kronen der Fichten starken Schatten werfen, gedeihen in den Bodenregionen nur wenige Pflanzen. In erster Linie findet man hier Moose, die deshalb gedeihen, weil die Äste nicht gleichzeitig abgeworfen werden und, entgegen der Verhältnisse im Laubwald, die Moose nicht ersticken.

Wer eine mächtige Fichte betrachtet, wird wohl kaum auf den Gedanken kommen, daß der aus ihr gewonnene Zellstoff unter anderem zur Herstellung von Kunstseide verwendet wird. Wie auch bei der Kiefer ist das Harz der Fichte vielseitig verwendbar, die Rinde als Gerberlohe. Aus den Zweigen werden heilende und stärkende Bäder gekocht. Die Fichte hat außerdem ganz besondere Bedeutung bei der Papierherstellung.

Durch ihre dichte Krone ist die Fichte ganz besonders wind- und schneebruchgefährdet.

Die Lärche

Ihr natürliches Verbreitungsgebiet sind die Alpen, Karpaten und Sudeten. Die Lärche ist ein lichtbedürftiger Gebirgsbaum. Man findet ihn in den Alpen bis zu einer Höhe von 2400 Metern. Die Lärche wurde in der Vergangenheit durch künstlichen Anbau in Mitteleuropa weit verbreitet, weil sie eine bodenpflegliche und wertsteigende Mischholzart ist.

Die Lärche braucht Luftbewegung und außerordentlich viel Licht. Ihre Nadeln sind nicht so starr wie die der Fichte oder Tanne und werden im Herbst, ähnlich wie beim Laubbaum, abgeworfen.

Die Lärche gedeiht gut auf frischem, tiefgründigem Boden, da sie eine Herzwurzel hat. Gegen Frost und Hitze ist sie unempfindlich. Mit rötlich-gelben abwärts gerichteten Kätzchen (männliche) und aufrechten, purpurroten Zäpfchen (weibliche) blüht die Lärche von März bis Mai. Jahrelang bleiben die Zapfen nach dem Samenausfall am Baum.

Das Holz der Lärche ist wertvoll. Es hat einen braunroten Kern mit einem schmalen, gelblichen Splint und wird wegen seiner Zähigkeit und Dauerhaftigkeit geschätzt. So findet es bei Vertäfelungen, im Möbel- und Schiffsbau, bei Brücken, an Fenstern, Türen und Pfählen Verwendung.

Der Besenginster

Ein bis zwei Meter hoch wird der Strauch, der auch Besenpfriem oder Hasenheide genannt wird. Er blüht vom Mai bis Juni in leuchtendem Gelb. Der Samen des Besenginsters ist sehr lange keimfähig. Meist keimt er erst im zweiten Frühling nach der Aussaat. Der Besenginster steht oft gesellig und massenweise an sonnigen Felsen oder Wegrändern. Er ist sehr lichtbedürftig und empfindlich gegen die Spät- und Frühfröste. Dennoch schlägt er immer wieder aus. Er meidet den Kalk im Boden.

Er ist ein mit Wurzelknöllchen versehener Schmetterlingsblütler, der in der Lage ist, den Luftstickstoff zu assimilieren und den Boden zu verbessern, indem er ihn mit gebundenem Stickstoff anreichert.

Das Holz des Besenginsters ist weiß, sein Kern braun. Die Blättchen und Zweige werden von Rehen und Hasen gern als Äsung genommen.

Früher wurde der Besenginster im Volksmund Bremen genannt. Da er in der Besenbinderei Verwendung fand, den Bewohnern eine sichere Erwerbsquelle war, gibt es noch heute Ortschaften, die nach ihm benannt sind (zum Beispiel: Bremthal im Taunus).

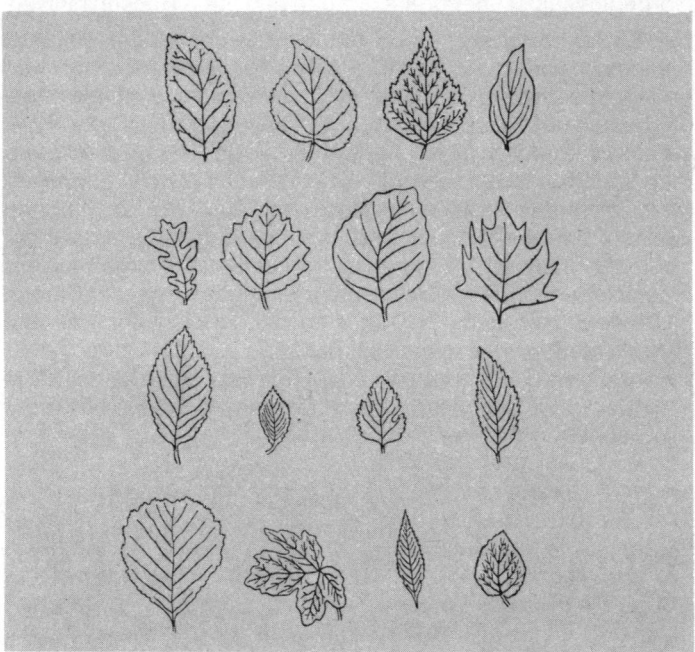

Die Schautafel zeigt Blätter verschiedener Laubbäume. Es handelt sich hierbei (von links) in der ersten Reihe um folgende Blätter: Apfelbaum, Linde, Birke und Kirsche.
In der zweiten Reihe: Eiche, Pappel, Buche und Platane.
In der dritten Reihe: Weide, Ulme, Maulbeerbaum und Eßkastanie.
In der vierten Reihe: Erle, Ahorn, Esche und Haselnuß.

Tierarten und ihre Gewohnheiten

Der Wanderer, der die Wälder durchstreift, sollte über das Leben und die Gewohnheiten jener dort heimischen Lebewesen etwas wissen. Schon bald wird über den Weg des Wanderers ein Reh wechseln, ein Hase erschrocken die Flucht ergreifen. Nicht selten entzieht sich das Reh durch schnelle, elegante Sprünge dem Auge des Wanderers und zeigt bei seiner Flucht nur noch den leuchtend weißen Fleck am Hinterteil, auch „Spiegel" genannt. Dieser erleichtert den flüchtenden Tieren in der Dämmerung oder bei Nacht das beieinanderbleiben. Die Augen der Rehe sind nicht besonders scharf, sie können einen verharrenden Wanderer nicht erkennen. Steht jedoch der Wind günstig, weht er vom Menschen zum Reh hin, so ist es in der Lage, die Gefahr auf dreihundert Meter zu wittern. Außerdem hat das Reh ein sehr gutes Gehör. Die großen, beweglichen „Lauscher" registrieren das geringste Geräusch. Bei Gefahr nutzen die Rehe ihre Schnelligkeit und setzen in gewandten Sprüngen selbst über breite Gräben und hohe Hecken hinweg.

Die Böcke benutzen ihr Geweih zum Kampf mit den Rivalen. Alljährlich werfen sie im Herbst ihre Geweihstangen ab und neue, mit samtartig behaarter Haut Versehene wachsen nach. Ist das Geweih ausgewachsen, trocknet im Frühjahr die Haut ein und wird dann „Bast" genannt, den der Rehbock an Bäumen und Sträuchern „abfegt". Im Winter des ersten Lebensjahres besteht das Geweih des Bocks nur aus zwei knopfartigen Höckern. Im zweiten Jahr sind es kleine Spieße. Wechselt der Bock abermals sein Geweih, so erhalten die Stangen jeweils einen Nebensproß. Ein Jahr später entstehen an jeder Stange zwei Nebensprossen. So hat sich der junge Rehbock vom „Knopfspießer" über den „Spießer" und „Gabler" zum „Sechserbock" entwickelt. Danach bleibt das Geweih in seiner Form gleich, wird lediglich stärker und bekommt auf der Oberfläche mehr sogenannte „Perlen".

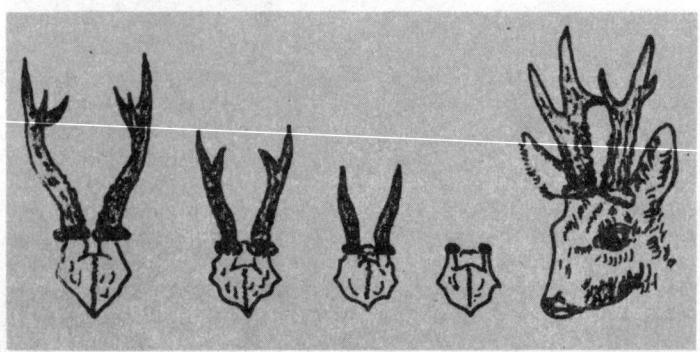

Die Rehe leben den größten Teil des Jahres in kleinen Rudeln und treten in der Abenddämmerung und am frühen Morgen auf Wiesen oder Felder heraus, um ihre Nahrung aufzunehmen (zu äsen). Hierbei halten sie sich stets an die gleichen Wege, die Wildwechsel, und suchen auch stets die gleichen Weideplätze auf.

Ihre Nahrung besteht vorwiegend aus Gras und von Menschen angebauten Feldfrüchten. Im Wald lebt das Reh von Eicheln, jungen Baumtrieben, Blättern und Knospen.

Ein äsendes Rudel sichern die Tiere abwechselnd, indem sie die Lauscher aufrichten und die Nase in den Wind stecken. Wittert eines der Tiere Gefahr, so stößt es einen Warnruf aus, der sich wie ein bellendes „Böh" anhört. Daraufhin verschwindet das gesamte Rudel blitzschnell in den Wald.

Rehe verschlingen beim Äsen große Mengen ungekaut und käuen sie im Schutze des Walddickichts oder aber im Getreidefeld wieder.

Der größte Feind der Rehkitze, die im Mai auf die Welt kommen, sind Fuchs und Marder. Die Kitze haben ein weißgeflecktes Fell, das schon im ersten Sommer verloren geht. Die Ricke behütet die Jungen und verteidigt sie notfalls mit ihren scharfen Hufschalen.

Das häufigste Wild unserer Flure ist der Hase. Er lebt vorwiegend im Feld, von dessen Pflanzen er sich ernährt. Um zu rasten, sucht er oft Furchen, die der Pflug ins Feld gezogen hat, Ackerraine, Feldgehölze oder Waldungen auf. Man kann ihn vom Kaninchen dadurch unterscheiden, daß er größer ist und schwarze Spitzen an den Ohren hat. Außerdem sind sie länger als die des Kaninchens und überragen – würde man sie nach vorn legen – die Schnauze des Tieres. Der Hase hat auf dem Rücken und an den Seiten ein graues oder braunes Fell, das an der Bauchseite weiß ist. Neben dem Menschen, der jährlich etwa zwei Millionen Exemplare erlegt, hat der Hase eine ganze Anzahl Feinde. Zu ihnen zählen Fuchs, Wiesel, Iltis, Habicht, Uhu und Waldkauz. Auch sträunenden Hunden und wildernden Katzen fällt er oft zum Opfer. Dennoch ist er vom Aussterben nicht bedroht, da eine Häsin im Jahr drei- bis viermal zwei bis vier Junge wirft.

Der Hase sieht nicht besonders gut. Auch sein Geruchssinn ist nicht so ausgeprägt, daß er über weitere Entfernungen Witterung aufnehmen könnte. Dafür hat er ein hervorragendes Gehör. Seine langen, in alle Richtungen beweglichen Löffel lassen ihn selbst die geringsten Geräusche wahrnehmen. Seine Tarnfarbe bietet einen weiteren Schutz. Der Hase hat starke Krallen, mit denen er Mulden scharrt, in die er sich bei nahender Gefahr hineinduckt und dort verharrt, bis eine gewisse Fluchtdistanz unterschritten wird. Bei der Flucht ermöglicht sein biegsamer Körper, die Laufrichtung unvermittelt zu ändern, durch „Hakenschlagen" seinen Feinden zu entkommen. In lichten Kiefernwäldern und an Waldrändern findet man das kleinere Wildkaninchen. Es lebt oft in großen Gesellschaften in unterirdischen Bauten. Aus diesen Höhlen führen meist mehrere Kanäle in verschiedene Richtungen zur Erdoberfläche. Das Kaninchen hat kürzere Ohren als der Hase, die – nach vorne gelegt – die Schnauze nicht überragen, und einen schwarz-weißen Schwanz.

Die Kaninchen – in Australien zu einer Landplage geworden – richten oft großen Schaden an, nagen an Bäumen, fressen Jungtriebe und Nutzpflanzen und unterwühlen Wege und Dämme. Ein einziges Kaninchenpaar wirft im Jahr bis zu 60 Junge. Der Feldhase richtet, im Gegensatz zum Wildkaninchen, weniger Schaden an und vergreift sich nur im Winter, wenn ihn der Hunger zu sehr plagt, an den Stämmen junger Obstbäume.

Wildkaninchen und Feldhasen sind Nagetiere, deren Fleisch und Fell sehr begehrt sind. So stellt man zum Beispiel aus den Haaren des „Balges" Filz her.

Eichhörnchen und Murmeltier gehören ebenfalls zu den Nagetieren. Das Eichhörnchen trifft man in Parkanlagen, Gärten und Gebüschen an, obgleich es den Wald bevorzugt. Es ist rostbraun oder schwarz, sein dichtes Fell an der Unterseite weiß. Es fällt durch den buschigen langen Schwanz auf. Nicht zuletzt die großen Augen lassen dieses Nagetier dem Menschen possierlich erscheinen. Kleine, pinselförmige Haarbüschel zieren die aufrecht stehenden Ohren des Eichhörnchens.

Sein Lebensraum ist bevorzugt das „Obergeschoß" der Bäume. Mit spitzen Krallen an langen Zehen kann das Eichhörnchen flink und behend die Bäume hinaufklettern. Da es sehr leicht ist, macht es ihm keine Schwierigkeiten, vom einen zum anderen Baum zu springen, ohne dabei den Erdboden zu berühren. Diese Leichtigkeit rettet dem possierlichen Tier oftmals das Leben, hauptsächlich dann, wenn ein Marder ihm nachstellt. Dieser ist schwerer und kann nicht auf die äußersten Äste der Bäume hinaufklettern.

Doch der Marder ist nicht der einzige Feind dieses Tieres: auch Habicht, Fuchs und Eule stellen dem Eichhörnchen nach.

Das Nest der Eichhörnchen liegt hoch oben in den Baumkronen und besteht aus einer Reisigkugel. Diese ist mit Laub und Moos ausgepolstert, in ihr wachsen die Jungen heran; drei bis sieben pro Jahr.

Während des Sommers legt das Eichhörnchen reichhaltig Vorrat an Nüssen, Eicheln und Fichtenzapfen an und ruht in vielen Verstecken. Bei Winteranbruch verschließt das Tier seinen Bau und hält Winterruhe. Zwischendurch aber bekommt es hin und wieder Hunger. Dann sucht es die zuvor angelegten Verstecke auf und ernährt sich aus eigenem Vorratsschrank.

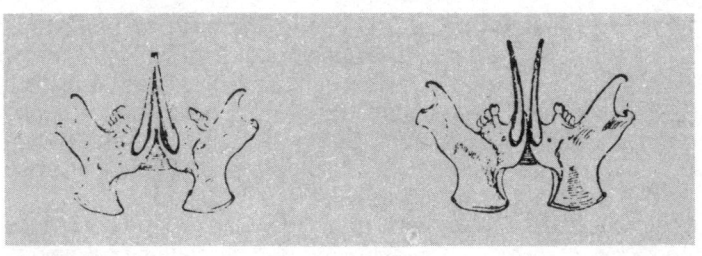

Die Abbildungen zeigen den Unterkiefer des Eichhörnchens in nagender (links) und spreizender Stellung (rechts).

Zur Familie der Eichhörnchen gehören auch die Siebenschläfer, die Haselmaus und das Murmeltier. Das Murmeltier bewohnt die Alpen oberhalb der Baumgrenze. Der Sommer ist für das Murmeltier direkt unterhalb der mit ewigem Schnee bedeckten Berge sehr kurz. Es nutzt diese Zeit, Vorräte anzulegen, Heu zu sammeln und zu trocknen. Während die Murmeltiere im Sommer einen Bau bewohnen, der aus langen, verzweigten Gängen und verschiedenen Fluchtröhren besteht, ziehen sie sich im Herbst in ihre Winterwohnung zurück. Sie ist so tief, daß sie frostfrei bleibt, und besteht aus einem bis zu zehn Meter langen Gang. Außerdem verfügt die Winterwohnung über eine geräumige Schlafhöhle. Haben sich die Tiere familienweise in ihr Winterquartier zurückgezogen, so verbarrikadieren sie die Eingänge mit Erde, Steinen und getrocknetem Heu und legen sich zu ihrem Winterschlaf – der den größten Teil des Jahres einnimmt – zur Ruhe. Murmeltiere sind sehr scheu. Befinden sie sich außerhalb ihrer Höhle, so haben sie Wachen aufgestellt, die bei nahender Gefahr – insbesondere beim Auftauchen eines Raubvogels – einen schrillen Pfiff ausstoßen, der alle Tiere veranlaßt, blitzschnell die Höhle aufzusuchen.

Auf einer Wanderung wird man auch – insbesondere in der Abenddämmerung – dem Igel begegnen. Dieser stachlige Geselle bewohnt mit Vorliebe das Gestrüpp der Feldraine oder des Waldrandes. Taucht Gefahr auf, rollt er sich blitzschnell zu einer stacheligen Kugel zusammen. Sein Stachelkleid schützt ihn vor seinen natürlichen Feinden. Inzwischen aber sind die Kraftfahrzeuge die größten Feinde der Igel geworden. Da die Asphaltstraßen oft die Tageswärme speichern, werden sie von den Igeln als Tummelplatz bevorzugt. Naht ein Auto, so rollen sie sich auch blitzschnell zusammen und werden meist überfahren. Durch dieses wenig verkehrsgerechte Verhalten des nützlichen Tieres ist sein Bestand in vielen Bereichen bereits ernsthaft gefährdet.

Der Igel ernährt sich in erster Linie von Kleintieren. So nimmt er bei nächtlichen Streifzügen, bei denen man ihn eifrig und neugierig schnuppernd antrifft, Mäusenester aus, vertilgt Würmer und Schnecken und durchwühlt mit dem Rüssel das Laub nach Eßbarem. Auch Fallobst steht auf seiner Speisekarte. Ebenso schmecken ihm Wurzeln und Samen. Er gilt in unseren Regionen als einer der wenigen Feinde der Kreuzotter, die er ebenso vertilgt wie Mäuse und andere kleine Schädlinge.

Ebenfalls in der Dämmerung macht der Dachs Jagd auf Mäuse und Frösche. Er ist ein Allesfresser und durchwühlt bei seinen Beutezügen den Waldboden nach Kleintieren, frißt Wurzeln, Fallobst, Getreide und Beeren. Er hat ein borstiges, auf dem Rücken und an den Seiten graues Fell. Der spitz zulaufende Kopf ist schwarz-weiß gestreift. Bauch und Beine sind ebenfalls schwarz. Im Verhältnis zu anderen Artgenossen aus der Familie der Marder, ist der Dachs sehr langsam. Er bewohnt an Waldhängen unterirdische Bauten, die er selbst anlegt und die über viele Gänge, die etwa zehn Meter lang sind, verfügen. Diese langen Gänge münden in einem Kessel, der bis zu fünf Meter unter der Erdoberfläche liegen kann. Hier verschläft der zottige Geselle den Tag. Bei seiner nächtlichen Nahrungssuche aber mästet er sich und schafft sich dicke Fettpolster an. Meister Grimmbart lebt nämlich während seiner Winterruhe vom zuvor angefressenen Fettvorrat. Die im Spätherbst begonnene Ruhe im ausgepolsterten Kessel unterbricht er mitunter dann, wenn die Witterung milder ist.

Viele Dachse kommen bei Ausräucherungsaktionen, die dem Fuchs gelten, versehentlich ums Leben. Sie sind daher bei uns schon sehr rar geworden.

In der Dämmerung kann der Wanderer auch noch einem anderen Jäger begegnen, dem Baummarder, der tagsüber in Baumhöhlen oder Holzstößen schläft. Er ist ein geschmeidiger Räuber mit einem seidenweichen Fell. Man kann ihn leicht an seinem gelben Halsfleck erkennen. Sonst ist sein Fell dunkelbraun. Er hat einen buschigen Schwanz und ist der ärgste Feind des Eichhörnchens. Selbst junge Rehe und Hasen gehören zur Beute dieses Räubers. Sein Gebiß stimmt mit dem der Katze fast völlig überein. Marder können sich durch kleinste Ritzen hindurchzwängen. Gelangen sie auf diese Weise in einen Hühnerstall oder Taubenschlag, so geraten sie in einen Blutrausch, in dem sie alle Tiere töten. Nicht anders verhält sich der Steinmarder, den man häufiger noch als den Edelmarder antrifft. Sein Fell ist graubraun, der Kehlfleck leuchtend weiß und zudem am hinteren Ende stets gegabelt. Der Steinmarder lebt in altem Gemäuer, Scheunen und Schuppen oder in Felsen oder Steinbrüchen.

Kleiner und mit einem dunkelbraunen Pelz versehen ist der Iltis. Auf seiner Speisekarte stehen neben Fröschen und Maulwürfen auch Ratten, Mäuse und anderes Kleingetier. Auch er zählt, wie der Igel, zu einem der ärgsten Feinde der Kreuzotter. Der Iltis findet stets ein Loch, durch das er in Hühnerställe gelangt, doch richtet er hier nicht solchen Schaden an wie der Marder.

Ein weiterer Räuber aus dieser Familie ist das Wiesel. Es ist noch kleiner als der Iltis, aber ein ebensolcher Räuber. Auf seinen Raubzügen taucht das Wiesel mitunter in Hamsterbauten, Mäuselöchern und Maulwurfgängen ein, um sich die Bewohner als Beute zu holen. Das Wiesel ist braunrot. Man unterscheidet das „große" und „kleine" Wiesel. Während das kleine Wiesel die Pelzfarbe beibehält, ändert das große Wiesel im Herbst sein Fell und wird, mit Ausnahme der schwarzen Schwanzspitze, schneeweiß. Es heißt dann „Hermelin".

Wald und Feld sind das bevorzugte Jagdgebiet des Fuchses. Sein Bau besteht aus einer Höhle mit mehreren röhrenförmigen Ausgängen. Oft nutzt er auch verlassene Dachsbauten. Er wird oft als listiger Jäger und ausdauernder Läufer beschrieben. Im Schnee findet man die Abdrücke seiner Läufe direkt hintereinander wie auf einer Schnur aufgereiht (daher wird der Gang des Fuchses auch „schnüren" genannt). Der rostbraune Geselle mit weißer Unterseite ernährt sich in erster Linie von Mäusen, Hasen oder bodenbrütenden Vögeln. Hat er die Gelegenheit bei menschlichen Siedlungen in einen Hühnerstall zu gelangen, so wird er diese Gelegenheit nutzen. Auf seiner Speisekarte stehen außerdem Heuschrecken, Käfer, Schnecken und Frösche, süßes Obst, auch Fisch aus Bächen. Im Frühjahr stellt sich bei den Füchsen Nachwuchs ein, der meist aus mehreren Jungen besteht. Als Hauptüberträger der Tollwut, hat der Fuchs kein leichtes Leben. Er wird in großem Umfang ausgeräuchert, vergiftet und gejagt.

Seltener wird der Wanderer das Glück haben, Wildschweine zu beobachten. Sie gehen dem Menschen normalerweise aus dem Weg. Fühlen sie sich jedoch in die Enge getrieben, oder glauben sie ihre Jungen, die Frischlinge, in Gefahr, so greifen sie blindwütig an. Die borstigen Schwarzkittel leben in Rudeln, den sogenannten Rotten.

Gegen Abend tritt das Schwarzwild auf die Felder hinaus und führt sich dort alles zu Gemüte, was der Acker hergibt. Die Wildschweine durchpflügen mit ihrem starken Rüssel den Erdboden nach Freßbarem. Während des Tages ruht das Schwarzwild im dichten Gestrüpp, wo es sich sogenannte Kessel – das sind selbstgescharrte Gruben – angelegt hat.

Die Frischlinge unterscheiden sich von den älteren Tieren durch ihre hell-dunkle, längsgestreifte Zeichnung. Dieses Jugendkleid verschwindet jedoch sehr rasch.

Auf Wanderungen findet man oft die „Suhlen" der Wildschweine. Es sind dies Schlammlöcher oder Morastflächen, in denen sich die Schwarzkittel wälzen. So grotesk sich das auch ausnehmen mag, so ist dies die Art der Wildschweine, Körperpflege zu halten. Die antrocknende Schlammkruste nämlich schützt sie wirksam gegen den Befall von Parasiten und Insekten. Ihre Hufe besitzen After-Zehen, die es ihnen ermöglichen, selbst in sumpfigem Gelände nicht einzusinken. Als Waffe der Wildschweine sind die Hauer gefürchtet. Auf den Feldern richten die Schwarzwildrotten oftmals beträchtlichen Schaden an, da sie nicht nur die Früchte herauspflügen und verzehren, sondern weil sie zugleich weite Bereiche zerstampfen und meist ein heilloses Chaos zurücklassen.

Im Gebirge wird der Wanderer hin und wieder Gemsen sehen. Diese scheuen Tiere sind eng verwandt mit Schaf und Ziege. Sie haben sich auf das Leben im Hochgebirge hervorragend eingerichtet. Selbst die steilsten Hänge können sie ohne Schwierigkeiten sicher erklimmen. Die Gemsen, bei denen sowohl die Männchen als auch die Weibchen Hörner tragen, tauschen bei Winterbeginn ihr gelbbraunes Sommerfell gegen einen schwarzen, langhaarigen Winterpelz aus; er ist dicht und bietet Schutz vor Kälte.

Gemsen sind in der Lage, aus dem Stand heraus an senkrechten Felswänden vier Meter hoch zu springen. Oft wagen sie sogar fünfzehn Meter tief zu springen, und selbst Felsspalten von sieben Meter Breite sind für Gemsen kein Hindernis. Auch nach großen Sprüngen landen sie sicher auf dem kleinsten Vorsprung. Hilfreich bei derlei Kunststücken sind ihre dicken, scharfrandigen und weit spreizbaren Hufe. Entgegen landläufiger Auffassung, der Gamsbart, der oft als Schmuck am Hut getragen wird, stamme vom Bart des Tieres, wird er in Wirklichkeit aus den langen Haaren entlang der Rückenmitte angefertigt.

Recht selten wird der Bergwanderer den Alpensteinbock antreffen. Er ist ein noch besserer Kletterer als die Gemse. Dies ist kaum vorstellbar, da er allein auf seinem Kopf die mächtigen Hörner transportiert, die beim Männchen die Länge von einem Meter erreichen können.

Das mächtigste Geweih in unseren Wäldern trägt der Rothirsch. Er wird daher auch König der Wälder genannt und erreicht eine imponierende Größe. Im Herbst kann man sein lautes Röhren vernehmen, wenn er seine Rivalen zum Kampf herausfordert. Auch er wirft, wie der Rehbock, seine Geweihstangen ab. Nur geschieht dies beim Hirsch im Februar. Ein dreijähriger Hirsch hat ebenso wie der Rehbock an beiden Stangen zusammengezählt sechs Geweihsprossen. Ihn nennt man dann Sechsender. Im Gegensatz zum Rehbock aber vermehrt sich die Anzahl der Sprossen jedes Jahr. So ist ein vierjähriger Hirsch ein Achtender, ein fünfjähriger ein Zehnender. Dies setzt sich fort, bis die Stangen 18 Sprossen erreicht haben. Tiere mit mehr Sprossen sind äußerst selten. Das mächtige Tier richtet an jungen Waldbäumen oft großen Schaden an. Sein

Lebensraum beschränkt sich bei uns auf große, zusammenhängende Waldgebiete, in denen der Rothirsch noch wild vorkommt.
In vielen Bereichen ist der Damhirsch heimisch geworden. Sein ursprüngliches Herkunftsland ist der Mittelmeerraum. Der Damhirsch ist kleiner als der Rothirsch, hat ein weiß gepunktetes Fell und ein schaufelförmiges Geweih.
Unsere Bachläufe und Flüsse werden immer schmutziger. Streusalze, die tonnenweise auf Asphaltbänder geschüttet werden, finden sich in den einst quellfrischen Bächen wieder. Gerade im Frühjahr, nach der großen Schneeschmelze, zerstören sie den Lebensraum der Fische, vernichten die Brut von Amphibien, töten die Mikroorganismen und lassen die gerade erst geborenen Jungtiere qualvoll zugrunde gehen.
Davon ganz besonders betroffen ist der bei uns heimische Feuersalamander. Sein Weibchen setzt im Frühjahr die etwa drei Zentimeter langen kiementragenden Larven im Wasser ab. Hierfür suchen sich die Weibchen meist die Oberläufe von Bächen in unmittelbarer Nähe von Quellen aus und bevorzugen Quelltümpel. Während die jungen Salamander – im kiementragenden Stadium auch Larven genannt – klares, fließendes Wasser lieben, würden ihre Eltern darin ertrinken. Sie sind nämlich keine guten Schwimmer und meiden von dem Augenblick an das Wasser, an dem sie selbst ihre Kiemen abgelegt und als Lungenatmer das Land betreten haben. Lediglich die Weibchen kehren regelmäßig an das Gewässer zurück, um ihren Nachwuchs dort abzusetzen. Hierbei sind sie sehr vorsichtig, damit sie nicht selbst in den Bach fallen. Sie können sich zwar kurze Zeit über Wasser halten, erlahmen aber sehr rasch durch ihren kraftraubenden Schwimmstil. Sie wedeln zwar geschickt wie ein Molch mit ihrem Schwanz und bewegen den Körper in schlängelnder Art durch das Wasser, doch fehlt ihnen der Vortrieb, da ihr Schwanz drehrund ist und keine Fächerform aufweist.
Der schwarze Geselle mit den gelben Flecken benötigt für seine Körperatmung stets einen gewissen Feuchtigkeitsgrad. Bei Sonne und an trocknen Tagen ist er daher nie zu sehen. Vornehmlich in der Nacht macht er seine Beute, die aus Würmern und Insekten besteht. Lediglich bei langanhaltendem Regen wagt er sich auch tagsüber hinaus. Seine Färbung ist eine Warnung an alle anderen Tiere, da sie sehr deutlich signalisiert, daß der Feuersalamander giftig ist. Und das ist er in der Tat: in Gefahrenmomenten überzieht er nämlich blitzschnell seine Haut mit einem weißlich milchigen Saft, der ein für kleine Säugetiere tödliches Herzgift enthält. Eine Ratte wird sich schon überlegen, ob sie an dem munteren Zeitgenossen in der schwarz-gelben Haut knabbern soll. Für die Menschen ist das Hautgift des Feuersalamanders nur dann gefährlich, wenn

man die Finger unmittelbar nach Berühren des Tieres – insbesondere rechts und links am hinteren Ende des Kopfes – in die Augen bringt. Dadurch kann eine ernsthafte Gefahr für das Augenlicht heraufbeschworen werden.

Dieser weiße Saft war es auch, der dem Feuersalamander seinen Namen gab. So glaubten unsere Vorfahren, daß eine Feuersbrunst erlösche, wenn genügend Feuersalamander hineingeworfen würden. Damals schrieb man dem weißen Gift, das bei Gefahrensituationen abgesondert wird, Zauberkraft gegen das Feuer zu. So wurden viele Tausende von Feuersalamandern auf diese schreckliche Art und Weise vernichtet. Heute steht der Feuersalamander unter Naturschutz. Leider wird er aber immer häufiger in Zoogeschäften als Handelsware angeboten. Sein Bestand ist inzwischen ernsthaft gefährdet. Durch die bereits erwähnte Gewässerverschmutzung finden die Larven, die bereits vier voll ausgebildete Füße haben, im Wasser kaum ausreichende Nahrung und sind auch durch die giftigen Salze gefährdet. Obwohl das weibliche Tier sehr viele Larven absetzt, überleben in den klaren Bächen nur wenige Exemplare. Während die Feuersalamander in diesem Stadium noch eine Vielzahl natürlicher Feinde haben, sind sie in ihrem anschließenden Leben durch ihre Giftdrüsen geschützt. Und dieses Leben dauert immerhin weit über 25 Jahre. Da sie aber stets einen Feuchtigkeitsfilm auf ihrer Haut haben müssen, um atmen zu können, sind Feuersalamander sehr anfällig gegen Pilzerkrankungen. Auch wenn sie nach ihrer Nahrungssuche nicht rechtzeitig in ihre Höhle, die sich oft metertief zwischen Steinen und Berghängen befindet, zurückkehren, und ihre Haut austrocknet, bedeutet das für sie den sicheren Tod.

Feuersalamander sehen nicht besonders gut. Sie sind ortstreu und bevorzugen zur Jagd stets das gleiche, angestammte Revier. Kämpfe um ihr Territorium gibt es bei ihnen nicht. Obgleich sie – mit Ausnahme während der Paarungszeit – Einzelgänger sind, vertragen sie sich auch in größerer Gesellschaft. Nestbau, Brutpflege und ähnliches ist ihnen fremd.

In unregelmäßigen Zeitabständen häuten sich die Feuersalamander. Dabei platzt die alte Haut rund um die Kieferschalen auf, der Feuersalamander schlüpft aus dieser Haut wie aus einem Handschuh heraus. Hat er sein altes Gewand durch geschickte Windungen komplett bis über die Schwanzspitze abgestreift, so wendet er sich ihm zu und verspeist es genüßlich. Beim Abstreifen bleibt die Haut völlig unbeschädigt. Nimmt man sie dem Salamander weg, kann man sie im Wasser treibend mit einem Strohhalm aufblasen – und heraus kommt ein kompletter, gläserner Feuersalamander.

Für den Wanderer und Naturfreund ist es selbstverständlich, daß man einen Feuersalamander, wenn man ihn in der Natur findet, dort beläßt, wo er seinen Lebensraum hat. Häufig kommt es vor, daß man beim Bau von Dämmen oder zur Errichtung von Feuerstellen Steine aus dem Erdreich zieht, unter denen ein Feuersalamander seine Höhle hat. Dann sollte man diesen Stein dort belassen und das inzwischen seltene Tier nicht weiter stören. Statt dessen kann man Würmer vor seinen Höhleneingang legen, die er gewiß in der kommenden Nacht dankbar annehmen wird.

Oft wird der Wanderer bei seinen Touren durch die Wälder an Waldrändern, Gebüschen oder aber nicht zu trocknen Wiesen das Glück haben, eine Blindschleiche zu sehen. Trotz ihres schlangenähnlichen Körperbaus zählt sie zu den Echsen. Ihre Körpergröße beträgt zwischen 40 und nicht ganz 50 Zentimetern. Sie hat einen eidechsenähnlichen Kopf, jedoch fehlen ihr die Gliedmaßen. Ihr lateinischer Name Anguis fragilis (zerbrechliche Schlange) bezieht sich darauf, daß sie, wie die Eidechse, ihr Schwanzende bei Gefahr – also beim Zupacken durch einen Feind oder beim Hängenbleiben – ausklinken kann. Die fehlende Schwanzspitze wird dann meist im Laufe der Zeit durch einen kurzen Stummel ersetzt, der dann aber nicht mehr abbrechen kann.

Die Blindschleiche hat ein wenig schmuckes Kleid. Sie ist graubraun und ihr Bauch ist etwas heller.

Die Blindschleiche ist sehr flink, hat aber dennoch eine große Anzahl natürlicher Feinde. Bei ihrer Nahrungssuche, die sie meist in der Dämmerung beginnt, hat sie es im wesentlichen auf Würmer und Nacktschnecken abgesehen.

Kommt der Wanderer an sonnenbeschienenen Hängen vorüber, so kann es ihm durchaus passieren, daß sein Erscheinen eine Massenflucht auslöst. Blitzschnell suchen dann nämlich Eidechsen das Weite und verlassen die Steine, die sie als Wärmeplatte so sehr bevorzugen. Meist werden es Zauneidechsen sein, die den Wanderer fliehen. Sie sind die häufigste Art der einheimischen Eidechsen, werden bis zu 25 Zentimeter lang und haben – Männchen wie Weibchen – über den Rücken hin einen braunen Streifen. Sonst sind Rücken und die Seiten beim Weibchen graubraun mit Flecken besetzt, beim Männchen grün. Dieses Grün fällt als besonders leuchtend in der Fortpflanzungszeit auf.

Feuchtigkeit und Kühle mögen die Zauneidechsen nicht, sie haben es lieber sonnig, warm und trocken und bevorzugen daher Südhänge, die Südränder der Wälder, trockne Wiesen und Heidelandschaften.

Eidechsen sind sehr schnell und bewegen sich mit schlängelnder Bewegung sehr geschickt. Bei ihnen bricht, wie bei der Blindschleiche, der eingeklemmte oder festgehaltene Schwanz ab, der später zu einem Stummel verwächst. Dadurch büßt sie natürlich ihr elegantes und geschmeidiges Aussehen ein. Der Wanderer und Naturfreund wird daher nie aus

Spaß oder zu Demonstrationszwecken eine Eidechse oder Blindschleiche ihres Schwanzes berauben.

Einen kürzeren Schwanz als ihre Artgenossen hat die Waldeidechse, die auch Bergeidechse genannt wird, da sie in den bayrischen Alpen bis in eine Höhe von etwa 2500 Metern anzutreffen ist. Sie ist bezüglich des Klimas weniger anspruchsvoll und tummelt sich ebenso munter im Schatten und in der Nähe feuchter Wiesen, in Mooren und auf Waldlichtungen. Sie unterscheidet sich von ihren Artgenossen auch dadurch, daß sie lebende Junge zur Welt bringt.

Diesen Sonderling unter den Eidechsen erkennt man am hell und dunkel gepunkteten Rücken, der im übrigen eine bräunliche Färbung hat. Das Männchen hat einen safrangelben Bauch mit dunklen Flecken, das Weibchen einen ungefleckten, hellgelben Bauch.

Sehr selten ist die Smaragdeidechse in Deutschland geworden. Letzte Bestände gibt es am Kaiserstuhl, in der Nähe von Passau sowie im Bereich des Mittel- und Oberrheins. Sie ist die größte unserer Eidechsen und wird bis zu 40 Zentimeter lang. Steinhalden und alte Gemäuer, die genügend Unterschlupf bieten und tagsüber möglichst lange von der Sonne aufgeheizt werden, sind ihr Lieblingsplatz. Sie ist leuchtend grün, weist eine dunkle Zeichnung auf dem Rücken auf. In der Paarungszeit wirbt das Männchen mit deutlich blau gefärbter Kehle.

Wer also bei seinen Wanderungen etwas Zeit eingeplant hat und über ausreichende Geduld verfügt, wird die Eidechsen eingehend beobachten können, auch wenn sie anfangs in wilder

Der Ringfasan
Ihn findet man an Wiesen und Äckern angrenzende Mischwälder, die von Gewässern durchzogen sind.

84

Flucht davongehuscht sind. Bald schon werden sie, sich vorsichtig umschauend, auf ihre Sonnenplätze zurückkehren und bieten dann ein willkommenes Objekt für all jene, die gern Tieraufnahmen machen.

Zu einem der beliebtesten jagdbaren Tiere zählt der Fasan. Sein Ursprung liegt im Kaukasus. Bei uns wurde er insbesondere für die Jagd schon vor sehr langer Zeit heimisch. Der Wanderer wird ihn meist paarweise oder in kleinen Gruppen antreffen, wenn er auf den Feldern auf Nahrungssuche ist. Während das Weibchen ein recht unscheinbares, erdbraunes Federkleid besitzt, imponiert das Männchen mit seinem farbenprächtigen Aussehen. Es hat einen schwarzblau und grün schillernden Kopf mit scharlachroten Hautlappen zu beiden Seiten. Der dunkelschillernde Kopf ist durch ein weißes Halsband vom kupferroten, schwarz und weiß gefleckten Körpergefieder abgesetzt. Der Fasan hat einen langen Schwanz, der aus gelbbraunen Federn mit schmalen, schwarzen Querbinden besteht. Durch seinen aufrechten Gang wirkt er sehr graziös und bevorzugt selbst auf der Flucht das schnelle Davonlaufen, er fliegt nicht sehr gern. Nur wenn den Fasanen keine andere Möglichkeit bleibt, ihre Haut vor einem Angreifer zu retten, erheben sie sich in die Lüfte, um sich aber sogleich im kurzen Gleitflug wieder niederzulassen.

Der Fasan legt sein Nest in Erdmulden an, in denen auch die etwa 10 bis 15 olivfarbenen Eier abgelegt werden. Viele Fasane werden Opfer des Straßenverkehrs, da sie bei ihren ohnehin seltenen Flügen stets sehr niedrig bleiben oder sorglos in ganzen Gruppen die Straßen trippelnd überqueren.

Weitere gefiederte Bewohner unserer Felder sind die Feldhühner. Nicht selten erschrecken sie durch plötzliches Aufflattern. Unsere heimischen Feldhühner haben einen gedrungenen Körper und kurzen Schwanz. Männchen und Weibchen unterscheiden sich in ihrer Färbung nicht. Meist ist es ein Rebhuhn, dem wir begegnen und das wir an seiner graubraunen Gefiederfarbe erkennen. Kehle, Flanken und Schwanz sind rotbraun gefärbt. Wie ein Hufeisen sieht der braune Fleck am Bauch des Rebhuhns aus. Dieser kurze, gedrungene Vogel fühlt sich auf unseren Ackerflächen sehr wohl. Ursprünglich war das Rebhuhn ein Steppenbewohner. Da es auch die Nacht auf den Erdboden geduckt verbringt, wird es oft zu leichter Beute des Fuchses, des Marders und der anderen kleinen Räuber im braunen Pelz.

Scheuer als das Rebhuhn ist die noch kleinere Wachtel. In den Wintermonaten fliegt sie nach Afrika. Sie ist gelbbraun und hat eine dicht-längsgestreifte Oberseite. Sie ist das kleinste heimische Feldhuhn, dessen Bestand bereits stark zurückgegangen ist. Dort aber, wo sie noch vorkommt, ist sie auf Wiesen, Feldern und verstepptem Gelände heimisch. In einer Mulde legt sie ihre acht bis zwölf Eier ab, nachdem das Nest sorgsam mit Gras ausgepolstert wurde. Kaum sind die Küken geschlüpft, verlassen sie das Nest und werden sehr schnell flügge.

Durchquert der Wanderer Felder und Wiesen, sollte er nicht nur die Schönheit der Natur rundum bewundern, sondern auch sorgsam auf seinen Weg achten, damit er nicht die Gelege der Feldhühner zertritt.

Das wohl häufigste Säugetier Mitteleuropas, die Feldmaus, wird auf Wanderungen im Sommer wohl stets zu beobachten sein. Sie fühlt sich auf Feldern, Wiesen sowie im Unterholz sehr wohl und ist leicht an ihrer braunen bis gelbgrauen Färbung zu erkennen. Ihr Bauch ist weißlich. Sie wird etwa zehn Zentimeter lang. Im Gegensatz zu anderen Mäusen weist ihr Schwanz nur eine Länge von drei bis vier Zentimetern auf. Sie ernähren sich ausschließlich von Pflanzen und richten oft großen Schaden an. Sie bauen ein weitverzweigtes unterirdisches Höhlensystem, und schon bald zeigen sich auch oberirdisch zwischen den jeweiligen Eingängen ihre Laufstraßen. Feldmäuse leben in kleinen Kolonien und können etwa siebenmal im Jahr zwischen vier und zwölf Junge werfen. Die weiblichen Jungtiere sind schon nach fünf Wochen geschlechtsreif. Dies zeigt, welche explosionsartige Vermehrung den Feldmäusen möglich ist. Sie sind Nagetiere und stehen auf dem Speisezettel vieler größerer Lebewesen. So sind sie das Standardgericht des Fuchses, bei dem sie bis zu 90 Prozent auf dem Menüplan stehen. Marder, Wiesel, Iltis, Kreuzotter und Ringelnatter, Raubvögel und Eulen setzen den sehr possierlichen Tieren zu. Die Mäuse sind äußerst flinke Läufer, und ihr Fluchtsystem, das aus vielen Erdröhren besteht, bietet den einzigen Schutz vor Feinden.

Die Feldmaus ist die häufigste der bei uns heimischen acht Wühlmausarten. Wühlmäuse sind plumper als die normalen Mäuse, haben winzig kleine Ohren, die nur wenig aus dem Pelz hervorschauen, und einen Schwanz, der kürzer ist als der Körper. Die Schwänze aller anderen Mäusearten erreichen mindestens die Länge ihres Körpers.

Die Waldmaus hingegen ist eine „echte" Maus. Ihre großen hervortretenden Augen und die stark ausgeprägten großen Ohren verraten, daß es sich bei der Waldmaus um ein Nachttier handelt. Während die Feldmaus im drei- bis vierstündigen Rhythmus ein Tag- und Nachttier ist, wird die Waldmaus erst bei der Dämmerung aktiv und huscht in ihrem graubraunen Fell durchs Feldgehölz. Hier, wie in Hecken und an Waldrändern, ist ihr Lebensraum. Entgegen ihrer Namengebung meidet sie das Innere des Waldes. Sie lebt in tiefen Erdbauten, in denen sie auch ihr Nest anlegt. Die Waldmaus betreibt Vorratswirtschaft und hat daher stets eine gut gefüllte Vorratskammer.

In strengen Wintern verläßt sie oft ihre natürliche Umgebung und mietet sich in Gebäuden ein. Scheunen und Heuschober bieten ihr dann bis zum Frühjahr Schutz. Sie hat etwa die gleiche Größe wie die Feldmaus, jedoch einen spitz zulaufenden Kopf und einen Schwanz, der etwa zehn Zentimeter lang wird. Die kleinste unserer heimischen Mäuse ist die Zwergmaus. Körper und Schwanz sind jeweils etwa sieben Zentimeter lang. Das Tierchen wiegt nur etwa acht Gramm. Sein Fell ist auf dem Rücken kupferfarben, ihre Bauchseite ist gelblichweiß. Dieser kleine Nager nutzt seine Leichtigkeit, um an Getreidehalmen hinaufzuklettern und deren Ähren zu plündern. Bei diesen Klettertouren dient der Schwanz als Halte- und Stützwerkzeug.

Die Zwergmaus frißt nicht nur Pflanzensamen, sondern verspeist auch hin und wieder Insekten. Bei uns findet man sie auf Feldern, noch häufiger aber in feuchten Regionen, die über Wiesen- und Schilfbestand verfügen.

Während die anderen Mäusearten die Tiefe der Erde als Wohnstatt nutzen, steigt die Zwergmaus in die Höhe. Sie hängt nämlich ihr kugeliges Nest, das sie aus sorgsam gesplissenen Grashalmen kunstvoll baut, zwischen Schilf oder Halme. Dabei hat sich die Zwergmaus eine Höhe ausgesucht, in der sie ihren Feinden kaum noch auffallen dürfte: einen Meter über dem Boden.

Der Wanderer wird unter Umständen noch eine Maus antreffen, von der er nicht weiß, daß es sich um eine Maus handelt: es ist die Schermaus. Sie gehört – zu erkennen an ihrer stumpfen, runden Nase und den kleinen Ohren – zur Gattung der Wühlmäuse, ist aber so groß, daß sie stets als „Ratte" bezeichnet wird, obwohl sie, entgegen den echten Ratten, einen viel zu kurzen Schwanz hat, der nur bis zu zwölf Zentimeter lang wird, im Gegensatz zu einer Körperlänge von neunzehn Zentimetern. Sie hat ein glänzendes, dunkelbraunes, dichtes Fell, ihre Bauchseite ist grau. Mitunter kommt sie in die Gärten, lebt aber vorwiegend auf Feldern und Wiesen. Ihre unterirdischen Gänge liegen so dicht unter der Erdoberfläche, daß man ihren Verlauf deutlich sehen kann. Ähnlich dem Maulwurf, wirft die Schermaus kleine Erdhügel auf. Sie ist ein reiner Pflanzenfresser und begnügt sich nicht immer mit dem Nahrungsangebot, das ihr auf dem Festland von der Natur dargeboten wird. Sie kann hervorragend schwimmen und tauchen und ist daher auch gern an den Ufern von Seen und Flüssen. Dies allerdings hat ihr den unrühmlichen Namen „Wasserratte" eingebracht. Doch wird es sie kaum scheren, ob man sie nun Schermaus oder Wasserratte nennt.

Ähnlich wie der Schermaus geht es den Spitzmäusen. Sie werden Mäuse genannt, obwohl sie eigentlich keine sind. Sie gehören zu den Insektenfressern und sehen auch – genaugenommen – anders aus als Mäuse. Sie haben nämlich einen spitzen, rüsselartig zulaufenden Kopf, ein samtartiges, kurzhaariges Fell und mit zwei Jahren keine besonders hohe Lebenserwartung. Zuvor aber sind sie sehr gefräßig und vermehrungsaktiv. So können sie zweimal im Jahr bis zu zwölf Junge werfen. Die Spitzmäuse, von denen es die Haus-, Wald-, Wasser-, Alpen- und Zwergspitzmaus gibt, sind nicht besonders vorsichtig. Sie vertrauen auf ihre Duftdrüsen, die sie davor bewahren, von Katzen, Wieseln, Mardern und anderen Säugetieren, die über ausgeprägten Geruchssinn verfügen, verspeist zu werden. Da es aber für die Eule und die Greifvögel kein Naserümpfen gibt, sind sie vor ihnen nicht sicher.

Offenbar sind diese kleinen Geschöpfe sehr lebenslustig und leben nach dem Motto: Wenn schon ein kurzes Leben, dann aber ein fröhliches. Beobachtet man so ein spitznäsiges Tier, wird man feststellen, daß es ständig etwas vor sich hin pfeift. Sind mehrere von ihnen unterwegs, hört man ein ständiges fröhliches Zwitschern.

Tag und Nacht sind Spitzmäuse unterwegs und verzehren Würmer, kleine Fische, Frösche und Schnecken. Für einen Winterschlaf bietet ihr kurzes Leben keine Zeit. Sie sind echte kleine Freßmaschinen, die Unmengen von Nahrung benötigen. Zu ihrer Familie gehört das wohl kleinste Säugetier Deutschlands, die Zwergspitzmaus, die von Nasen- bis Schwanzspitze nur etwa sieben Zentimeter mißt. Im Winter bringt dieses Tierchen nur knapp drei Gramm auf die Waage. Ihr Rücken ist graubraun, die Bauchseite hellgrau. An den Seiten schimmert sie gelblich und hat – wie alle Spitzmausarten mit Ausnahme der Hausspitzmaus – rote Zahnspitzen.

Die Alpenspitzmaus ist vorwiegend in den bayrischen Alpen zu Hause, aber auch hin und wieder in den Mittelgebirgen anzutreffen. Sie verlegt ihr Jagdrevier sehr gern an Bäche, wo sie besonders reiche Insektenbeute machen kann. In kalten Wintern zieht sie sich dorthin zurück, wo es noch Insekten gibt, und das sind in der Regel Häuser und Stallungen. Sie hat eine schwarzbraune Rückendecke und hellgraue Bauchseite. Ihr Körper wird höchstens acht Zentimeter lang. Auch sie hat rote Zahnspitzen.

Etwa die gleiche Körpergröße erreicht die Waldspitzmaus. Sie ist sehr häufig in unseren Wäldern vertreten. Zu erkennen ist sie an ihrer dunkelbraunen Oberseite und dem hellen Bauch. Sie geht in feuchten Wäldern auf Jagd, fühlt sich aber auch in Parkanlagen und Gärten wohl, zumal dann, wenn sie dort ein verlassenes Mäusenest findet, in dem sie sich selbst einrichtet.

Mit dunkelgrauem Rücken und hellgrauem Bauch begegnet uns die Hausspitzmaus, die als einzige weiße Zahnspitzen hat. Sie bewohnt Felder und Gärten in unmittelbarer Nachbarschaft der Häuser, in die sie sich im Winter zurückzieht. Sie wird etwa neun Zentimeter lang.

Ein Riese unter den Spitzmäusen ist die Wasserspitzmaus.

Stolze zehn Zentimeter Körperlänge kann sie vorweisen. Sie treffen wir an Teichen, Seen und Bächen an, in deren Nachbarschaft sie in Erdhöhlen lebt. Auffällig ihr schwarzer Rücken und der weiße Bauch. Die Natur hat sie hervorragend für das Leben im Wasser ausgerüstet. So hat sie Schwimmborsten an den Hinterfüßen und an der Unterseite ihres Schwanzes. Gewandt und blitzschnell jagt sie unter Wasser Würmer, Insekten, kleine Fische, Schnecken und Frösche. In mageren Zeiten wagt sie sich sogar an größere Fische heran und erbeutet sie.

Alle Spitzmäuse verfügen über einen hervorragend ausgeprägten Geruchssinn. Hinzu kommt, daß sie sehr gut hören und daher dem Wanderer nicht sehr oft zu Gesicht kommen. Durch ihren Appetit auf Insekten sind diese Tiere nützlich. Man sollte ihnen daher nicht nachstellen. Bewußt wurde an dieser Stelle ausführlich auf diese kleinen Tiere eingegangen, da sie nur allzu oft mit jenen Mäusen verwechselt werden, die als große Schädlinge bekannt sind. Die Spitzmäuse stehen unter Naturschutz. Die einzige Ausnahme bildet die Wasserspitzmaus, doch wird es nur eine Frage der Zeit sein, bis auch sie gesetzlich geschützt wird. Schließlich sind es gerade die Wasserbereiche und Feuchtgebiete, die überall bei uns „kultiviert" werden und oft einer kurzsichtigen Planung zum Opfer fallen.

Auch das einzige fliegende Säugetier unserer Breiten steht unter Naturschutz: die Fledermaus. Diese behenden Flieger, die bei völliger Dunkelheit nach einem radarähnlichen Orientierungssystem fliegen, werden die Wanderer nur in Felsspalten oder Stollen finden. Gegen Abend kann man sie fliegen sehen, wenn sie auf der Jagd nach Insekten sind. Während ihres Fluges senden sie Ultraschallwellen aus, die entweder von ihrem Beutetier oder einem Hindernis reflektiert werden und den Tieren so eine Orientierungsmöglichkeit bieten. Die Vordergliedmaßen der Fledermäuse sind mit Flughäuten bespannt. Mit den Krallen der Hinterfüße hängen sie sich kopfabwärts in Ruhestellung. Fledermäuse bevorzugen Kirchtürme, Fensterhöhlen sowie dunkle Gemäuer- und Felsspalten. Tagsüber schlafen die meist in Kolonien lebenden Fledermäuse. Die wohl bekannteste Fledermaus ist das große Mausohr, dessen graubrauner Rücken und weißgraue Bauchseite im Flug bei Dunkelheit kaum zu erkennen sind. In Dachstühlen und Kirchtürmen hängen sie zu Hunderten in Kolonien kopfabwärts und warten auf den Abend.

Fährten richtig entschlüsseln

Im weichen Erdboden wird der Wanderer oft Tierspuren entdecken, am häufigsten die Abdrücke von Paarhufern, die ihre scharfen Hufschalen in den Boden drücken. Während man im Sommer meist nur ein oder zwei Abdrücke entschlüsseln muß, kann man im Winter bei Schnee allein schon vom Gesamtbild der abgesetzten Fährte Rückschlüsse ziehen. Man sollte sich daher sowohl den Einzelabdruck als auch das Gesamtbild einer Spur einprägen.

Um festzustellen, welches Alter eine Spur hat, der man begegnet, benötigt man sehr viel Erfahrung und Übung. Bei der Verfolgung von Tieren ist diese Frage sehr wichtig. Hierbei kommt es wesentlich auf die Beschaffenheit des Bodens an. Verfolgt man zum Beispiel an einem trocknen, windigen Tag eine Fährte über verschiedene Untergründe, wird man zunächst feststellen, daß die Spur auf weichem, sandigem Boden sehr rasch alt aussieht. Dies kommt dadurch, daß die aufgewühlte, etwas feuchtere tiefere Schicht schnell trocknet und die Farbe der übrigen Oberfläche annimmt. Auch die Spurränder werden durch den Wind schnell abgeflacht. Geht die gleiche Fährte aber über feuchten Boden, sieht sie viel frischer aus. Die Sonne kann die aufgewühlte Erde nicht so schnell trocknen, die Spurenumrisse leisten dem Wind länger Widerstand.

Auch die Witterung bietet einen Anhaltspunkt für das Alter einer Spur. Nach dem Regen und einem Sturm, der Grasbüschel und Staub über die Fährte gestreut hat, kann man ihr Entstehen abschätzen. Dabei muß man natürlich wissen, wann es geregnet oder gestürmt hat.

Verfolgt man Tiere, so ist auch auf ihre Ausscheidungen zu achten. Nach ihrem Zustand und dem Grad der Verwitterung lassen sich Rückschlüsse auf das Alter einer Fährte ziehen.

Beim Spurenlesen lernt man nie aus, so muß man die kleinsten Haarbüschel an einer Felskante ebenso aufmerksam registrieren wie Schlammspritzer auf Blättern oder geknickte Äste. Schwach ausgeprägte Spuren sollte man stets gegen die Sonne betrachten, da der Schattenwurf die Unebenheiten deutlicher abzeichnet.

Folgt man einer frischen Spur und ist ihr weiterer Verlauf deutlich auszumachen, so setzt man die Verfolgung parallel zu dieser Spur nach rechts oder links versetzt unter Ausnutzung der möglichen Deckung fort. Ein flüchtendes Tier wird sich nämlich des öfteren umsehen.

Die Schautafel zeigt: Fährten vom Rothirsch (oben links), vom Schwarzwild (oben rechts) und die Spuren von Fuchs (Mitte links), Dachs (Mitte rechts), Hase (unten links) und Eichhörnchen (unten rechts).

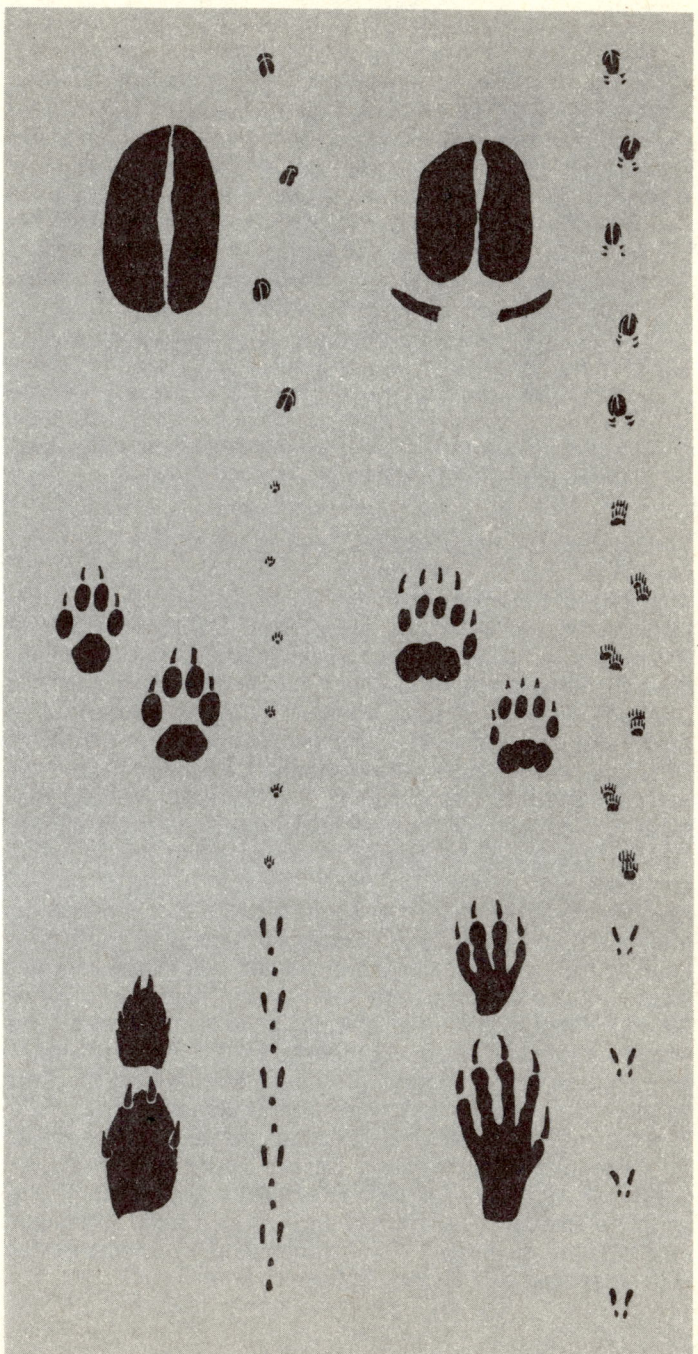

91

Die Schautafel zeigt links den Lauf eines Rothirsches, daneben die vom Schwarzwild (Wildschwein), Muffelwild, Dam- und Rehwild.

Verliert man einmal eine Spur, sei es auf hartem Boden, im Gras oder dadurch, daß andere Fährten sie unkenntlich gemacht haben, markiere man den Punkt, an dem die Fährte zuletzt deutlich auszumachen war. Dann achte man auf die Hauptrichtung, in die die Spur bis dahin geführt hat. In der gleichen Richtung suche man 20 bis 30 Schritte vor sich nach Anzeichen, die den weiteren Verlauf bestätigen können. Meist wird man dann doch einen leichten Streifen über dem Gras schimmern sehen oder auf Felsboden kleine Merkmale, etwa verschobene Steinchen oder leichte Abdrücke. Verfolgt man feine Spuren, so wird man erst beim Überlaufen des ganzen Weges – und möglichst gegen die Sonne – eine deutliche Spur erkennen.

Am meisten Spaß macht das Spurenlesen im Schnee. Hier hat man meist die deutlichsten Abdrücke, und eine Verfolgung kann erfolgreich abgeschlossen werden. So interessant und spannend das Verfolgen von Fährten auch sein mag, müssen wir immer daran denken, das Wild, auf dessen Fersen wir uns geheftet haben, nicht zu erschrecken oder in Panik zu versetzen. Gerade bei verharschtem Schnee können sich die Tiere auf der Flucht erhebliche Verletzungen zufügen.

Ebenso müssen wir Winterfütterungen meiden, da dies Plätze sind, an denen sich die Tiere absolut sicher fühlen müssen. Sieht man zum Beispiel nach erfolgreicher Spurensuche das verfolgte Tier weit vor sich, so muß man sich damit begnügen, es aus der Ferne mit dem Glas zu beobachten, und dies als den Erfolg der eigenen Fährtentüchtigkeit werten.

Ohne Zivilisation überleben

Im folgenden Kapitel soll nicht über Abenteuer fernab in Australien, am Sambesi oder im Dschungel Brasiliens gesprochen werden, sondern von jenen, die sich nicht geographisch, sondern gefühlsmäßig vom Alltag trennen lassen. Denn schließlich muß man sich, um Abenteuer zu erleben, nicht auf Große Fahrt begeben. In heimischen Regionen ist das Durchleben außergewöhnlicher Umstände ebenso als Abenteuer zu bezeichnen wie die Flucht nach Australien. Schließlich sind Abenteuer stets nur Momentaufnahmen.

Lageraufbau und wetterfeste Unterstände

Wer mehrere Tage oder Wochen unterwegs ist, kann unverhofft in Situationen geraten, in denen es notwendig ist, sich einen wetterfesten Unterstand zu bauen. Dies kann zum Beispiel der Fall sein, wenn man vom Zeltplatz oder dem Hauptlager aus größere Erkundungs-Wanderungen unternimmt. Es ist aber auch nicht abwegig, von vornherein ein Lager aus behelfsmäßigen Materialien einzuplanen. Natürlich ist ein Zelt schneller errichtet als eine stabile Hütte. Doch macht es – gerade wenn Kinder dabei sind – vielmehr Spaß, Holz, Reisig und Moos herbeizutragen, um eine Hütte zu bauen.

Bevor man die handwerkliche Arbeit in Angriff nimmt, sollte man sich darüber im klaren sein, wozu die Hütte genutzt werden soll, und sich rechtzeitig überlegen, welche Anforderungen man an sie stellt, wie lange sie halten soll.

Besonders wichtig beim Einrichten eines jeden Lagers ist der richtige Standort. So sollte der Eingang der Unterkunft stets der Hauptwindrichtung abgewandt sein, der Lagerplatz darf nicht am Fuße eines Abhangs liegen, da er sonst bei Regenwetter den herablaufenden Wasser-, Schlamm- und Geröllmassen ausgesetzt wäre. Legt man ein Lager im Sommer auf einer Lichtung an, so ist darauf zu achten, daß die Hütte oder das Zelt um die Mittagszeit im Schatten liegt. Ideal für ein Lager ist die Nähe eines Baches, der sowohl zum Kühlen der Speisen und Getränke als auch zum Waschen und Geschirrspülen genutzt werden kann. Ein Lagerplatz sollte außerdem so angelegt sein, daß er nicht von jedermann sofort einzusehen ist. So hat man die Gewähr, möglichst ungestört zu sein und auch andere durch den Anblick des Lagers nicht zu verärgern.

Stehen Hütte oder Zelt auf schrägem Untergrund, so ist dies besonders beim Schlafen sehr unangenehm. Von Felshängen und großen Bäumen mit morschen Ästen können Gefahren wie Steinschlag oder niederbrechende Zweige ausgehen. Also: Der Lagerplatz sollte nie in einer Senke liegen, windgeschützt sein, sich in der Nähe einer Wasserstelle befinden und einen ebenen Untergrund aufweisen.

Man sollte sein Lager auf keinen Fall auf Moos oder Lehmuntergrund aufschlagen, da sich hier sehr leicht Pfützen sammeln. Selbst bei Zelten, die einen rundum hochgezogenen Gummiboden haben, sollte ein 15 bis 20 Zentimeter tiefer Wassergraben gezogen werden. Dieser Graben muß so angelegt sein, daß er das abfließende Wasser vom Zelt- oder Hüttendach auffängt und vom Lagerplatz wegleitet. Auch sollte sich der Wanderer mit seinem Lager nicht unbedingt in die Gesellschaft von Schlangen begeben. Sie bevorzugen sonnenbeschienene Steinhalden mit feucht-warmer Umgebung. So eignen sich am besten kleine Erhebungen, auf denen man an windgeschützter Stelle eine Hütte oder ein Zelt aufbauen kann. Meist hat man von kleineren Anhöhen auch einen besseren Ausblick, und je höher der Standort, desto sauberer ist das Wasser der Bäche. Besteht die Absicht, einen Lagerplatz für längere Zeit aufzuschlagen, so ist es unerläßlich, den Grundstückseigentümer um Erlaubnis zu bitten. Bei dieser Gelegenheit sollte man sich gleich danach erkundigen, ob und wann die als Lagerplatz beabsichtigte Stelle mit chemischen Mitteln bearbeitet wurde. Von Giftrückständen, künstlichen Düngern oder Insektenvertilgungsmitteln können nämlich erhebliche Gefahren ausgehen.

Will man ein Zelt aufbauen, so ist es notwendig, zuvor kleine Steine und Zweige vom Untergrund zu entfernen, Unebenheiten zu beseitigen und Grasbüschel flach zu treten. Auch der Standort einer Hütte oder behelfsmäßigen Unterkunft muß auf jeden Fall zuvor gesäubert und begradigt werden.

Während man ein Zelt nach der entsprechenden Gebrauchsanleitung aufstellt (es empfiehlt sich, so man Gelegenheit dazu hat, dies zuvor im Garten zu üben), muß man beim Bau einer Hütte zunächst den Platzbedarf ermitteln und die Größe der Behausung grob abstecken. Dann gibt es eine Anzahl von Möglichkeiten, einen Windschutz, einen Unterstand oder eine Hütte zu bauen. Voraussetzung hierfür ist jedoch, daß genügend Baumaterial – wie Äste, Reisig und Stangenholz – zur Verfügung steht.

Einfacher Windschirm mit einem Spaltfeuer.

95

Das Grundprinzip einer jeden Hütte ist am leichtesten anhand des Windschirms zu erklären. Ihn kann man beliebig erweitern und bis zu einer komfortablen Hütte umgestalten.

Zunächst müssen, um einen Windschirm herstellen zu können, zwei gleichlange starke Äste mit einer Gabelung am oberen Ende in den Boden gerammt werden. Anschließend sollten diese beiden Äste zwischen Boden und Auflagefläche in der Astgabel etwa eine Höhe von 1,30 Meter haben. Je nach dem, wie lang der Windschirm werden soll (auf keinen Fall unter zwei Meter) muß die Entfernung zwischen den beiden gegabelten Grundpfeilern bemessen sein. In die Astgabeln wird anschließend ein starker Ast gelegt, an dem in einem Winkel von etwa 45 Grad dünnere, etwa 1,70 Meter bis 1,80 Meter lange Äste angelehnt und anschließend angebunden werden. Darauf folgen die Querstreben, die man abwechselnd von der Ober- und Unterseite an die schrägstehenden Stangen bindet. Ist dies erreicht, so ist der Rohbau des Windschirms bereits fertig.

Vom Boden her wird der Windschirm mit zwei bis drei Reihen Grassoden abgedichtet. Darüber kommt nun ein Zweiggeflecht. Dabei müssen die Äste – so wie sie am Baum wachsen – mit ihren Fächern nach unten zeigen, die Stiele nach oben. Man beginnt mit dem Decken des Windschirms stets von unten und läßt die oberen Geflechte überlappen. Wer in der glücklichen Lage ist, großflächige Blätter oder in der Nähe frisch geschlagener Bäume eine größere Menge von Baumrinden zu finden, der sollte diese auf jeden Fall unter das Zweiggeflecht einarbeiten.

Je dichter das Geflecht, desto stärker weist es Regenwasser ab. Ideal ist auch die Verarbeitung von Schilf oder Stroh. Steht dieses hervorragende Baumaterial zur Verfügung, so bindet man es zu Bündeln zusammen und beginnt ebenfalls am untersten Ende, sie mit ihren Spitzen nach unten zeigend auf dem Stangengerüst zu befestigen. Auch hier müssen die oberen Reihen die unteren wieder deutlich überlappen. Wem das Schilf- oder Strohdach nicht ausreicht, der kann noch Reisig darüberflechten. Am Fuß des Windschirms wird ein Wassergraben gezogen, der jedoch nicht so nah sein darf, daß das abfließende Wasser den Halt der Stangen unterspült.

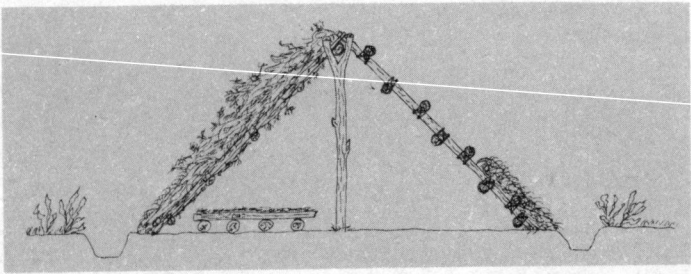

Zu einer richtigen Behausung wird der Windschirm, wenn man ein Gegenstück dazu baut. Dann erhält er die Form eines Dachgiebels. Sollte diese Konstruktion aber zu flach sein und zuwenig Raum bieten, so besteht die Möglichkeit, nach der gleichen Bauart senkrechte Hüttenwände zu errichten. Das bedeutet, daß die Dachkonstruktion nicht am Boden ausläuft, sondern auf diesen senkrechten Wänden Halt findet. Wichtig hierbei ist es jedoch, daß das Dach weiterhin eine starke Neigung hat und daß das Regenwasser abfließen kann. Bei flachen Dachkonstuktionen empfiehlt es sich, Plastikplanen unter das Reisiggeflecht einzubringen.

Natürlich kann man diese Art von Hütten auch zwischen zwei Bäumen aufbauen, die entsprechend gleichhohe Astgabelungen aufweisen. Man wird jedoch sehr selten diese Voraussetzungen finden. Zudem würden dann die Bäume an den Stirnseiten der Hütte den Ein- und Ausgang versperren. Wer also der Standfestigkeit seiner Grundkonstruktion nicht so sehr viel Vertrauen schenkt, der kann sich zumindest einen Baum mit Gabelung aussuchen und das Gegenstück in Form eines gegabelten Astes in den Boden rammen.
Eine andere Form stellt die Zweighütte dar. Bei ihr werden lange Stangen rundum an einen Baum gelehnt und am oberen Ende zusammengebunden. Anschließend werden diese Streben wie bei der Konstruktion des Windschirms mit Reisig durchflochten. Die Konstruktion hat jedoch den Nachteil, daß der Baumstamm im Inneren der Hütte sehr viel Platz wegnimmt. Dafür bietet aber seine Krone einen zusätzlichen Regenschutz. Bei Gewitter kann es jedoch gefährlich werden.
Man kann auch eine frei stehende Zweighütte bauen, in der 15 bis 20 Mann bequem Platz finden. Sie besteht aus langen Strebstangen, die kreisförmig aufgestellt werden. In der Mitte werden sie zusammengebunden, die Zwischenräume mit Astwerk ausgeflochten. Darauf kommen dann Blätter, Nadelreisig, Rohr, Rinde oder Schilf.

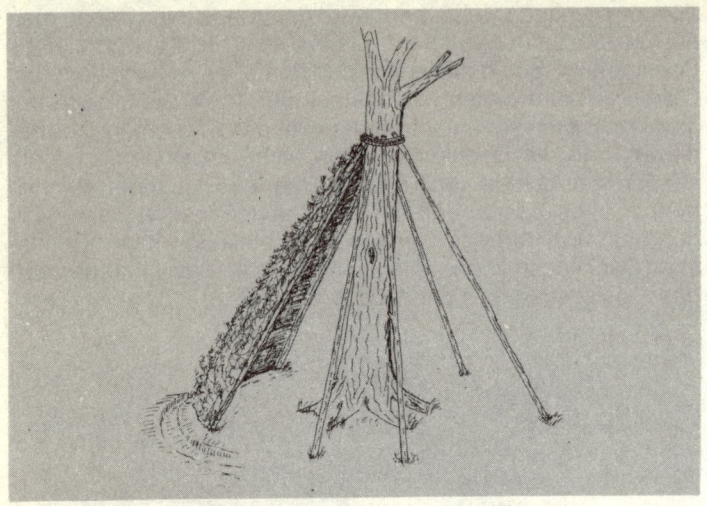

Um eine Hütte oder einen Windschirm richtig winddicht zu machen, empfiehlt es sich, diese Konstruktion mit einer zwei bis drei Zentimeter starken Erdschicht zu versehen und im Winter etwa zehn Zentimeter Schnee aufzutragen.

Weniger als Hütte denn als Unterschlupf und Beobachtungsstand hat sich eine weitere Konstruktion bewährt. Sie besteht darin, daß man einen starken Ast in die Gabelung eines Baumes schräg einlegt, an ihm fächerförmig einige Stangen befestigt und dieses Gerüst mit Reisig durchwirkt. So entsteht ein halbrunder Unterstand, der zum Baum hin geöffnet ist.

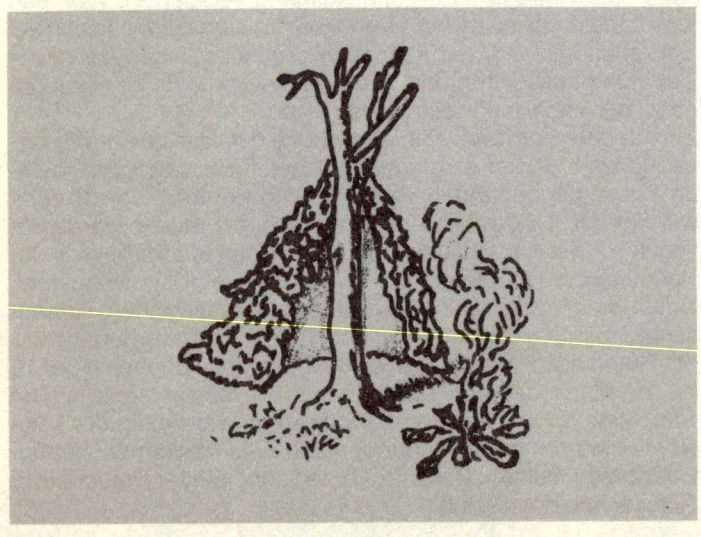

Je nach Baumaterial kann man selbstverständlich die Hütten variieren. Es lassen sich kleine architektonische Meisterwerke errichten, wenn man genügend Weidenruten oder andere biegsame Hölzer zur Verfügung hat. Dann nämlich ist man in der Lage, Hütten zu bauen, wie sie einige Eingeborenenstämme anfertigen. Sie stecken im Kreis lange Weidenruten in den Boden und binden diese oben in der Mitte zusammen. Anschließend werden diese senkrechten Stützen mit weiteren biegsamen Ästen durchflochten und mit Blättern und Schilf gedeckt.

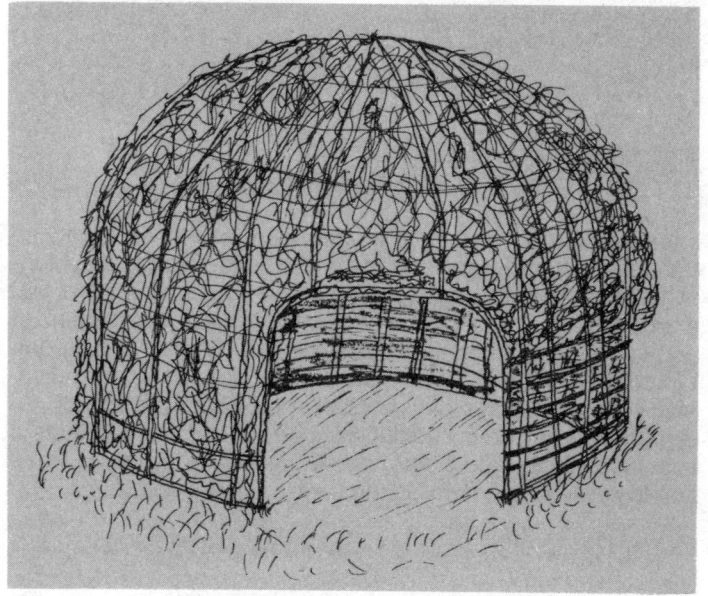

Diese Eingeborenenhütten haben von der Form her Ähnlichkeit mit dem Iglu, der Wohnstatt von Eskimos. Es sieht aus wie eine Halbkugel und hat in der Dachmitte ein rundes Loch als Rauchabzug. Ein Iglu baut man aus Schneeblöcken und so, als zöge man eine Mauer hoch. Es ist erstaunlich, wie warm es im Inneren eines Iglu werden kann. Obgleich seine Wände nur aus Schnee und von innen her schon bald aus Eis bestehen, vermag ein winziges Feuer in der Mitte behagliche Wärme zu erzeugen.

Gerät der Wanderer in ein starkes Schneetreiben und kann er infolge des bereits sehr hoch liegenden Schnees seinen Weg nicht fortsetzen, so hält die Natur die eine oder andere Hütte für ihn bereit. Unter Nadelbäumen mit ihren weitausladenden Ästen gibt es meist schneefreie Bereiche. Die Äste bilden das Dach, der rundum liegende Schnee die Seitenwände. Bis auf ein Luftloch muß diese Mulde rundum abgedichtet werden. So entsteht ein Raum, in dem man überleben kann.

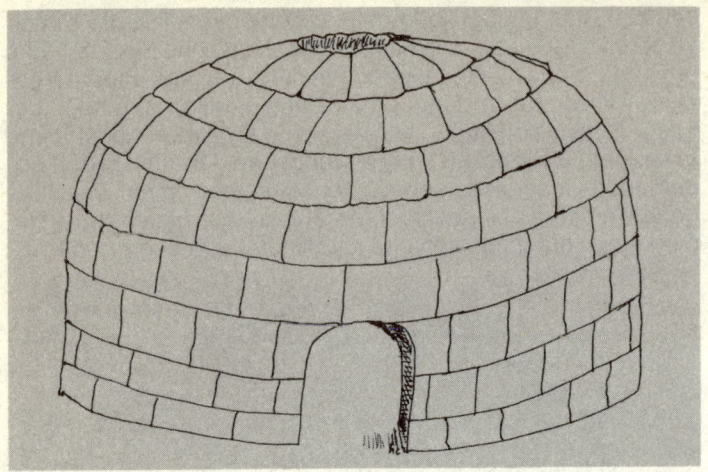

Interessant in diesem Zusammenhang ist es, daß man im Schnee nicht erfrieren kann, da er die Körperwärme des Menschen zurückstrahlt. Man kann sich daher auch einen Schneetunnel graben, in den man sich zusammengekauert hineinlegt und nur ein armdickes Luftloch offen läßt. Diese Art, sich den Witterungsunbilden zu entziehen, ist nicht ganz ungefährlich. Man sollte stets daran denken, daß ein solcher Tunnel auch zusammenstürzen kann und daß Schnee sehr schwer ist. Besteht aber die unmittelbare Gefahr des Erfrierens, ist es oft die einzige Möglichkeit, in einem Schneeloch zu überleben.

Hierzu gräbt man sich in den Schnee ein. Das geht so, daß man sich auf den Rücken legt, mit den Händen gräbt und mit den Füßen den Schnee wegstößt. Durch dieses Graben und Herumwälzen entsteht ein Schneeloch, das der Körperlänge und der Schulterbreite des Grabenden entspricht. Hat man sich etwa 50 Zentimeter tief eingewühlt, vergrößert man das Loch zur Seite hin und wälzt sich in die Hölung unter den Schnee. Die seitliche Öffnung verstopft man sorgsam bis auf ein Luftloch. Nun kann man nicht mehr erfrieren. Es ist dabei allerdings darauf zu achten, daß das Luftloch nicht zugeschüttet werden kann.

Bei jedem Lager – insbesondere wenn es sich um einen Unterschlupf im Schnee handelt – sollte man darauf achten, daß man grundsätzlich höher liegt als der Eingang. Da bekanntlich Kaltluft am Boden bleibt und Warmluft aufsteigt, ist es unter der Decke des Lagers am wärmsten. So sollte man seine Lagerstätte ruhig dick mit Reisig, Moos und Laub auspolstern. Je dikker dieses Polster ist, desto höher liegt man und desto besser hält es Feuchtigkeit und Bodenkälte ab.
Leicht kann man sich selbst mit Stricken und Heubündeln ein Feldbett herstellen. Einmal so, daß man sich aus dicken Stan-

101

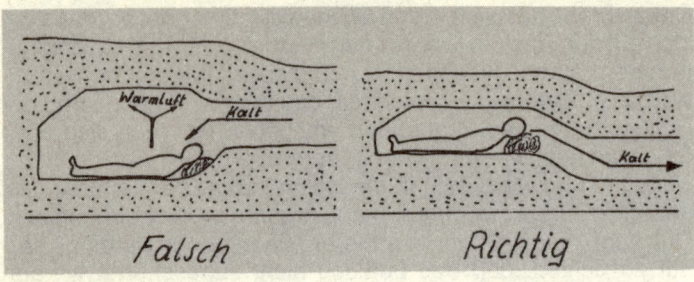

Falsch   Richtig

gen ein Rechteck baut und an den Ecken verpflockt. Dies stellt den Bettrahmen dar. In das Rechteck schichtet man zunächst Laub und dann etwa 30 Zentimeter hoch weiche Teile von Nadelholzzweigen. Sie werden so gelegt, daß die Spitzen nach oben zeigen. Auf diese Weise entsteht eine herrliche Matratze,

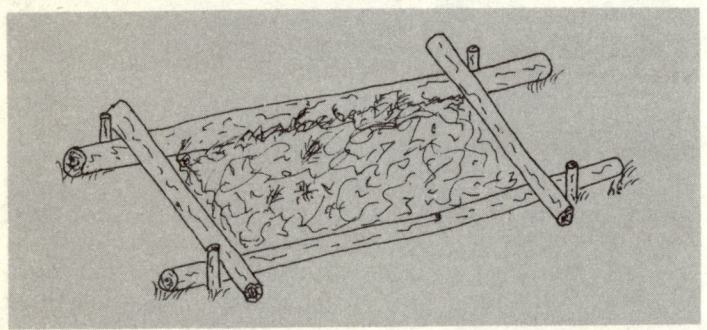

die sowohl warm als auch weich ist. Da man das Material nicht von lebenden Bäumen schlagen soll, muß man sich jener Äste bedienen, die bei einem Holzeinschlag in großen Mengen umherliegen. Findet man diese Äste nicht, so kann man sich ein Feldbett weben.

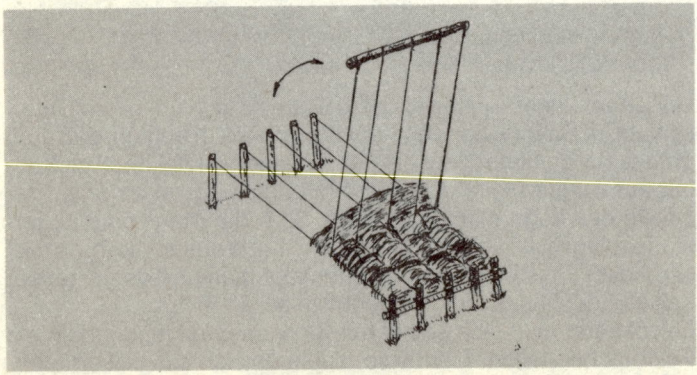

102

Als Material dienen in erste Linie Heu und Stroh, aber auch Schilf und andere weiche Pflanzen. Hierzu ist es notwendig, sich zunächst einen Rost aus Stricken (siehe Abbildung) anzufertigen und mit einem beweglichen Teil die Heubündel festzuzurren. Dabei geht man so vor, daß man zunächst den beweglichen Teil hochklappt, ein Heubündel auf das Strickgerüst legt und den beweglichen Teil absenkt. Anschließend wird das nächste Bündel von unten durch die herunterhängenden Stricke geschoben und ebenfalls festgezurrt. Dieses Verfahren wiederholt man, bis schließlich die gesamte Länge mit Heubündeln verwoben ist.

Verknüpft man nun die Strickenden geschickt, so kann man diese gewobene Matratze von den Pflöcken nehmen und als Lagerstatt benutzen. Bei entsprechend starken und dicht gespannten Schnüren kann aber auch der Webstock selbst als Feldbett dienen. Dieses Bett hat den Vorteil, daß die Matratze nicht direkt auf dem Boden liegt und der Bodenfeuchtigkeit sowie der Kälte wesentlich die Wirkung genommen werden kann. Es ist jedoch unbedingt darauf zu achten, daß Pflöcke und Schnüre haltbar sind, da man sonst während der Nacht unsanft mit Mutter Erde in Berührung kommen könnte.

Es gibt viele Möglichkeiten, in freier Natur zünftig zu übernachten. Ein jeder wird sehr bald seine Lieblingsmethode herausfinden. Ob auf Luftmatratzen, in Hängematten oder auf vorgefertigten Holzrosten, ob im Reisigbett, auf stroh- oder laubgefüllten Säcken die Nacht verbracht wird – es gehört auf jeden Fall eine Portion Pioniergeist dazu.

Zu einem umfassenden Lager gehören aber noch weitaus mehr Dinge als nur eine komfortable Hütte. Wenn Lagern Spaß machen soll, ist das Einhalten einer gewissen Ordnung unumgänglich. Hierzu gehört die Ausweisung des Gebietes, das als Toilette genutzt werden soll. Die Latrine – man kann sie mit einem Windschirm als Sichtschutz umgeben – sollte nie ohne kleine Schaufel aufgesucht werden. Das vorherige Ausheben kleiner Löcher, die anschließend wieder zugeschippt werden, trägt dazu bei, daß Geruchsbelästigung und Verschmutzung der Umgebung vermieden wird. Latrinen sollten stets bachabwärts und in deutlicher Entfernung zum Bach angelegt werden.

Handelt es sich um eine größere Gruppe, sollte gerade der Toilette besondere Bedeutung beigemessen werden. Die einfachste und wirkungsvollste Konstruktion ist der „Donnerbalken". Diese Art Toilette besteht in der Tat aus einem Balken, der etwa in Kniehöhe aufgepflockt ist und hinter dem sich ein entsprechend tiefer Graben befindet. Nach Benutzung muß vom Grabenaushub, der unbedingt in der Nähe liegen bleiben muß, die Notdurft gründlich abgedeckt werden. Nach Aufgabe des Lagers ist der Graben wieder ebenerdig mit dem Erdaushub aufzufüllen, die Balken sind zu beseitigen.

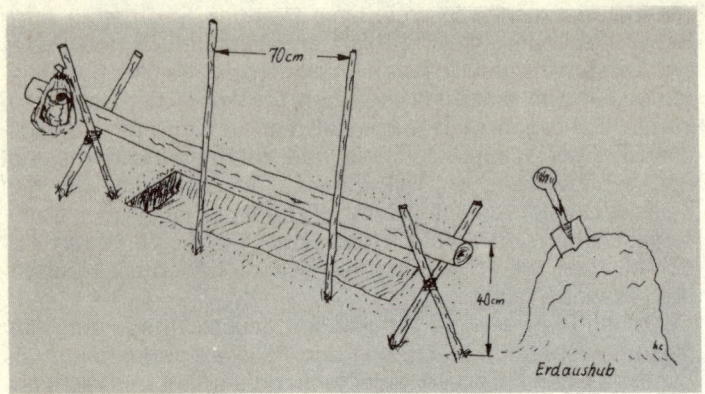

Erdaushub

Bei längerer Nutzung des Lagerplatzes muß ein stets schatti-
ger Bereich für die Aufbewahrung der Lebensmittel ausgewählt
werden. Es empfiehlt sich, den Vorrat so zu deponieren, daß er
nach Möglichkeit nicht den Mäusen oder anderen Kleinnagern
zum Opfer fallen kann. Es empfiehlt sich, die Lebensmittel in
Säcken an einem Holzgerüst aufzuhängen. Hier kann gleich-

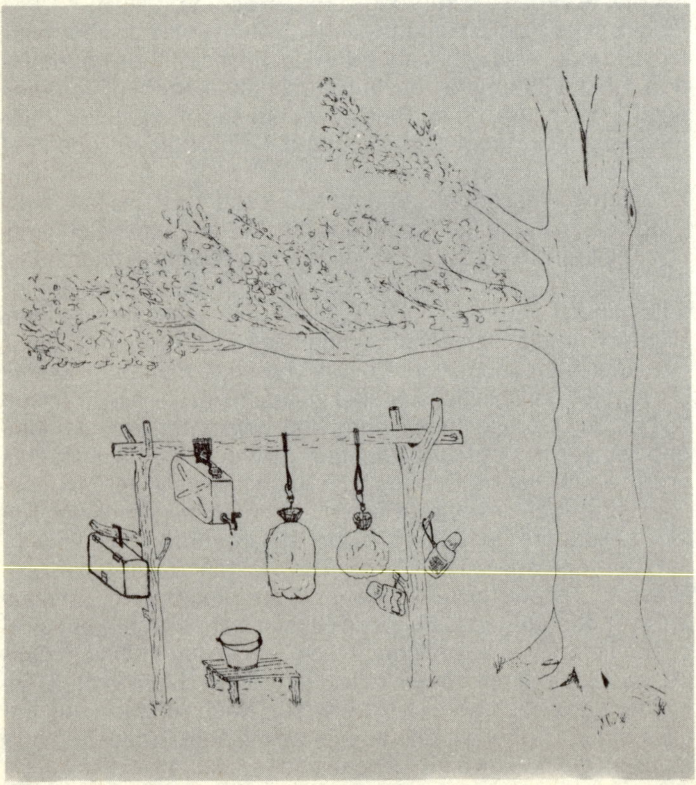

zeitig der Wasserkanister mit dem Frischwasser seinen Platz finden. Für leicht verderbliche Nahrungsmittel bietet sich der Bach als Kühlschrank an. Sie werden wasserdicht in Plastikbeuteln verpackt und in die Strömung des Baches gehängt. Es

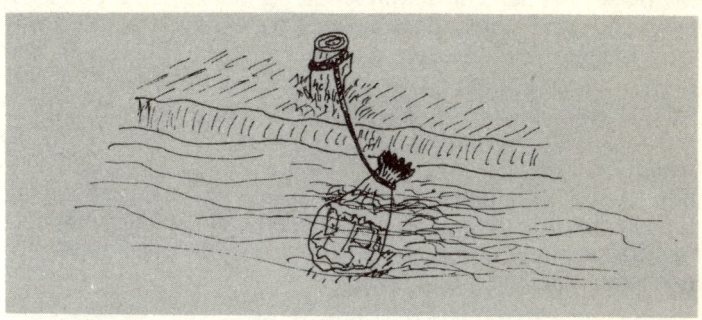

ist wichtig, sie gut zu verpflocken, damit die nächste Mahlzeit nicht im wahrsten Sinne des Wortes ins Wasser fällt. Mit Steinen und Ästen können im Bach kleine Kühlfächer für Flaschen und kalt aufzubewahrende Konserven geschaffen werden.

Beim Aufbewahren von Lebensmitteln bietet sich natürlich auch der Erdboden mit seiner relativ konstanten Temperatur an. So kann man Käse, Wurst und andere, nur kurz haltbare Nahrungsmittel auch in einer Grube aufbewahren. Voraussetzung hierfür ist allerdings, daß die einzelnen Lebensmittel in Kunststoffdosen verpackt werden, um nicht die kleinen gefräßigen Nager im braunen Pelz anzulocken. Sind Kieselsteine zur Hand – man findet sie meist im Bachbett –, sollte die Grube mit diesen am Boden ausgelegt werden. Auch größere Steine können den gleichen Zweck erfüllen. Das Loch muß nach Verstauen der Lebensmittel auf jeden Fall wieder verschlossen werden. Befindet es sich im Gras, so ist es empfehlenswert, Stöcke über Kreuz in die Seitenwände des Loches zu stecken, um auf diesen Rost die ausgestochenen Grassoden wieder zu legen. Mit dieser Art der Vorratswirtschaft tut man es den Eichhörnchen und den Eichelhähern gleich. Da sie jedoch nur ganz wenige Eicheln wiederfinden, die sie irgendwann im Laufe des Jahres für die Winterzeit vergraben haben, tragen sie wesentlich zur Baumpflanzung bei, da aus den vergessenen Eicheln prächtige Bäume werden. Der Wanderer hingegen möchte ja weder einen Wurst-, Käse- oder einen Eierbaum pflanzen. Daher sollte er sich genau merken, wo sein Vorrat vergraben ist. Eine in die Erde gerammte Astgabel oder ein auffällig markierter Stock können Garanten dafür sein, daß man die Zutaten zur nächsten Mahlzeit wiederfindet.

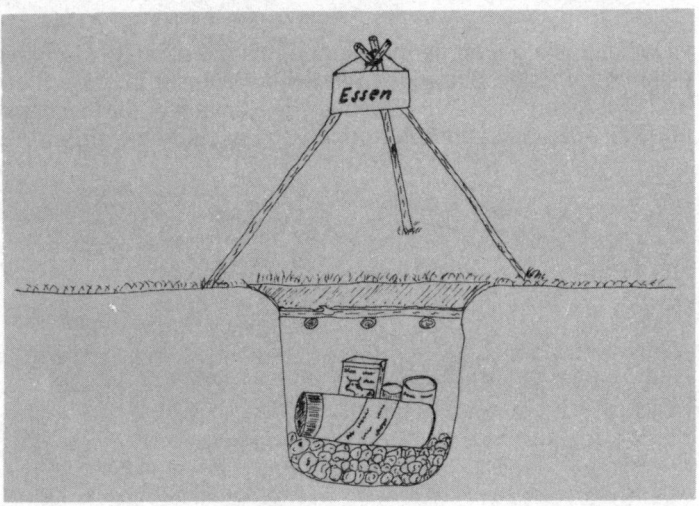

Wer eine Vorratsgrube im Wald anlegen möchte, sollte den oberen Abschlußrost enger stecken und nach Möglichkeit Rinde auflegen, bevor er den Waldboden darüberschüttet. Anderenfalls fällt die Abdeckung der Grube ein und begräbt das Essen unter sich.

Es gibt übrigens noch einen Grund, weshalb man die Vorratsgrube markieren sollte. Jeder Wanderer, Trapper und Fallensteller, der dieses Buch gelesen hat, ist zwar im Besitz von ausreichendem Verbandsmaterial, doch ist es gar nicht so leicht, den lieben Mitmenschen klarzumachen, daß man sich beim Sturz in eine Vorratskammer das Bein brechen kann. Besteht also die Gefahr, daß die Vorratsgrube zur Fallgrube wird, sollte man sie doch durch ein darübergestelltes Dreibein sichern.

Bei Dämmerung und nahender Dunkelheit sollte der Lager-

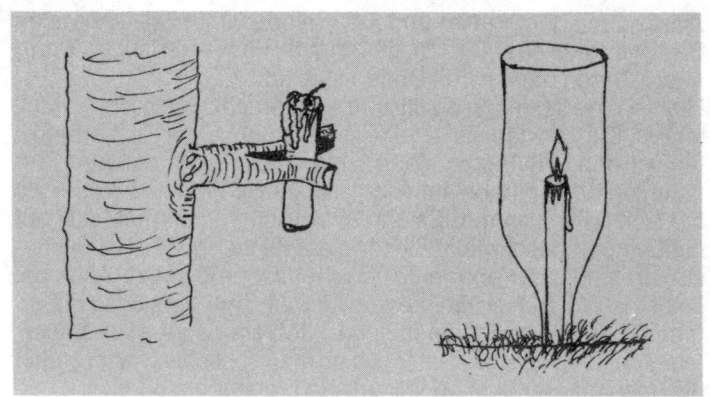

platz nicht nur vom Schein des Feuers erhellt werden. Es gibt mehr oder weniger taugliche Methoden, Kerzenhalter zu fabrizieren. So kann man einmal die Kerze in einen gespaltenen Ast einklemmen und darauf hoffen, daß ihr der Wind gnädig ist. Besser und erfolgversprechender hingegen ist die Konstruktion eines Windlichts. Man baut es, indem man von einer Flasche den Boden absprengt und in den Flaschenhals eine Kerze einschiebt. Sie kann entweder auf dem Schraubverschluß oder dem Korken der Flasche befestigt sein.

Das Absprengen des Glasbodens erfordert einige Geschicklichkeit und Routine. Eine Möglichkeit besteht darin, die Flasche zwei bis drei Zentimeter hoch mit Wasser zu füllen und in die Glut des Feuers zu stellen. Die Glut muß gleichmäßig um die Flasche anliegen und rundum etwa die gleiche Temperatur haben. Schon bald wird der Flaschenboden an der Wasserlinie abplatzen.

Es ist ganz besonders wichtig, daß Flaschenböden oder zerschlagene Flaschen nicht im Wald liegenbleiben. Durch das dicke Glas und die Wölbung können sie nämlich wie Brenngläser wirken und sind nicht selten die Ursache ausgedehnter Waldbrände. Außerdem bilden sie eine große Gefahr für das Wild. Eine weitere Möglichkeit, den Flaschenboden abzusprengen, ist etwas kraftraubender. So nimmt man ein Stück Bindfaden und windet diesen in der Nähe des Bodens um die Flasche. Dann wird er schnell hin und her gezogen, bis der ganze Ring durch die Reibung heiß geworden ist. Schreckt man die Flasche anschließend im kalten Wasser ab oder gießt man Wasser darüber, so wird der Boden an der gewünschten Stelle abspringen. Für dieses Verfahren sind zwei Personen notwendig: eine muß die Flasche halten, die andere den Bindfaden in schnelle Bewegung setzen. Ist man allein, so befestigt man das eine Ende der Schnur an einem Haken oder an einem Baum, das andere um den Oberschenkel. Dann umwickelt man die

Flasche mit dem Faden und führt mit dem Glas die sägenden Bewegungen aus. Ein so gefertigtes Windlicht läßt sich bequem tragen oder in den Boden stecken.

Hier ist eine Warnung an all jene angebracht, die mit ihrem Zelt lagern. Ein Zelt darf nie mit einer Kerze oder einer Fackel betreten werden. Die Hitzeausstrahlung einer Kerze, die zum Entflammen der Zeltbahn ausreicht, ist nämlich weitaus größer als die sichtbare Flamme. Es ist daher wichtig, daß man sich auf die Lampen beschränkt, die für die Zeltinnenbeleuchtung konstruiert sind, oder aber eine Taschenlampe benutzt. Auch bei selbstgebauten Reisighütten sollte man sehr vorsichtig mit offenem Licht sein. Es stimmt zwar, daß ein Lager ohne Lagerfeuer nur halb so schön ist, doch es muß schließlich nicht gleich die gesamte Behausung sein, die in Flammen aufgeht.

Knoten und Knüpfen

Wer sich in Natur und Wald bewegt, dort lagert und handwerk-
lich betätigt, wird nicht umhinkönnen, haltbare Verbindungen
mit Stricken herzustellen. Hierfür gibt es eine Vielzahl von Knoten, die ein Höchstmaß an Festigkeit und Sicherheit bei geringem Schnurbedarf gewährleisten. Natürlich kann man jede
Verbindungsstelle fünfzigmal mit Schnur umwickeln, damit sie
fest zusammengefügt ist, doch macht das unnötige Arbeit. Es
gilt, die wesentlichsten Knotenformen zu kennen. Anders ist es
bei Bergsteigern oder Seglern.
Hier nun die wesentlichsten Knoten, die dem Abenteurer und
Wanderer das Leben erleichtern können:

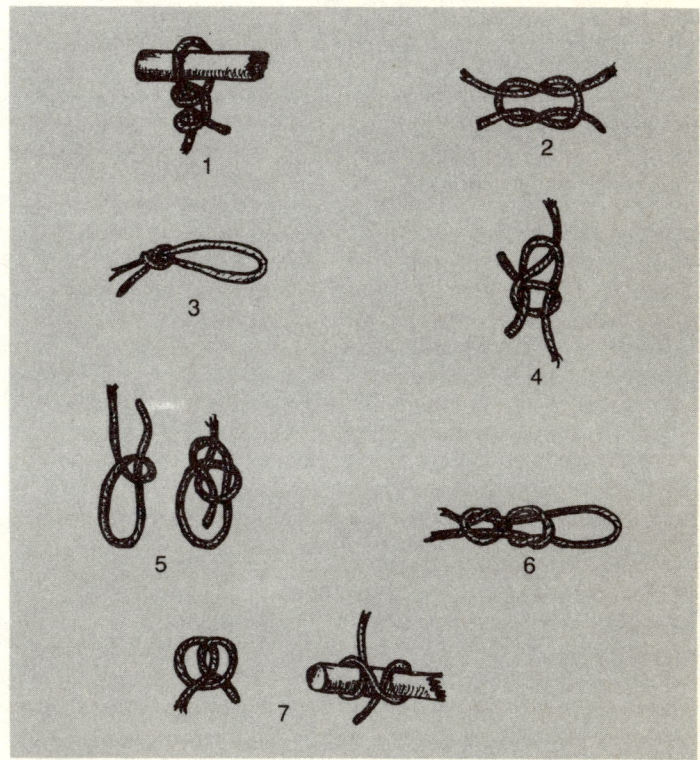

*Wichtige Knoten: die Gleitschlinge, die gegen Druck nachgibt (1), die
Doppelschlinge, die zur Verbindung zweier Taue Verwendung findet (2),
der Durchziehknoten (3), die Bogenschlinge, mit der ebenfalls zwei Tau-
enden verbunden werden können (4), die Rettungsschlinge, die nicht
nachgibt und sich nicht zuzieht, wird beim Bergen von Verletzten benötigt
(5), der Schiffsknoten (6) und die Achterschlinge, mit der Taue an Masten
befestigt werden (7).*

Dem Einfallsreichtum sind beim Leben in freier Natur keine Grenzen gesetzt. Wer zu improvisieren versteht und ein wenig Geschick hat, wird unbeschwerte und erlebnisreiche Stunden unter freiem Himmel verbringen. So gibt es eine Vielzahl von Kleinigkeiten, die man basteln oder schnitzen kann, die die Langeweile vertreiben und Entspannung bringen. Dies beginnt beim selbstgefertigten Kleiderbügel, einer Vorrichtung zum Wäschetrocknen, einem Schuhständer und endet bei komfortablen Sitzgelegenheiten.

Viel Zeit wird die Vorratshaltung von Brennmaterial benötigen. Das Brennholz muß an einem zuvor bestimmten Ort – auf jeden Fall außerhalb des Gefahrenbereichs der Feuerstelle – gestapelt werden. Hierbei ist es hilfreich, schon beim Aufschichten nach den jeweiligen Holzsorten und ihrer Verwendung zu unterscheiden. In späteren Kapiteln wird noch ausführlich erläutert, welches Holz zum Kochen und welches zum Wärmen verbrannt werden sollte.

Ein Lager ist nie fertig. Stets wird es etwas auszubessern oder zu verbessern geben. Das Lagerleben ist einer der wenigen Bereiche, in denen selbst langjährige Routine nicht zugleich auch automatisch Perfektion mit sich bringt.

Lagerplätze, und wie man sie sichert

Für die Stunden, in denen man sich zur Ruhe begibt, ist das Lager auf jeden Fall zu sichern. Dies hat nichts mit Furcht zu tun, doch macht Gelegenheit bekanntlich Diebe. Außerdem muß man in unseren Breiten stets mit dem seltsamen Humor einiger Zeitgenossen rechnen, die sich dabei stark fühlen, in der Dunkelheit Zerstörungen und Verwüstungen anzurichten. Sind genügend Personen vorhanden, so empfiehlt es sich, stets zwei Lagerwachen gleichzeitig einzusetzen. Nach einem zuvor festgelegten Zeitrhythmus können diese dann jeweils abgelöst werden. Eine solche Wache hat natürlich nicht die Aufgabe, ständig um das Lager zu patrouillieren. Die Wachen können sich vielmehr, etwas vom Feuer abgewandt, völlig normal verhalten. Dennoch ist es ratsam, nicht unbedingt ins Feuer zu blicken, da es sonst sehr lange dauert, bis sich die Augen an die Dunkelheit der Umgebung gewöhnen, wenn es darauf ankommt, dort etwas erkennen zu wollen. Von großem Vorteil ist es, das Lager rundum durch akustische Alarmanlagen zu sichern. Zumindest sollte dies an Stellen geschehen, die nicht leicht einzusehen sind.

Eine akustische Alarmanlage rund um ein Lager muß kein technisches Meisterwerk sein. Sie kann mit wenigen Handgriffen installiert werden. So spannt man in einiger Entfernung abschnittweise Stolperschnüre, die jeweils auf einer Seite an einem Baum oder an einem Pflock befestigt und an deren anderem Ende jeweils zwei leere Konservendosen angebunden sind. Diese Dosen stellt man auf eine Anhöhe – zum Beispiel auf einen Baumstumpf oder besser noch auf einen großen Stein. Die Schnüre, die lückenlos um das Lager gezogen sein sollten, müssen 30 bis 40 Zentimeter vom Boden entfernt sein. Sollte nun ein ungebetener Gast einzudringen versuchen, so wird das Klappern der umfallenden, leeren Büchsen die Aufmerksamkeit der Lagerwachen auf sich ziehen.

Eine andere Möglichkeit der Vorwarnung bieten kleine Glöckchen, die es in Anglerfachgeschäften oder in den Angelabteilungen der Kaufhäuser zu kaufen gibt. Der Fischer klemmt sie normalerweise beim Grundangeln – zum Beispiel in der Nacht – an die Spitze seiner ausgelegten Angelruten, und sie melden ihm mit ihrem Läuten selbst den geringsten Zug an der Schnur. Diese hoch empfindlichen Glöckchen können dann als Alarmanlage eingesetzt werden, wenn sich die Umgebung – in Ermangelung von Bäumen oder Sträuchern – zum Spannen von Stolperschnüren nur wenig eignet. Dann nämlich kann man rund um das Lager dünne Zweige in die Erde stecken, sie mit Stolperschnüren – ebenfalls in 30 bis 40 Zentimeter Höhe – verbinden und mit den Glöckchen versehen. Selbst bei der geringsten Berührung der Schnüre oder der Äste werden dann die Lagerwachen durch das Glockengeklingel alarmiert. Sollte man diese Art der akustischen Alarmierung vorhaben und die Glocken auf Wanderung mitnehmen, so empfiehlt es sich, sie in Papiertaschentücher einzuwickeln, da sie sonst bei jedem Schritt ein nervtötendes Geräusch von sich geben.

Beim Lagern in unbekanntem Gebiet überlegt selbst ein eingefleischter Pazifist, welche Möglichkeiten ihm bleiben, sich gegen Angreifer zu verteidigen. Der Besitz und die Benutzung handelsüblicher Hand- und Faustfeuerwaffen ist in der Bundesrepublik Deutschland per Gesetz untersagt. Hierbei sei angemerkt, daß sogar Schreckschuß- oder Gaspistolen in Deutschland anmeldepflichtig sind. Selbst bei angemeldeten Waffen untersagt die Waffenbesitzkarte das Führen oder den Gebrauch der Waffe. Die im Handel angepriesenen Tränengas-Spraydosen mögen zwar ihrem Besitzer ein gewisses Maß an psychologischer Sicherheit geben, doch ist ihr praktischer Nutzen im Freien sehr umstritten. Aber schließlich soll und kann es nicht Aufgabe eines Handbuchs für Wanderer und Abenteurer sein, die Leser im Nahkampf zu schulen.

Die richtige Feuerstelle

Was wäre ein Lagerleben ohne Feuer? Dabei muß man kein
Pyromane sein, um sich an diesem Element zu erfreuen. Durch
sein Flackern und Prasseln schafft es eine Atmosphäre der Be-
haglichkeit, und in dem Bereich, den es erwärmt, scheint die
Welt in Ordnung.
Eine alte Weisheit – die sich auch jedesmal aufs Neue bewahr-
heitet – besagt, daß der echte Trapper zuvor dreimal schwitzt,
bevor er sich vom Feuer zum Schwitzen bringen läßt. Die drei
Stationen sind das Fällen und Zusammenlesen des Brennma-
terials, das Zerkleinern und Schichten des Holzes und das Entfachen des Feuers durch Reibungshitze. Bevor man jedoch mit
diesen Arbeiten beginnt, muß man auf jeden Fall den Eigentü-
mer des Grundstücks oder den Förster um Erlaubnis bitten.
Diese Maßnahme ist notwendig, um Strafen und Bußgeldern
vorzubeugen. Wer sich jemals einem Buschfeuer oder Step-
penbrand gegenübersah, wird diese strengen Regelungen in
Deutschland begrüßen. Weist man sich gegenüber dem Förster als im Umgang mit Feuer erfahren und verantwortungsbe-
wußt aus, wird es meist keine Schwierigkeiten geben, eine Erlaubnis zu erhalten. Hilfreich bei der Bitte um eine Genehmigung ist die Überreichung eines zuvor angefertigten Schrei-
bens, in dem man den beabsichtigten Standort angibt, die getroffenen Vorsichtsmaßnahmen schildert und zu erkennen gibt,
daß man sich der großen Verantwortung durchaus bewußt ist.
Der Leser findet auf Seite 127 ein Musterschreiben, das die wesentlichsten Punkte enthält.
Wichtig beim Anlegen eines Feuers ist es, dem Erfahrensten
der Gruppe die Verantwortung für die Feuerstelle zu übertragen. Dies bedeutet, daß sich alle anderen seinen Anweisungen
bezüglich der Feuerstelle beugen müssen.
Die richtige Feuerstelle liegt mindestens vier Meter von Zelt,
Hütte, Brennmaterial oder anderen brennbaren Gegenständen
entfernt. Sie sollte in ihren Dimensionen so angelegt sein, daß
sie den jeweiligen Erfordernissen gerecht wird. So benötigt
man zum Kochen eine relativ kleine Feuerstelle, in der die Hitze
auf einen Punkt konzentriert wird. Anders verhält es sich dage-
gen mit einem Lagerfeuer, um das sich viele Personen scharen
wollen. Außerdem gibt es unterschiedliche Arten von Feuerstellen beim Biwak. Bevor man eine Feuerstelle auswählt, sollte man die Sicherheitsregeln beachten. So darf ein Feuer nie
auf Heide- oder auf Moorboden angelegt werden. Hier besteht
die Gefahr, wie auf Nadel- oder Laubboden, daß das Feuer unter der Erdobefläche weiterglimmt und an anderer Stelle –
manchmal erst nach Tagen – plötzlich wieder aufflammt. Der
beste Untergrund für ein Feuer ist ein mit Sand oder Schotter
bedeckter Boden. Aber auch der nackte Erdboden bietet die

Möglichkeit für eine sichere Feuerstelle. Es ist wichtig, daß nicht nur sie selbst, sondern auch eine gewisse Sicherheitszone rund um das Feuer von allen brennbaren Gegenständen gesäubert wird. Eine Feuerstelle darf niemals unter Bäumen oder gar im trockenen Gras angelegt werden. Ebenso ist der Fuß von Abhängen oder Böschungen auf jeden Fall zu meiden. Es muß sichergestellt sein, daß ein Feuer stets bewacht wird und daß bereits vor Entzünden der ersten Flamme ausreichend Löschwasser sowie eine entsprechende Menge laub- und nadelfreier Erde oder Sand bereitstehen.

Brennmaterial findet man im Wald reichlich. Dennoch sollte man eine Auswahl treffen, da die jeweiligen Hölzer unterschiedlich brennen. So empfiehlt es sich, zunächst einmal darauf zu achten, daß das Holz trocken ist. Ist kein trockenes Brennmaterial zu finden, muß man sich nach Birkenholz umsehen, es ist das einzige Holz, das auch im feuchten Zustand brennt. Seine Rinde ist durch das Ferment Betulin besonders gut als Anzündholz zu verwenden. Birkenrinde nimmt die Flamme des Streichholzes sehr rasch auf, die sich dann auch selbst von starkem Wind nicht ausblasen läßt. Auch die trockenen Zapfen der Nadelhölzer sind zum Anzünden eines Feuers besonders gut geeignet, desgleichen das Zweigwerk von Holundersträuchern, Haselnußpflanzen, Kiefern und Lärchen. Diese Hölzer müssen trocken, jedoch nicht morsch oder modrig sein. Zum ersten Anzünden kann man auch einen frisch geschlagenen Birkenast in dünne Späne schneiden und anbrennen. Natürlich geht das Entzünden eines Feuers am besten mit Hilfe von Papier oder eines Brennwürfels des Esbitkochers. Dennoch sollte man genügend Kleinholz sammeln, das vom Papier oder Esbitwürfel die Flammen aufnimmt, an die größeren Äste weitergibt und schließlich ein loderndes Feuer ermöglicht.

Man sollte die Holzarten bereits beim Sammeln trennen, und zwar in jene, die mit großer Flamme schnell brennen, und jene, die langsamer brennen, dafür aber länger kontinuierliche Wärme abgeben. Zu den schnell brennenden Hölzern, die nur wenig Glut hinterlassen, gehören Birke, Pappel und Erle; ebenso das Holz der Weide, der Linde und des Haselnußstrauches. Die gleiche Eigenschaft haben auch Platane und Kastanie, wobei diese beiden Holzarten stark Funken sprühen und unter lautem Knistern verbrennen. Für eine langanhaltende Glut sowie ein langsames Verbrennen ist die Buche bekannt. Sie ist daher nicht zu Unrecht jenes Gehölz, das man, zu Holzkohle verarbeitet, überall für den Gartengrill kaufen kann. Ihre Glut hält extrem lange an und gibt gleichmäßige Wärme ab. Das gleiche kann man auch von der Eiche sagen, die aber ein bereits sehr ausgedehntes Feuer benötigt, um sich zum Brennen zu bequemen. Andernfalls schwelt sie nur qualmend vor sich hin. Auch Ulmen- und Eschenholz haben die gleichen hervorragenden Eigenschaften für ein Wärmefeuer. Die drei bei uns häufigsten Nadelhölzer – Fichte, Tanne und Kiefer – wärmen stark durch ihr harzhaltiges Holz. Sind sie aber ausgebrannt, bleibt kaum Glut übrig. Die Lärche, die zu den guten Anzündhölzern zählt, macht sich stärker noch als Tanne, Kiefer und Fichte durch ihr lautes Knistern und Funkensprühen bemerkbar.

Hat man genügend Brennmaterial aus dem Wald zum Lagerplatz gezogen, beginnt man zunächst mit dem Zerkleinern. Die Äste müssen auf eine handliche und eine der Feuerstelle passende Größe gebracht werden. Dies geschieht dadurch, daß man sie unter dem Fuß entsprechend bricht. Dickere Äste werden auf zwei gegenüberliegenden Seiten mit dem Messer eingekerbt und dann über einem spitzen Stein oder die Kante eines Baumstumpfes mit dem Fuß abgebrochen. Hat man diese, meist schweißtreibende Arbeit beendet, muß das Holz sorgfältig aufgeschichtet werden. Hierfür wählt man einen Platz aus, der weit genug vom Feuer entfernt ist, am besten unter dem dichten Astwerk von Bäumen. Hier nämlich wird das Brennmaterial besser vor Regen geschützt. Ist genügend Zeit, und soll das Holz für einige Tage an diesem Platz verbleiben, empfiehlt sich durchaus eine Dachkonstruktion nach Art eines Windschirms.

Es ist ratsam, die Feuerstelle für die Lagerküche von dem allgemeinen Lagerfeuer getrennt anzulegen; denn es wäre Holzverschwendung, sollte man jedesmal das große Lagerfeuer entfachen müssen, um eine Kanne Wasser zu wärmen. Außerdem gibt es sehr zweckmäßige Arten von Küchenfeuer.

Die einfachste Art, ein Feuer zum Kochen anzulegen, ist die, zwei kurze Stämme in geringem Abstand parallel zueinander zu legen, mit zwei frischen Ästen oder Metallstangen quer darüber. In der Mitte zwischen den beiden Stämmen wird das Feuer entfacht, die beiden querliegenden Äste geben dem Eßgeschirr über dem Feuer Halt. Hierbei ist darauf zu achten, daß dieser Halt nicht wegbrennt. Es sollte daher ausreichend Ersatz bereitliegen.

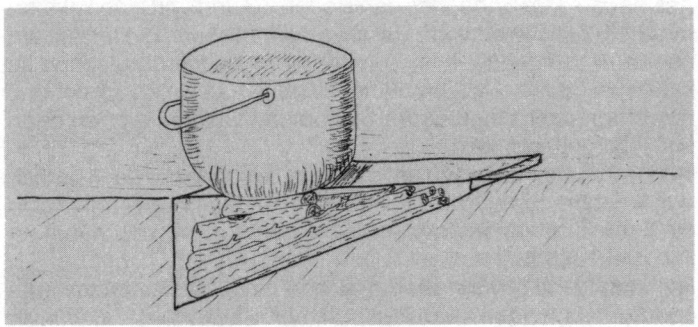

Beim Grabenfeuer – es ist ebenfalls besonders gut zum Kochen geeignet – besteht die Gefahr nicht, daß das Essen ins Feuer fällt und daß sich nur die Flammen an ihm laben. Hierbei wird ein Feuergraben ausgehoben, der schmaler sein muß als der Durchmesser des Topfes. Dieser Graben wird so angelegt, daß sein Boden schräg verläuft. Während er an der einen Seite nur etwa fünf bis zehn Zentimeter tief ist, muß er am anderen Ende eine Tiefe von 20 - 25 Zentimetern aufweisen. In diesem Graben wird das Holz längs eingebracht und entzündet. Durch die unterschiedliche Stellung des Topfes kann somit seine Entfernung zum Feuer und gleichzeitig auch die Kochtemperatur variiert werden.

Man kann auch – will man den Topf nicht aufs Feuer stellen – ihn darüber hängen. Hier gibt es eine ganze Reihe von Möglichkeiten, eine Hängevorrichtung zu konstruieren. Die wohl bekannteste Art ist die, daß man zwei Astgabeln rechts und links neben der Feuerstelle in den Boden steckt, einen Ast quer darüber legt und daran den Topf hängt.

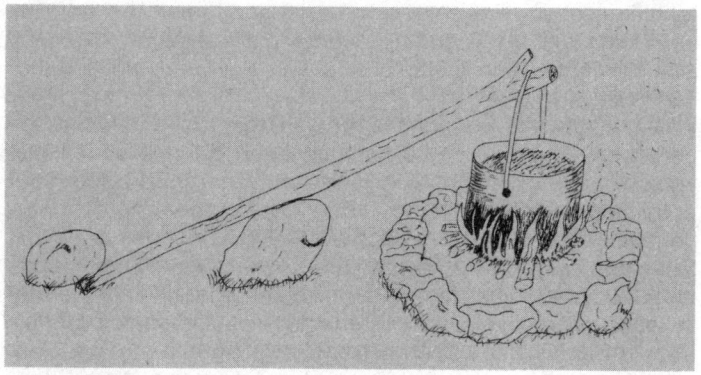

Fehlen zwei gleich hohe Astgabeln, so kann ein Galgenfeuer auch mit nur einem Stock gebaut werden. Hierzu legt man einen dicken Stein in die Nähe des Feuers, schräg darüber einen Ast, der an dem Ende, das den Boden berührt, mit einem weiteren Stein beschwert wird. Es ist vorteilhaft, wenn dieser Ast am oberen Ende gegabelt ist, um den Topf am Herabrutschen zu hindern. Hat er keine Gabelung, so muß man ihn entsprechend einkerben oder einen Draht fest um ihn winden, an den dann der Topf gehängt wird.

Noch einfacher ist es mit einem leicht gebogenen Stock und einer Astgabel. Dann nämlich steckt man den gebogenen Ast in die Erde, führt ihn mit der Astgabel übers Feuer und hängt an ihm den Topf auf.

Hat man keine großen Steine, sondern nur zwei unterschiedliche Astgabelungen, befestigt man den Stock mit der kleineren

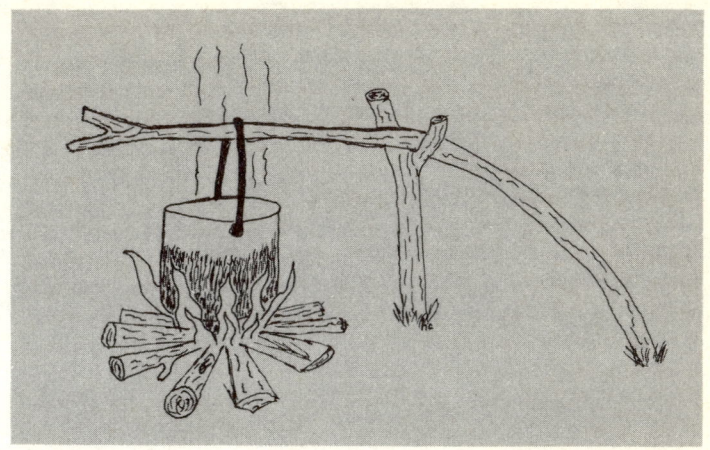

Astgabel nach unten in Bodennähe und führt ihn über die größere Astgabel zum Feuer. Diese Konstruktion hat den Vorteil,
daß man den Ast mit dem daranhängenden Topf bequem vom
Feuer nehmen kann, ohne erst Steine wegräumen oder den
Ast aus dem Boden ziehen zu müssen.

Für eine größere Gruppe empfiehlt sich eine komfortablere
Kochstelle. Sie baut man aus Stämmen oder Steinen so, daß
man eine Abstellfläche neben der Feuerstelle, ein offenes Feuer und einen Holzkohlegrill mit einplant. Während auf dem offenen Feuer gekocht wird, kann die dabei anfallende Glut unter
dem Grillrost weitere Verwendung finden. Soll nicht gegrillt
werden, so kann man mit der Glut unter dem Rost zumindest
Teile des Menüs warmhalten, bis das Essen fertig zubereitet
ist. Bei der Einrichtung einer solchen Küchen-Kochstelle sind
dem Einfallsreichtum keine Grenzen gesetzt.

Für Eintopfgerichte in großen Kesseln für mehrere Personen bietet sich ein Dreibein-Feuer an. Hierzu werden drei kräftige Stangen in der Mitte über der Feuerstelle miteinander verbunden. Über die Stelle, an der sich die drei Stangen kreuzen, wird ein Draht geführt, an dem der Kessel aufgehängt wird. Notfalls kann man anstelle des Drahts eine Schnur nehmen, die jedoch von Zeit zu Zeit angefeuchtet werden muß, damit sie bei starken Flammen nicht verbrennt. Beim Dreibein-Feuer ist es vorteilhaft, den Draht, an dem der Kessel hängt, so über die Verbindung der drei Pfähle zu führen, daß man ihn außerhalb der Feuerstelle befestigt. Das ermöglicht während des Kochens eine problemlose Höhenverstellung des Kessels.

Eine besondere Art des Garens von Speisen bietet jene Kochstelle, die über eine „Herdplatte" verfügt. Sie kann man bauen, indem man zwei flache Steine nebeneinanderlegt, den Topf daraufstellt und rund um die Steine ein kräftiges Feuer entfacht. Die Steine nehmen die Hitze auf, halten sie sehr lange und bringen den Topfinhalt zum Kochen.

Bei starkem Wind empfiehlt sich die Verwendung eines Grubenfeuers. Hierzu hebt man eine runde Grube aus, entzündet in ihrer Mitte ein Feuer und schichtet rundum Hartholzäste von Buche, Eiche, Esche oder Ulme. Wenn die Flammen dieses Feuers erloschen sind, bleibt die darin befindliche Glut über viele Stunden heiß. Über ihr läßt sich selbst bei starkem Wind gut grillen. Man kann aber auch einen Topf in die Glut stellen und damit das Essen garen. Das Grubenfeuer gilt – natürlich in nackter Erde angelegt – bei starkem Wind als eines der sichersten, da ein Funkenflug weitgehend vermieden werden kann.

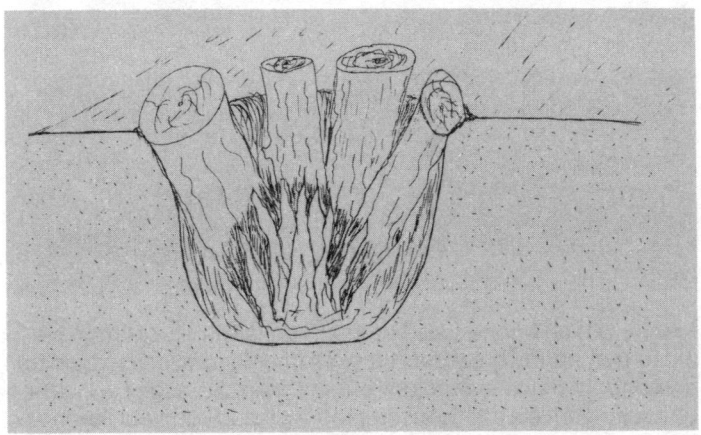

Bei ständig wechselndem Wind legt man acht Steine – am besten Ziegelsteine – in vier Winkeln zu einem Kreuz zusammen. In seiner Mitte wird das Feuer entfacht. Die Steine sollten gleichhoch aus dem Boden ragen, damit man darauf einen Topf gerade abstellen kann. Ein solches Feuer erhält – von welcher Seite auch immer der Wind wehen mag – stets genug Luftzufuhr. Natürlich kann man auf die Steine auch einen Grillrost legen.

Weht starker Wind aus einer Richtung, verliert oft das beste Feuer an Wirkung, da die Flammen stets unter dem Topf weggeblasen werden. In einem solchen Fall muß man einen Windschutz bauen, der sowohl aus aufgeschichteten Steinen wie aus einem selbstangefertigten Windschirm bestehen kann. Ein Windschirm aber muß so weit vom Feuer entfernt stehen, daß er auch bei Umschlagen des Windes vom Feuer nicht entzündet werden kann.

Wer allerdings glaubt, daß dies die einzigen Möglichkeiten sind, über einer Feuerstelle Speisen zuzubereiten, der irrt. So lassen sich Gemüsesorten, Obst, Fisch und Fleisch auch dadurch garen, daß man sie in Aluminiumfolie einwickelt und in heiße Glut oder Asche legt. Auch Eier kann man in heißer

Asche zubereiten. Hierzu sticht man ein Loch oben in die Schale des Eies, steckt es in die heiße Asche, und nach zehn Minuten kann man es genießen. Um beispielsweise ein Spiegelei zu braten, genügt es, wenn man eine halbe Orange aushöhlt, das Ei hineinschlägt und die Orangenschale in die heiße Asche stellt.

Die Zubereitungszeit eines Eintopfes aus frischen Gemüsen läßt sich dadurch verkürzen, daß man den Topf mit einem Deckel schließt und am Vorabend in die Glut des Lagerfeuers stellt, die man bis nahe an den Topfrand aufhäuft. So gart der Eintopf über Nacht soweit, daß er am nächsten Tag nur noch kurz aufgekocht werden muß.

Flache Steine können als Bratpfannen dienen. Legt man sie in ein Feuer, nehmen sie die Hitze auf und werden schon bald rotglühend. In diesem Stadium bürstet man die Asche von ihnen ab, bestreicht sie mit Speisefett oder Öl und kann auf ihnen alle Pfannengerichte herstellen. Hierbei ist allerdings zu achten, daß der Stein weiterhin von Glut umgeben bleibt.

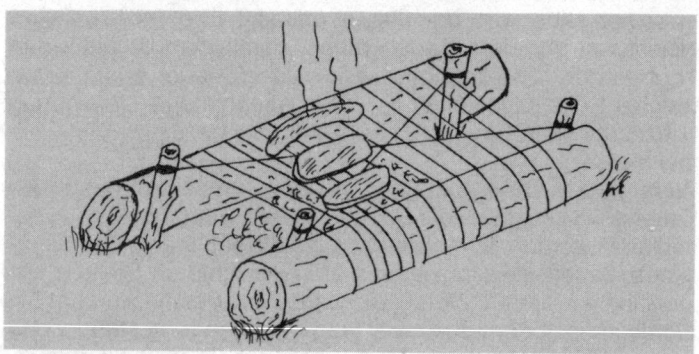

Wer eine Kochstelle im Freien errichtet, wird schon bald feststellen, daß sich eine große Anzahl von Küchengeräten selbst herstellen lassen. Hierzu gehört auch der Grillrost. Da beim Holzkohlegrill sehr starke Hitze auftritt, ist es nicht möglich, den Grillrost aus Stöcken zu fertigen. Sie würden früher oder später ankohlen und durchbrechen. Die einfachste Art, einen Grillrost

herzustellen, ist daher die, daß man zwei dicke Stämme einander gegenüberlegt und sie mit Draht überspannt. Wünscht man einen abnehmbaren Rost, so fertigt man zunächst aus vier Stöcken einen Rahmen, der dann mit Draht überspannt wird. Diesen Rost legt man dann so über das Feuer, daß sich der Holzrahmen außerhalb der Hitzestrahlung befindet.

Wer über offenem Feuer kocht, sollte daran denken, daß das Kochgeschirr sehr schnell verrußt und verschmutzt. Hier gibt es einen einfachen Trick, die spätere Säuberung des Geschirrs zu erleichtern. Schmiert man nämlich vor Benutzung des Topfes diesen außen herum mit Seife ein, löst sich die Rußschicht später viel einfacher. Ein Grillrost läßt sich übrigens von den Fett- und Rußrückständen besser reinigen, wenn er heiß ist. Ihn kann man selbstverständlich nicht mit Seife einschmieren, da er ja direkt mit den Speisen in Berührung kommt.

Natürlich kann man Speisen auch am Spieß braten. Während beim Kochen in Töpfen oder beim Braten in Pfannen sowohl die offene Flamme als auch die Glut genutzt werden kann, wird zum Grillen ausschließlich die Glut verwandt. Beim Grillen an Spießen müssen die Spieße aus frischem Holz angefertigt werden, damit sie nicht verkohlen oder verbrennen. Das bedeutet, daß sie auf keinen Fall aus Birkenholz sein dürfen, da dieses – wie schon erwähnt – auch im frischen Zustand brennt. Je nach Art der zuzubereitenden Speise ist auch der entsprechende Spieß zu verwenden. So steckt das Grillgut auf einer angespitzten und zuvor von der Rinde befreiten Astgabel sicherer und kann besser gewendet werden. Bei hintereinander aufgereihtem Grillgut – wie zum Beispiel Schaschlik – ist ein gerader, einzelner Spieß vorteilhafter.

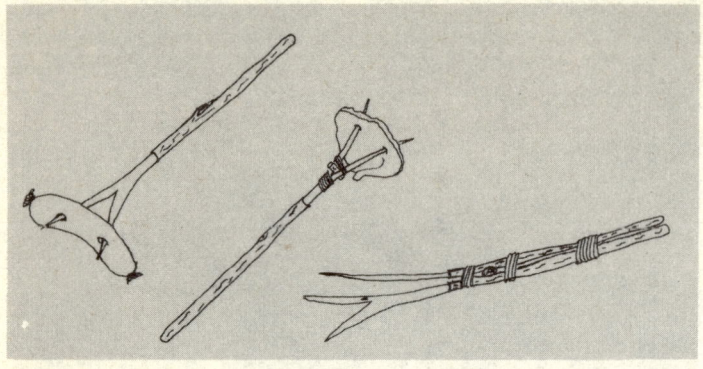

Gegabelte Grillspieße lassen sich – wenn keine geeignete Astgabel vorhanden ist, die man anspitzen kann – auch durch das
Spalten eines Astes anfertigen. Insbesondere dann, wenn die
Gabelspitzen bei kleinerem Grillgut nicht zu weit gespreizt sind.
Um eine solche schlanke Grillgabel herzustellen, spaltet man
den vorderen Bereich eines Astes und führt in den Spalt einen
kleinen Holzkeil in Form eines Aststücks ein. Vor und hinter diesem Keil stabilisiert man diese Gabel, indem man sie mit Strick
umwickelt. Auch kann man zwei Äste anspitzen und so zusam-
menbinden, daß daraus eine schlanke Grillgabel entsteht. Mit
etwas Geschick wird sich der Küchenmeister unter freiem Himmel auch eine Grillzange basteln können. Hierzu empfiehlt sich
die Verwendung eines geraden Astes sowie eines gegabelten
Stockes. Beide sollten nicht zu dick sein, da sie beim Zugreifen
entsprechend biegsam sein müssen. Diese beiden Äste bindet
man so zusammen, daß man in einiger Entfernung von der
Spitze einen Keil mit einbaut. Greift man die Zange nun vor
dem Keil, kann man die beiden Stöcke zusammendrücken und
als Greifwerkzeug benutzen.

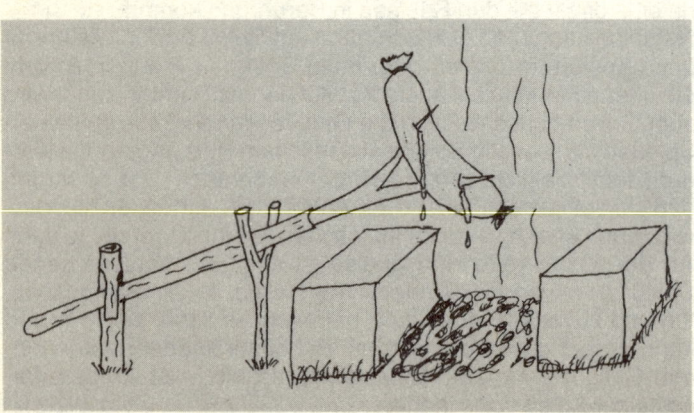

Um aber diese Spieße nicht ständig in der Hand halten und drehen zu müssen, kann man sich auch hierfür eine Astgabel als Halterung zurecht schnitzen. In sie legt man den Spieß ein und befestigt das freie Ende ähnlich wie beim Galgenfeuer unter einer nach unter zeigenden Astgabel. Dies ermöglicht ein müheloses Drehen und Wenden.

Da Fische über offenem Feuer sehr leicht zerfallen, sollte man sie am Spieß keinen heftigen Bewegungen aussetzen. Sie steckt man daher am besten auf einen feststehenden Stab über der Glut. Dieser Spieß muß durch die Längsachse des Fisches geführt sein. Eine andere Möglichkeit besteht im Anlegen kleiner Grillkäfige. Man baut sie, indem man aus einer frischen biegsamen Rute eine Schlinge macht, in die man den Fisch mit Drähten einspannt.

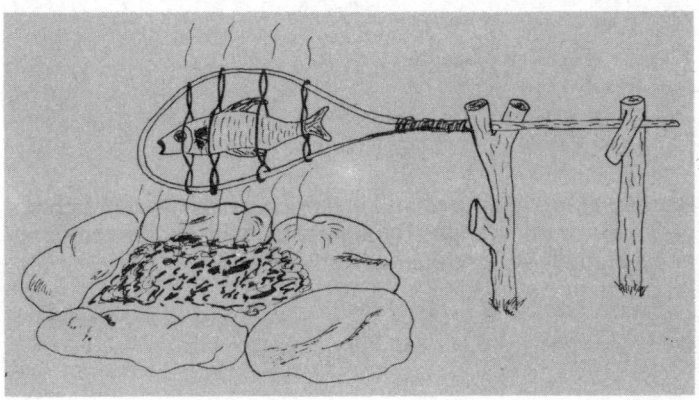

Wenn man den Fisch zwischen zwei selbstgefertigte Grillroste einspannt, ist darauf zu achten, daß die Drähte den Fisch nicht zu stark einschnüren, da er sonst an diesen Stellen beim Garen oder späteren Herausnehmen zerfällt.

Die wohl bekannteste Art des Lagerfeuers besteht darin, die Feuerstelle mit dicken Steinen ringförmig zu umschließen. In der Mitte dieses Feuerplatzes wird zunächst ein Stab aufgestellt, um den herum am Boden leicht brennbares Holz gehäuft wird. Es schadet nichts, wenn man den Mittelstab des Pyramidenfeuers am unteren Ende so einschneidet, daß eine Vielzahl von Spänen von ihm absteht. Danach stellt man das Brennholz kegelförmig um den Mittelstab. Auf der Seite, aus der der Wind weht, spart man ein Loch aus, durch das man den Unterzünder anstecken kann.

Neben dieser Art des Lagerfeuers gibt es noch das Stern- oder Wagenradfeuer. Hierbei werden drei oder mehr Äste sternförmig – wie die Speichen eines Wagenrades – um das Zentrum der Feuerstelle gelegt, indem anschließend eine kleine Pyramide aus Anbrennholz entzündet wird. Brennt das Feuer, werden die einzelnen Äste regelmäßig nachgeschoben. Diese Art der Feuerstelle empfiehlt sich, wenn ein unauffälliges Feuer ohne weithin sichtbaren Schein angelegt werden soll. Es entfacht zudem wenig Rauch.

Bei dem Pagodenfeuer handelt es sich um ein weithin sichtbares Signalfeuer. Wie das Pyramidenfeuer ist das Pagodenfeuer als zentrales Lagerfeuer zu verwenden.

Zum Biwakieren gehören noch andere Feuerarten, zum Beispiel das Spaltfeuer, bei dem ein Baumstamm in seiner Länge gespalten und in dessen Mitte ein längliches Feuer entfacht wird.
Beim Balkenfeuer werden mehrere Bohlen übereinander gelegt. Es brennt langsam und wärmt langanhaltend.
Bei dieser Feuerart werden die einzelnen Balken an Ober- oder Unterseite angekerbt und mit Steinen oder Hölzern auseinan-

der gehalten. Die Zwischenräume und die eingekerbten Stellen werden mit Holzspänen, Kleinholz oder Reisig ausgefüllt. Das Balkenfeuer hat bei etwa 25 Zentimeter starken Stämmen immerhin eine Brenndauer von neun bis zehn Stunden. Es schwelt allmählich und entwickelt bei kleiner Flamme nur wenig Rauch, aber ausreichende Wärme.

Nicht immer funktioniert das automatische Nachlegen bei einer speziellen Art des Biwakfeuers, dem Kaminfeuer. Hierbei werden möglichst gerade Stämme an eine Schräge geschichtet. Ist der jeweils untere Stamm verbrannt, soll der nächste automatisch ins Feuer rollen. Dieses Feuer hat den Vorteil, daß die aufgeschichteten Stämme gleichzeitig als Reflexionswand dienen und die Hitze des Feuers in eine bestimmte Richtung abstrahlen.

Es macht sehr viel aus, wenn man bei Wärmefeuern reflektierende Wände baut. Schon eine Felswand – nach Möglichkeit aus hellem Gestein – oder eine Knüppelwand reflektieren Hitze. Das hat den Vorteil, daß der Wanderer, der sich am Feuer wärmen will, weitaus weniger Holz auflegen muß, um den gleichen Wärmegrad wie bei einem frei brennenden Feuer zu erzielen. Hierdurch hält natürlich auch sein Holzvorrat wesentlich länger an. Die beste Reflexion bietet Aluminiumfolie, die aus diesem Grund auch für die Rettungsdecken, die bereits in vorangegangenen Kapiteln behandelt wurden, verwandt werden. Diese Decken sind eine Überlebenshilfe fürs Notbiwak und kosten nur einige Pfennige. Wenn man sich bei Kälte in sie einwickelt, geht die Körperwärme nicht verloren, sondern wird zurückgestrahlt. Gleichzeitig wird die Kälte der Umgebung vom Körper abgehalten. Man kann die Decken, die kaum Platz wegnehmen, da sie hauchdünn sind – zum Beispiel beim Biwak als Reflexionswand benutzen. Wer es gern im Rücken warm hat, der baut halbrund in einigem Abstand hinter sich eine aluminiumbeschichtete Reflexionswand auf. Beim Bau von Reflexionswänden ist es wichtig, darauf zu achten, daß sie, wenn sie aus brennbarem Material sind, nicht zu nahe am Feuer stehen.

Die schönste Feuerstelle nutzt nichts, wenn kein Feuer entfacht werden kann. Will man Feuer wie unsere Vorfahren entzünden und nicht das Gasfeuerzeug oder die Streichhölzer benutzen, so ist einige Übung notwendig, wenn man Feuersteine zur Hand hat und sie zu nutzen versteht. Besser geht es jedoch mit den unterschiedlichen Feuerbohrern, bei denen durch Reibungshitze Holzspäne zu glimmen beginnen.

Im Laufe der Jahrtausende wurden unterschiedliche Techniken entwickelt und angewandt. So nimmt man beim Holzquirl einen angespitzten Hartholzstock zwischen die flachen Hände, stellt ihn mit seiner Spitze in die Kerbe eines Weichholzstückes und umgibt die Stelle, an der beide Stöcke zusammentreffen, mit Holzmehl und Zunder. Nun wird so lange gequirlt, bis das Holzmehl zu glimmen beginnt.

Auf der gleichen Basis arbeitet der Strickfeuerbohrer, nur daß hierbei der Quirl nicht mit den Händen gedreht, sondern mit Hilfe eines einmal um ihn geschlungenen Lederstricks in drehende Bewegung versetzt wird.

Beim Feuerpflug wird eine Nut in einen Eichenholzbalken gekerbt, in der man anschließend einen Hartholzstab mit kräftigem Druck hin- und herfahren läßt. Auch hier entzündet sich nach kurzer Zeit das in der Nut befindliche Holzmehl. Der Bogenfeuerbohrer ist eine Weiterentwicklung des Strickfeuerbohrers.

Während beim Strickfeuerbohrer eine Person den senkrecht stehenden Bohrer halten muß und die andere in schneller Be-

Name der Gruppe
An
das zuständige Forstamt

Datum

Sehr geehrter Herr Förster,
wir beachsichtigen vom.... bis.... in..... ein Lager aufzuschlagen. Wir wenden uns daher mit der Bitte an Sie, uns eine Genehmigung für dieses Lager einschließlich Lagerfeuer zu erteilen.

Wir sind im Errichten von Lagerfeuern erfahren und sind uns der großen Verantwortung, die wir dabei übernehmen, bewußt. So werden wir dieses Feuer auf keinen Fall in der Nähe des Waldes, unter herabhängenden Zweigen oder in der Nähe anderer brennbarer Materialien entzünden. Wir werden zuvor den Untergrund des Feuerplatzes gewissenhaft säubern und eine Sicherheitszone um das Feuer anlegen. Unser Augenmerk wird sich insbesondere auch darauf richten, Holz zu verwenden, das möglichst einen geringen Funkenflug verursacht. Vor Inbetriebnahme der Feuerstelle werden wir durch Aufstellen von Wassergefäßen und die Bereitstellung von laub- und nadelfreier Erde Vorsorge für den Notfall treffen.

Der Erfahrenste unserer Gruppe wird die Befugnis erhalten, alle mit der Feuerstelle zusammenhängenden Entscheidungen zu treffen, die von der Gruppe respektiert werden.

Wir sind uns der Gefahr bewußt, die von einem Übergreifen des Feuers ausgehen kann. Hierbei denken wir insbesondere an die Schäden, die der Forstwirtschaft entstehen, aber auch an die, die durch einen Waldbrand dem für uns so wichtigen Ökosystem Wald zugefügt werden können.

Wir wissen, daß wir für alle Schäden, die von unserem Lager und unserem Feuer ausgehen, haftbar gemacht werden.

Auch beim Lagern in Ihrem Revier werden wir uns wald- und umweltgerecht verhalten und das in uns gesetzte Vertrauen nicht enttäuschen.

Wir würden uns freuen, Sie an einem unserer Lagerabende als Gast begrüßen zu können.

Mit der Bitte um Ihr Verständnis und Ihre Erlaubnis verbleiben wir
mit freundlichen Grüßen

(Unterschriften)

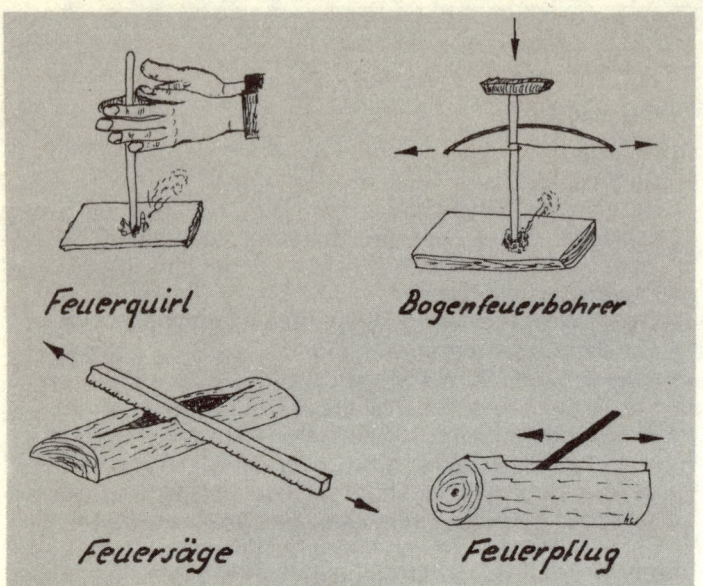

Feuerquirl

Bogenfeuerbohrer

Feuersäge

Feuerpflug

wegung den Strick nach rechts und links zieht, kann beim Bogenfeuerbohrer eine Person diese Arbeit ausführen.

Bei der Verwendung der Feuersäge muß zunächst in einen Holzbalken eine Kerbe eingebracht werden, die mit Holzmehl aufgefüllt wird. Anschließend nimmt man ein Hartholzstück, das man zuvor möglicherweise noch eingekerbt und angerauht hat, und sägt stets an der gleichen Stelle über diesen Balken. Schon bald wird sich das Holzmehl in der Kerbe durch die Reibungshitze entzünden.

Wem diese Art der Feuergewinnung zu mühsam ist, wer aber trotzdem nicht auf Streichhölzer und Feuerzeug zurückgreifen möchte, dem seien hier noch einige Möglichkeiten geschildert.

Bei schönem Wetter ist es einfach, mit dem Brennglas Glut zu entfachen. Hierzu häuft man leicht brennbares Material wie Heu, Holzspäne und ähnliches aufeinander und richtet das Brennglas so, daß der Brennpunkt konstant auf eine Stelle gerichtet bleibt. Schon bald werden sich die ersten Rauchfähnchen emporkräuseln. Die Hitzeentwicklung entsteht dadurch, daß die Sonnenstrahlen im Brennglas auf einen Punkt hin, den Brennpunkt, gebrochen werden. Die gebündelten Lichtstrahlen erzeugen die Hitze.

Wer keine Lupe zur Hand hat, kann auch die Linse eines Fotoapparates benutzen. Zu diesem Zweck dreht er den Film zurück und nimmt ihn aus dem Apparat. Die Zeiteinstellung muß auf „B" weisen (dann bleibt nämlich der Verschluß solange geöffnet, wie man den Finger auf dem Auslöser läßt). Bei geöffneter Rückwand des Fotoapparates und offenem Verschluß kann man nun die Sonne durch die Optik scheinen lassen und diese wie ein Brennglas nutzen. Auf gleiche Weise kann mit der Linse eines Fernglases verfahren werden.

Eine originelle, physikalisch durchaus erklärbare Methode, Feuer anzuzünden, verwenden die Eskimos. Geschickt reiben sie Eis in ihren Händen, bis daraus eine Linse wie im Brennglas entsteht. Mit ihr können sie Feuer anzünden. Um ein Brennglas aus Eis herstellen zu können, bedarf es allerdings großer Geschicklichkeit, da die Wölbungen gleichmäßig sein müssen und das Eis glasklar.

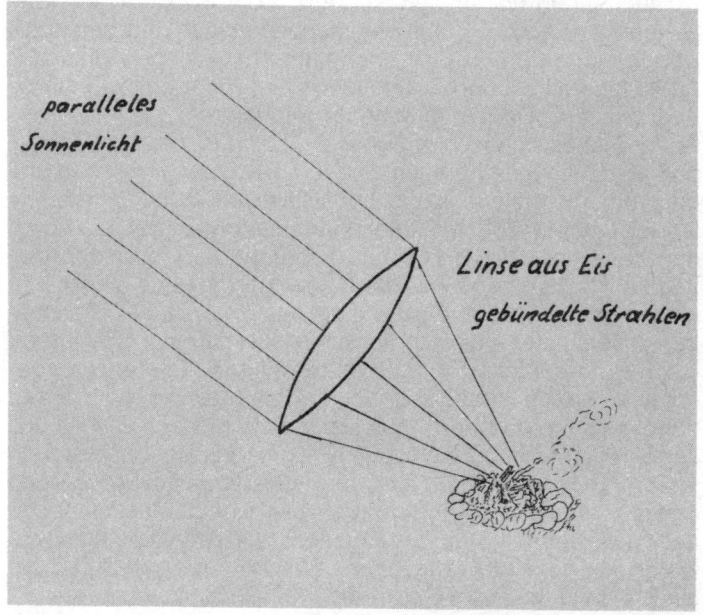

Zu einer Zeit, da die Uhren noch brav tickten und noch niemand an quarzgesteuerte Digitalchronometer dachte, konnte man die gleichmäßig gewölbten Gläser der Taschenuhren zur Herstellung des Brennglases benutzen. Dazu legte man zwei unterschiedlich große Uhrengläser ineinander, füllte sie mit Wasser, und fertig war das Brennglas.

Auch mit einer Lesebrille kann man Feuer entzünden. Sie verfügt nämlich – im Gegensatz zu Fernbrillen – über brennglasähnliche Gläser. Es ist daher sehr gefährlich, sie im Wald liegen zu lassen.

Es ist also ein weiter Weg vom ersten Drehen des Holzstabes bis hin zum wärmenden, prasselnden Lagerfeuer. Dennoch sollte jeder einmal die – zugegeben umständliche – Art des Feuermachens ausprobiert haben.

Jagen zum Überleben

In der Bundesrepublik Deutschland ist das Jagen und Fischen genehmigungspflichtig. Kein Jagen ohne Jagdschein. Auch erhält man von keinem Gewässerpächter eine Fischereierlaubnis, wenn man den Bundesfischereischein nicht vorweisen kann. Es handelt sich hierbei um Schutzbestimmungen, die in einem dicht besiedelten Lebensraum wie die Bundesrepublik unumgänglich sind. So stecken die Pächter von Jagden und Fischereigewässern große Summen in Erhalt, Aufzucht und Pflege der ihnen anvertrauten Tiere. Es ist daher verständlich, daß es auch ihnen überlassen ist, Jagd- oder Fischereigenehmigungen zu erteilen. Diese Regelungen sind in anderen europäischen Staaten nicht so streng. Im Ausland sollte man sich auf jeden Fall bei der zuständigen Forst- oder Polizeibehörde über die gesetzlichen Vorschriften informieren.

Anders ist es natürlich in Notfällen. Dann ist es keine Frage, daß die prächtigen Forellen aus dem Bach geholt werden und das vorbeihoppelnde Kaninchen schließlich in der Bratpfanne landet. Der Mensch, einstmals Sammler und Jäger, hat durch die Zivilisation viel von seinen ursprünglichen Instinkten und Jagdfähigkeiten verloren. Seine Bewegungen sind bei weitem nicht mehr so geschmeidig wie die des Jägers und Fallenstellers. Insbesondere der Geruchssinn ist verkümmert. Während die Tiere den Menschen bereits mit all ihren Sinnen wahrgenommen haben, ahnt dieser noch nichts von ihrer Nähe. Es ist daher wichtig, daß der naturverbundene Mensch wieder das Jagen erlernt, denn in Notzeiten macht das Beobachten von Tieren noch lange nicht satt. Sie müssen gestellt und erlegt werden. Nun ist der Mensch durch seine modernen Waffen in der Lage, den verloren gegangenen Jagdinstinkt zu kompensieren. Hat er keine Waffe, dauert es schon eine ganze Zeit, bis ein Braten in der Pfanne schmort.

In Ratgebern für das Überleben in der Wildnis liest man nur allzuoft, daß es kaum Schwierigkeiten bereitet, Fische mit der Hand zu fangen. Wahrscheinlich haben jene Verfasser noch nie in dieser zeit-, kraft- und nervenraubenden Art Fische gefangen, denn sonst würden sie hinzugefügt haben, daß man zum Erlernen dieser Technik einige Hungertage benötigt. Die Technik besteht darin, daß man zunächst in einem nicht zu stark fließenden Gewässer einen sicheren Stand sucht. Zur Wasseroberfläche gebeugt, wartet man geduldig, bis ein Fisch in die Nähe kommt, führt behutsam die flach ausgestreckte Hand an die Seite des Fisches heran, packt blitzschnell zu und schleudert das Tier aufs Land. Danach muß man sich beeilen, das zappelnde Tier am Ufer zu halten, da es sonst allzu schnell wieder ins Wasser gleiten kann. Bei dieser Art, Fische zu fangen, ist es sehr beschwerlich, fast bewegungslos zu verharren.

Muß man nämlich den über dem Wasser befindlichen Körper bewegen, um mit der Hand an den Fisch zu gelangen, so wird der Wasserbewohner kaum ruhig bleiben und auf den Zugriff warten. Ebenso geht es, wenn man sich dem Fisch nähert. Das Heranführen der Hand an den Körper des Fisches ist sehr schwierig und muß mit aller Vorsicht durchgeführt werden. Ist man tatsächlich so weit an den Fisch herangekommen, steht man vor dem größten Problem: dem Zupacken und Hinausschleudern. Bekanntlich sind Fische sehr glatt und glitschig, so daß ein Festhalten nicht möglich ist. Daher muß schon beim Zupacken Schwung genommen werden, das Tier auf das Land zu schleudern. Ganz besonders hüten sollte man sich vor den spitzen und meist gezackten Rückenflossenstacheln. Bohrt man sie sich in die Haut, so entstehen sehr schlecht heilende, stark schmerzende Wunden. Eine weniger weidgerechte, aber erstaunlich erfolgreiche Art, Fische zu fangen, ist die mittels eines Blecheimers, dessen Boden entfernt wurde, oder eines Kanalrohrs. Man stellt sich in den Bach oder hängt sich von einem Steg aus darüber und wartet, bis unten im Wasser die Fische stehen. Sodann läßt man ohne ruckartige Bewegung den Eimer ohne Boden fallen und kann ihm die gefangenen Fische entnehmen.

Eine andere erfolgversprechende Fangmethode setzt umfangreiche Vorarbeiten voraus: man muß quer durch den Bach eng aneinanderstehende Holzpflöcke rammen, die ein gutes Stück über die Wasseroberfläche hinausragen. Die Holzpflöcke müssen so stehen, daß kein Fisch zwischen ihnen durchschlüpfen kann. Danach verjüngt man das Bachbett, indem man zwei Knüppelreihen V-förmig mit der Spitze zur Sperre hin anlegt. Die Spitze des V wird deutlich offen gelassen und sollte sich etwa 50 Zentimeter vor der Sperre befinden. Die gleiche Anlage baut man von der anderen Seite zur Knüppelsperre hin. So hat man zwei Fischreusen, in denen sich die Fische schon bald sammeln werden, da sie zwar wie durch einen Trichter in sie hineingeleitet werden, doch nur in den seltensten Fällen den Ausgang wiederfinden. Um die Reusen schneller zu füllen, empfiehlt es sich, Treibjagden zu veranstalten, bei denen die Fische auf die Reusen zugetrieben werden. Bei Herausnehmen der Fische aus den Reusen sollte man dennoch den Eingang in der Spitze der V-förmigen Sperre mit einem Stein verschließen. Diese Fangmethode kann nur von Erfolg gekrönt sein, wenn die Reuse auch am Rand sicher abgedichtet ist. Legt man in Notsituationen mehrere solcher Fangstellen an, wird man nie Hunger leiden müssen. Es muß nicht extra erwähnt werden, daß Fische, die zum Verzehr nicht benötigt werden oder zu klein sind, wieder ihre Freiheit erhalten.

Achtung! Wenn man Fische schlachtet, so ist es selbstverständlich, ihnen unnötige Qualen zu ersparen! So läßt man sie zunächst so lange im Wasser, bis man sie zubereiten will. Nimmt man sie heraus, sollte man daran denken, daß es für den Fisch sehr schmerzhaft ist, wenn man in seine Kiemen greift. Der Fisch ist vor dem tödlichen Stich ins Herz, das sich auf der Bauchseite etwa zwischen den beiden Brustflossen befindet, durch einen Schlag hinter das obere Kopfende zu betäuben. Zum Ausnehmen wird die Bauchseite in der Mitte bis zum After hin aufgetrennt. Anschließend müssen alle Innereien herausgenommen werden, bis sich nur noch ein freier hohler Bauchraum darbietet. Der wird gründlich ausgewaschen. Wichtig ist, den Fisch vor der Zubereitung gründlich zu schuppen. Dies geschieht, indem man mit einem grob geriffelten Messer, dem Stück einer alten Säge, einem scharfkantigen Stein oder einem speziellen Schuppmesser gegen den Schuppenstrich fährt, so daß diese abplatzen. Je gründlicher ein Fisch geschuppt wird, desto größer ist der Verzehrgenuß. Bereitet man einen ungeschuppten Fisch zu, so kann man die Haut nicht verwenden: man muß die harten Schuppen, die wie Schalen wirken, einzeln aus dem Essen herauspulen.

Will man Fische in größeren Gewässern fangen, so gibt es verschiedene Möglichkeiten. Die gebräuchlichste ist das Angeln. Auch mit Käschern oder selbstgebastelten Netzen lassen sich Fische fangen, aber in diesen Fällen ist auch die Vorbereitung sehr umfangreich und steht in keinem Verhältnis zum wahrscheinlichen Erfolg der Fangmethode. Käscher rentieren sich in erster Linie dann, wenn man aus Schwärmen, die sich am Ufer aufhalten, Kleinfische herausfangen will, um sie als Köderfische zu benutzen, oder wenn größere Fische in unmittelbarer Ufernähe deutlich auszumachen sind. Die besten Käscher werden aus Damenstrümpfen hergestellt. Befestigt man nämlich ihre Öffnung – bei Strumpfhosen ist ein Strumpfbein abzutrennen – in einem zu einer Schlinge gebogenen Ast oder in einer Astgabel, der man mit einem Querstock zu einer dreieckigen Öffnung verhilft, so hat man ein hervorragendes Fanggerät für vom Ufer aus sichtbare Fische. Ebenso kann man ein zugebundenes Hosenbein, ein verknotetes Unterhemd oder einen gut durchlöcherten Plastikbeutel benutzen. Da aber größere Gewässer bekanntlich kleinere Zuflüsse haben, sollte man sich zunächst auf die Suche machen, ob man nicht vielleicht doch irgendwo einige Fischreusen einbauen kann. Sie haben nämlich den nicht zu unterschätzenden Vorteil, daß sich in ihnen die Fische auch ohne Treibjagd selbst fangen. Es bleibt daher genügend Zeit, andere wichtige Dinge zu unternehmen, Kräuter und Pflanzen zu sammeln, ein Lager einzurichten und eventuell Notsignale abzusenden. Sowohl das Angeln als auch das Beschleichen und Ansitzen von Wild erfordert zumeist sehr viel Zeit, und die Nahrungsbeschaffung wird zur Haupttätigkeit. Reusen und Fallen hingegen arbeiten für sich und lassen genügend Freiraum.

Ist man ohne Schußwaffe in der Wildnis, wird man auch Landtiere mit Fallen fangen müssen. Tut man dies im Geltungsbereich unserer Jagdgesetze, und liegt kein lebensbedrohender Zustand vor, der das Erlegen von Wildtieren rechtfertigen könnte, wird das Fallenstellen und Jagen als Wilddieberei schwer bestraft.

Zum Fang von Antilopen, Rehen und anderen Wildtieren eignen sich am besten Fallen aus Schlingen. Da auch in diesem Fall gilt, die Tiere nicht unnötig zu quälen, Schlingenfallen aber – insbesondere, wenn sie nicht richtig funktionieren – den Tieren große Schmerzen zufügen können, ist es unbedingt wichtig, diese Fallen in kürzesten Zeitabständen zu kontrollieren. Hierbei muß man mit besonderer Vorsicht vorgehen, denn nicht selten hat sich ein unerwünschtes Beutetier in der Falle verfangen. Alle Tiere sind in der Lage, unwahrscheinliche Kräfte in dem Augenblick zu mobilisieren, in dem sie ihren Bezwinger – den Menschen – entdecken. Der Fisch an der Angel ebenso wie ein in der Schlinge gefangenes Tier. Sollte es sich dabei versehentlich um ein Raubtier oder ein anderes aggressives Wesen handeln, muß man sehr behutsam vorgehen.

Um eine funktionstüchtige Schlingenfalle zu bauen, muß zunächst ein häufig genutzter Wildpfad gefunden werden. Anschließend verbindet man den Wipfel eines zwar kräftigen, aber doch biegsamen Baumes mit einem Seil, das man in unmittelbarer Nähe des Wildpfades etwa in Kniehöhe um einen Ast wickelt und die Baumspitze, mit der das Seil fest verbunden ist, langsam herabzieht. Um den Ast in Kniehöhe werden dann zwei bis drei Wicklungen vorgenommen, die vom Baum weg zum freien Ende des Astes führen müssen. Sie halten den Baum in gebeugter Stellung. Die Wicklungen dürfen nicht verknotet werden. Aus dem freien Ende der Schnur wird nun eine Schlinge gefertigt, die etwa einen Meter Durchmesser hat und etwa in Kopfhöhe der zu fangenden Tiere aufgehängt wird. Gerät ein Tier im Lauf in die Schlinge, wird sich diese zuziehen. Das in Panik geratene Tier wird bei seinem Fluchtversuch die Wicklungen von dem Ast reißen, an dem die Baumspitze herniedergebunden ist, so daß es durch die zurückschnellende Baumkrone mit in die Höhe gerissen wird und sich auf diese Weise stranguliert. So einfach die Funktionsweise von Schlingenfallen ist, versagen sie jedoch oft dergestalt, daß sie Tiere nicht an den Körperstellen umfassen, für die sie geplant sind. Die Tiere erleiden dadurch einen qualvollen Tod.

Eine edlere, wenn auch zeitraubendere Art ist die, Tiere mit der Waffe zu erlegen. Am wirksamsten sind hierbei der selbstgebaute Bogen und der Speer.

Um Pfeil und Bogen herstellen zu können, die mehr als nur ein

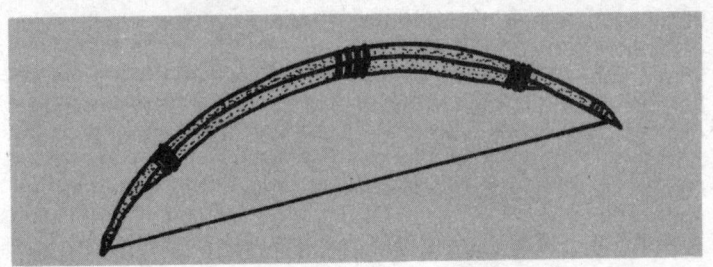

Kinderspielzeug sind, sollte man ein System nutzen, das auch die Eingeborenen in Afrika mit auf die Jagd nehmen. Hierzu ist hartes und gleichzeitig elastisches Material notwendig. In unseren heimischen Wäldern finden wir dies bei den Haselnußsträuchern, an der Esche und auch bei den Kastanienbäumen. Sollten diese Holzarten nicht verfügbar sein, kann man vorübergehend auch mit anderen festen Hölzern einen Bogen bauen.

Aus zwei absolut geraden, etwa daumendicken Ästen wird der Bogen gefertigt. Ein Ast muß 1,30 Meter, der andere 80 Zentimeter lang sein. Da beide Stücke aufeinander gepaßt werden müssen, sind sie auf einer Seite abzuflachen. Der kürzere Ast erhält über seine gesamte Länge eine flache Seite. Bei dem längeren Ast stellt man zunächst dessen Mitte fest und geht von dieser in jede Richtung 40 Zentimeter nach außen und flacht diesen 80 Zentimeter langen Bereich ab. Bevor man die beiden Äste nun aneinander paßt, spitzt man ihre Enden an und beseitigt Unebenheiten entlang der Paßflächen. Danach legt man die Äste mit den angeflachten Seiten aneinander und verbindet sie mit einem Strick; am zweckmäßigsten einmal in der Mitte und zum anderen dort, wo der kürzere Ast endet. Diese Wicklungen müssen stramm und dicht sein.

Nun muß der Bogen gespannt werden. Hierfür nimmt man eine nicht zu dicke Schnur, die etwa 15 bis 20 Zentimeter kürzer als der Bogen sein sollte. Sie wird durch Kerben in den Bogenenden geführt und am Bogen verknotet.

Um eine zufriedenstellende Treffsicherheit zu erreichen, muß man für das Holz der Pfeile sehr gerade, dünne Äste aussuchen. Am besten nimmt man die des Nußbaums, die auch eine entsprechende Festigkeit mit sich bringen. Sie sollten etwa einen halben Meter lang sein. Um den Luftwiderstand der Pfeile zu reduzieren, müssen die Stöcke von der Rinde befreit werden und austrocknen. Anschließend spitzt man sie an einem Ende an und schneidet passend für die Sehne des Bogens eine Kerbe hinein. Nun benötigen die Pfeile noch Stabilisatoren. Sie können einmal aus Segmenten der Vogelfedern, aus Papier oder dünner Pappe bestehen. Wichtig ist dabei, daß die Stabilisatoren seitlich nicht allzu stark hervorstehen; sie könnten sonst beim Abflug durch Anstoßen an den Bogen dem Pfeil eine unerwünschte Richtungsänderung geben. Um die kleinen Flügel am hinteren Pfeilende zu befestigen, kann man sie aufkleben, festbinden oder in kleine, zuvor angebrachte Schlitze stecken. Man benützt entweder drei sternförmig angeordnete Stabilisierungsflossen oder ordnet sie so an, daß sie über Kreuz stehen. Wichtig ist die Symmetrie, da der Pfeil sonst Kurven beschreibt.

Ein solcher Bogen ist eine richtige Waffe, mit der man vorsichtig umgehen muß. Wer mit einem solchen Bogen genau zielen will, kann sich Visiereinrichtungen einbauen. So markiert er an der Sehne eine Stelle farbig, die er künftig beim Zielen stets auf Nasenspitzenhöhe bringt, damit hat der Schütze einen Fixpunkt. Beim Einschießen des Bogens wird er weitere Punkte dort markieren, wo der Pfeil beim Abschuß am Bogen anliegt.

Beim Schießen mit Pfeil und Bogen ist insbesondere der Unterarm jener Hand gefährdet, die den Bogen hält. Nur zu leicht rutscht die nach vorn schnellende Sehne des Bogens an ihm entlang, was zu unangenehmen Verletzungen insbesondere dann führen kann, wenn viel geschossen wird und die Sehne oft auf den Unterarm aufprallt. Man kann sich schützen, indem man sich ein Stück Rinde um den Unterarm bindet.

Ein Speer ist mit relativ einfachen Mitteln zu bauen. Ein gerader, starker Ast des Haselnußstrauches oder der Esche erhält eine scharf geschliffene Spitze, am einfachsten dadurch, daß ein Messer zur Speerspitze umfunktioniert wird. Da man aber meist nur ein Messer bei sich hat und ein Speer bei der Jagd verlorengehen kann, empfiehlt es sich, die Speerspitzen aus anderen Materialien zu erstellen. Dazu gehören natürlich ein wenig handwerkliches Geschick, Phantasie und Ausdauer. So kann man ähnlich wie die Steinzeitmenschen Lanzenspitzen aus scharfkantigen Feuersteinen herausarbeiten, sie aus hartem Holz in Form einer Messerschneide schnitzen oder aus dem Blech leerer Konservendosen herausarbeiten.

Wichtig bei allem ist, daß der Speer eine ausgewogene Flugbahn beschreiben kann und daß sein Griff stets den Schwerpunkt bildet, der beim Wurf mit der Hand umfaßt wird. Die Länge eines Speeres sollte der Körpergröße des Benutzers entsprechen.

Anders als in der heimischen Küche muß der Abenteurer, der auf sich gestellt ist, die erlegten Tiere besser ausbeuten, als dies in einer zivilisierten Gesellschaft geschieht. Es reicht nicht, daß er sich an dem Fleisch satt ißt; er muß auch wissen, wie er Därme, Sehnen, Knochen, Zähne und das Fell der Tiere verwerten kann. Selbst ein abgenagter Fisch bietet mit seinen Gräten noch Nadeln, mit denen Tücher oder Felle zusammengesteckt werden können. Seine ungenießbaren Teile wie Kopf und Schwanz können als Köderfallen ausgelegt werden.

Schonzeiten

Wer sich in Wald und Flur bewegt, sollte auch die speziellen Schonzeiten jagdbarer Tiere kennen. Sie wurden eingerichtet, um den Tieren, entsprechend ihrem Lebensrhythmus, die Möglichkeit zur Vermehrung und der Aufzucht ihres Nachwuchses zu geben.

Schonzeit von/bis	Tierart
1. 1. - 15. 7.	Bekassin
16. 1. - 30. 6.	Dachs
16. 1. - 15.10.	Fasan, Hase
26. 1. - 31. 7.	Wildente, Wildgans
1. 2. - 31. 8.	männliches Dam- und Sikawild
1. 2. - 31. 7.	weibliches Dam- und Sikawild
1. 2. - 30.11.	Edelmarder, Steinmarder, Otter
1. 2. - 31. 7.	Muffelwild
1. 2. - 31. 8.	weibliches Rehwild
1. 2. - 31. 7.	männliches Rotwild
1. 2. - 30. 7.	weibliches Rotwild
1. 2. - 15. 6.	Schwarzwild
1. 5. - 30. 6.	Ringeltaube
1. 5. - 31. 3.	Trapphahn
1. 6. - 30. 4.	Auer-, Birk-, Rackelhahn
16.10. - 31. 8.	männliches Elchwild
1.11. - 31. 9.	weibliches Elchwild
1.11. - 31. 8.	Haselhahn
1.12. - 31. 8.	Rebhuhn
16.12. - 31. 7.	Gamswild

Kein Überleben ohne Wasser

Fernab von jeglicher Zivilisation kann nur bestehen, wer über ausreichende Nahrung verfügt. Mehr noch als Nahrung benötigt der Körper Flüssigkeit, unter normalen Voraussetzungen täglich mindestens zwei Liter. Hungert er aber, oder ist er bei Hitze großen Anstrengungen ausgesetzt, kann sich der Bedarf bis auf zehn Liter erhöhen.

In unseren Breiten ist die Gefahr des Verdurstens weniger gegeben, man findet meist genügend Quellen oder saubere Bäche, aus denen im Notfall Trinkwasser bezogen werden kann. Dennoch sollte man wissen, wie man in Notfällen oder in extremen Situationen jederzeit Wasser gewinnen kann.

Man wird beim Verfolgen von Tierspuren schon bald an eine Wasserstelle gelangen. Um zu wissen, welche Spur zum Wasser hin, welche von der Wasserstelle wegführt, muß man auf die seitlich einmündenden Spuren achten. Sie werden niemals stumpf im rechten Winkel auftreffen, sondern stets zur Wasserstelle weisend im spitzen Winkel einmünden. Sind Tierspuren nicht eindeutig auszumachen, so empfiehlt es sich stets bergab zu gehen, um an einen Bach oder zumindest an ein Rinnsal zu gelangen.

Im Sommer kann man sich anhand der Dichte von Mückenschwärmen zum Wasser hin orientieren. Werden die Schwärme stärker, so bewegt man sich auf eine Wasserstelle zu. Auch die Pflanzen geben Signale. Rund um Feuchtgebiete nämlich nehmen die großblättrigen Pflanzen zu, ihr Wuchs wird üppiger. Entdeckt man Erlen oder Weiden, so kann man annehmen, einem Feuchtgebiet sehr nahe zu sein.

In solchen Feuchtgebieten ist es leicht, auch ohne offenen Wasserlauf Trinkwasser zu gewinnen. Hier muß man nur entsprechend tief graben, und schon stößt man auf Grundwasser. Liegt der Grundwasserspiegel aber tiefer, so gibt es zumindest genügend Feuchtigkeit, die sich ausbeuten läßt. Dies kann geschehen, indem man ein Tuch oder einen saugfähigen Stoff – es kann ein Unterhemd sein – in die Grube steckt und darauf wartet, daß es mit Feuchtigkeit durchtränkt wird. Anschließend kann man es über einem Gefäß auswringen.

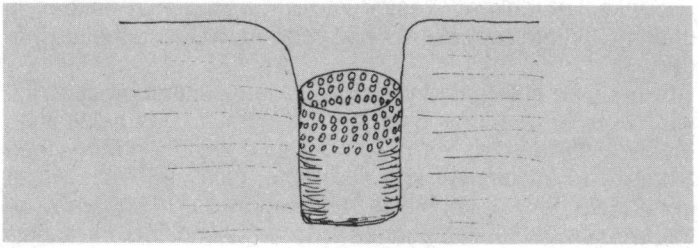

Im feuchten Erdreich kann man mit Hilfe von Konservendosen Wasser gewinnen. Sie werden im oberen Drittel rundum durchlöchert und so in das Erdreich gestellt, daß die Seitenwände der Grube rundum fest anliegen. Schon bald wird Feuchtigkeit durch die Löcher in die Dose sickern, sich das Wasser im unteren Teil sammeln. Am Fuß eines Berges hält sich Regenwasser mitunter viele Tage, aber auch in Bodensenken oder im Bereich unterhalb von Felsen. Findet man auf Wassersuche nur ein ausgetrocknetes Bachbett vor, so muß man nicht verzagen. Oft ist auch hier im Erdreich noch genügend Wasser gesammelt, das als Trinkwasser genutzt werden kann. Am besten sucht man in derlei Fällen die Außenseiten der Bachbiegungen auf und gräbt hier nach Wasser.

Die beste Möglichkeit, einen Trinkwasservorrat anzulegen, gewährt der Regen.

Nach Möglichkeit sollte man alle vorhandenen Gefäße zum Sammeln des Regenwassers aufstellen, insbesondere dort, wo das Wasser von großen, sauberen Flächen zu einem Punkt hin abgeleitet wird. Dies können schräg liegende Fels- oder Steinplatten, Kunststoffplanen oder das Dach des Zeltes sein. Durch das Umstecken der Zeltstangen kann man den Wasserverlauf auf der Plane recht gut beeinflussen. In extremen Notsituationen, in denen man kein Gefäß zum Sammeln des Regenwassers hat, darf man sich nicht scheuen, auch die Stiefel als Sammelbehälter zu nutzen.

Im Winter, bei Schnee und Eis, muß man keine Angst vorm Verdursten haben. Wichtig ist aber, daß man Eis nicht in ganzen Stücken hinabschlingt, sondern langsam im Mund tauen läßt. Auch der Schnee unserer Berggipfel kann jederzeit als Trinkwasser genutzt werden. Anders sieht es hier jedoch in der Nähe von Großstädten und Industriegebieten aus. Hier kann sowohl Regen als Schnee mit giftigen Substanzen durchsetzt sein. Auch sollte man nie Schnee- oder Trinkwasser aus unmittelbarer Nähe stark befahrener Kraftfahrzeugstraßen als Trinkwasser nutzen.

Achtung: Nicht alles, was wie Wasser aussieht, ist als Trinkwasser geeignet. Gewinnt man auf die bisher beschriebenen Arten Wasser, so ist es mindestens zehn Minuten abzukochen, um alle Krankheitserreger abzutöten. Erst dann kann man es bedenkenlos trinken. Wasser ist nicht unbegrenzt haltbar; in faulem Zustand verursacht es oft schwerste Gesundheitsschäden.

Obwohl man auf dem Meer von Wassermassen umgeben ist, ist schon so mancher Seemann verdurstet. Das salzhaltige Meerwasser entzieht dem Körper des dürstenden Menschen zusätzlich Feuchtigkeit und darf daher nicht als Trinkwasser genutzt werden. So konnte es vorkommen, daß in früheren Zeiten ganze Schiffsbesatzungen auf den unendlichen Wasserflächen verdurstet sind. Dennoch gibt es eine Möglichkeit, Trinkwasser zu gewinnen. In nördlichen Gewässern kann man die Eisschollen als Süßwasserlieferanten benutzen. Sie verlieren mit der Zeit ihren Salzgehalt und bestehen schließlich vorwiegend aus Süßwasser.

Es besteht die Möglichkeit, Fischen die gespeicherte Flüssigkeit zu entnehmen, da sie den Salzgehalt des Wassers ausscheiden. Die Fische müssen in Scheiben geschnitten, in ein Tuch eingewickelt und ausgewrungen werden. Da es im Meer giftige Tiere gibt, muß man sich beim Auspressen der Flüssigkeit auf Fische beschränken und andere Meeresbewohner meiden.

Unterwegs Essen

Nach einiger Übung wird man genügend Erfahrung gesammelt haben, um die Garzeiten über offenem Feuer richtig einschätzen zu können. So lange die mitgeführten Küchen- und Kochgeräte vorhanden sind, bereitet das Kochen kaum Probleme. Doch auch ohne Kochgeschirr lassen sich warme Speisen zubereiten.

So kann man Fleisch, nachdem es mit Salz und Pfeffer bestreut wurde, auf selbstgefertigte Spieße stecken und über der Holzkohlenglut grillen. Über dieses Verfahren wurde schon in dem Kapitel über die jeweils richtigen Feuerstellen berichtet. Außerdem kann man Fleisch mit einer Lehmhülle umgeben und in die Holzkohlenglut legen. So eingeschlagen, wird es von selbst braten und saftig bleiben. Vögel und Fische können ebenfalls auf diese Weise zubereitet werden. Dabei ist es nicht einmal nötig, den Vogel zu rupfen, wenn man ihn in Lehm einwickelt. Die Federn verkleben sich mit dem Lehm, sobald dieser durch die Hitze hart wird. Bricht man den Lehm auf, wird der Vogel, wie eine Nuß aus ihrer Schale, ohne Federn gebraten herauskommen. Will man Geflügel auf eine andere Art zubereiten, so müssen die Tiere unmittelbar nach dem Schlachten gerupft werden, weil sie dann am leichtesten von ihrem Federkleid zu trennen sind.

Fehlt sauberes Trinkwasser, um eine schmackhafte Soße zum saftigen Fleisch zubereiten zu können, so kann man das Fleisch in etwa zwei Zentimeter starke Würfel schneiden und gemeinsam mit Pfefferkörnern, Salz und einigen Lorbeerblättern ins Kochgeschirr geben, dieses fest verschließen und in einen mit glühender Holzkohle gefüllten Graben stellen. Das Kochgeschirr muß hierbei mit der glühenden Holzkohle bedeckt und umgeben werden. Dabei häuft man eine leichte Schicht Erdboden auf, und nach zwei bis drei Stunden ist das Fleisch weich, saftig und sehr schmackhaft. Zudem hat sich auf dem Boden des Kochgeschirrs der Fleischsaft gesammelt, den man als Soße nutzen kann.

Kartoffeln kann man in der Asche des Feuers braten. Die Feuerstelle darf nicht zu klein sein, damit man die Asche aus der Feuermitte etwas herausschieben kann. In diese heiße Asche werden ungeschälte Kartoffeln eingegraben und mit einem Stock hin und wieder gewendet. Wichtig ist, daß sie stets rundum mit heißer Asche bedeckt sind. Kartoffeln, auf diese Art gebraten, haben einen ausgezeichneten Geschmack. Sie bleiben angenehm mehlig, die Schale wird braun und knusprig und kann getrost mitgegessen werden. Ist die Asche sehr gut heiß, benötigen die Kartoffeln etwa eine Stunde, um gar zu werden.

Jeder Wanderer sollte in der Lage sein, auch sein Brot selbst zu backen. Am Abend vor dem Brotbacken etwa einen halben

Liter warmes Wasser mit Mehl verrühren und darauf achten, daß die solcherart entstehende Masse nicht zu fest wird. Diesen Teig muß man über Nacht nur an einem warmen Ort stehen lassen, schon ist der Teig am nächsten Tag gebrauchsfertig. Um Brot backen zu können, drückt man ihn in das zuvor mit Mehl bestreute Kochgeschirr, verschließt den Deckel gut und gräbt eine Grube, in der das Gefäß genügend Platz hat. Mit der ausgehobenen Erde erhöht man die Seitenwände des Lochs. Darin zündet man ein Feuer an und läßt das Holz so weit niederbrennen, daß nur noch glühende Holzkohle übrigbleibt. Nun wird das Kochgeschirr hineingestellt und mit glühender Kohle umgeben. Schon nach etwa einer halben Stunde ist das Brot fertig gebacken.

Brotfladen sind auf längeren Touren unter Eigenverpflegung fast unerläßlich. Sie werden aus dem gleichen Teig wie das zuvor beschriebene Brot hergestellt. Den Geschmack kann man dadurch verfeinern, daß man dem Teig etwas Milch zugibt und entweder mit einer Prise Zucker oder mit Gewürzen, wie zum Beispiel Kümmel, anreichert. Am besten gelingen Brotfladen, die man auf heißen Steinen zubereitet. Zur Herstellung des Fladens macht man eine kleine Teigkugel, legt sie auf ein Brett oder einen sauberen, ebenen Stein und wälzt daraus den Fladen, bis er die Form eines Pfannkuchens hat. Ist keine Teigrolle vorhanden, leisten eine Konservendose, eine Flasche oder andere runde Gegenstände den gleichen Dienst. Nach der Dicke des Teigs ist die Zubereitungszeit zu bemessen. Der Fladen sollte von beiden Seiten gebacken werden.

Bei mehrtägigen Wandertouren sollte man den Speiseplan so abstimmen, daß er den Erfordernissen und Belastungen gerecht wird. So muß das Frühstück kräftig sein, das Abendessen eine warme Speise vorsehen. Für den Mittagstisch genügen Brote und Salate. Während das kräftige Frühstück aus Müsli, weich gekochten Eiern, Brot, Schinken, Wurst, Quark und Käse sowie Honig und Joghurt bestehen sollte, genügen zum Mittagessen Blattsalate, frische Gemüsesorten, harte Eier, Schinken-, Wurst- und Käsebrote. Am Abend dann stehen die warmen Menüs auf dem Speiseplan. Diese Aufteilung hat den Vorteil, daß das Mittagessen bereits vorbereitet mitgenommen werden kann und ohne größere Aufbauten von Kochern oder Einrichten von Kochstellen zu verzehren ist. Hierdurch wird einmal Zeit gespart, zum anderen werden keine unnötigen Balaststoffe zur Mittagszeit aufgenommen.

Da nicht jeder, der die Wanderstiefel schnürt, um mehrere Tage in der Natur Erholung zu finden, ein hervorragender Koch sein muß, hier zur Hilfestellung einige einfache Rezepte:

Müsli zum Frühstück. Verzichtet man auf fertige Müsli-Trockenmischungen, kann man sie sich selbst zusammenstellen. Hierzu benötigt man pro Person drei Eßlöffel Haferflocken, einen Viertelliter Milch oder einen Becher Joghurt, einen Eßlöffel Rosinen, einen Teelöffel Zucker und einen Apfel. Den Apfel schneidet man in Scheiben und mischt ihn mit den anderen trocknen Zutaten in einem Gefäß. Anschließend wird Milch darüber gegossen, das Müsli ist fertig. Es empfiehlt sich, den Müslibrei einige Zeit ziehen zu lassen, damit sich sein Geschmack verfeinert.

Nudeln mit Käse. Nudeln lassen sich im trocknen Zustand sehr leicht transportieren und werden daher bevorzugt für die Wandererküche genutzt. Um für eine Person ein Nudelgericht anrichten zu können, benötigt man eine mit trockenen Nudeln gut gefüllte Tasse, Streukäse, Salz, zwei Tomaten und, wenn möglich, eine wasserlösliche Fertigsoße. Die Nudeln werden in kochendes Salzwasser gegeben und darin etwa zehn Minuten lang weichgekocht. Anschließend werden sie abgegossen. Ist kein Sieb vorhanden, muß man sich mit einem groben Stoff behelfen. Danach wird die Tomatensoße angerührt (entsprechend der Anweisung auf der Verpackung), die in Scheiben geschnittenen Tomaten werden leicht angebraten. Nachdem die Soße über die Nudeln gegeben wurde, werden die Tomatenscheiben darauf gelegt und die gesamte Speise zum Schluß kräftig mit Käse bestreut.

Eiertoast. Man benötigt einen Eßlöffel Öl, einen Eßlöffel Milch, Salz und Pfeffer, vier Toastscheiben und drei Eier. Diese Zutaten reichen für zwei Personen. Zunächst werden die drei Eier in eine Schüssel geschlagen und mit Milch, einer Prise Salz und einer Prise Pfeffer gemeinsam verquirlt. Die Toastscheiben – es können natürlich auch normale Brotscheiben sein – werden für einige Minuten in die verquirlten Eier gelegt, während in der Pfanne schon das Öl erhitzt wird. Nun wird jede Scheibe von beiden Seiten goldgelb gebacken.

Omelette. Wer ein Omelette für zwei Personen zubereiten möchte, benötigt neben Salz und Pfeffer vier Eier, einen Eßlöffel Öl, drei Eßlöffel Milch und für die Füllung je nach Geschmack Schinken, Käse, gekochtes Gemüse oder Pilze. Zunächst werden die vier Eier gemeinsam mit einer Prise Salz und Pfeffer und der Milch zu einem flüssigen Teig verquirlt. Dann wird in der Pfanne das Öl erhitzt und die Hälfte des Teigs hineingeschüttet. Bei fester Oberseite ist das Omelette fertig. Nun muß es gefüllt werden. Hierzu eignen sich gekochtes Gemüse, Schinken, Käse oder Pilze. Mit der Füllung wird das Omelette bestrichen, anschließend zusammengeklappt und serviert.

Picknick-Hackbraten. Man benötigt zwei Stangen Lauch, 400 Gramm gemischtes Hackfleisch, 100 Gramm durchwachsenen Speck, zwei Eßlöffel Mehl, zwei Eier, ungefähr ein Achtelliter Milch, Salz, schwarzen Pfeffer, zwei Eßlöffel gehackte Petersilie, Margarine für die Form sowie vier hartgekochte Eier.

Zuerst den Lauch putzen und in feine Ringe schneiden, dann waschen und abtropfen lassen. Zusammen mit dem Hackfleisch, dem in Streifen geschnittenen Speck, Mehl, Milch, Gewürzen, Petersilie und den Eiern zu einem Teig verarbeiten. Dann sollte man die Form vorbereiten. Da man bei einer Wanderung auf leichtes Gepäck achten sollte, empfiehlt sich eine Kastenform aus Alufolie (als Gefrierform im Fachhandel erhältlich). Diese Form sollte eingefettet und anschließend mit Semmelbröseln ausgestreut werden. Dann wird ein Drittel des Teigs in die Form gegeben. Anschließend die hartgekochten Eier schälen und nacheinander auf das Fleisch in der Form geben. Das restliche Fleisch darauf verteilen und leicht andrücken. Anschließend im Ofen auf der unteren Schiene bei guter Mittelhitze ungefähr 60 Minuten backen. Nach dem Abkühlen läßt sich der Hackbraten in der Aluminiumform sehr gut transportieren.

Kuchen für die Wanderung. Man benötigt 125 Gramm Butter, vier Eier, 170 Gramm Zucker, eine Prise Salz, ein halbes Pfund Mehl sowie eineinhalb Teelöffel Backpulver. Fett und Semmelbrösel für die Form verstehen sich von selbst. Das Fett sollte zerlassen werden. Zutaten wie Eier, Zucker und Salz kann man in der Zwischenzeit bereits schaumig rühren. Dann gibt man das zerlassene Fett hinzu. Das mit Backpulver gemischte Mehl nach und nach in die Fettmasse hineingeben und dabei gut durchrühren. Den Teig in die gefettete Springform geben und auf der unteren Schiene ungefähr 30 Minuten bei 200 Grad backen (Gasherd Stufe 3). Anschließend kann man den Kuchen noch mit einer sehr feinen Glasur versehen. Hierzu benötigt man 50 Gramm Butter, einen Eßlöffel Mehl, eine Prise Salz, einen Eßlöffel Kaffeesahne, 85 Gramm Zucker sowie eine Tüte Mandelsplitter. Die Zutaten alle gemeinsam unter Rühren erhitzen bis sie abbinden. Dann den Kuchen bestreichen und nochmals 15 Minuten backen.

Schmackhaftes aus dem Vorratsschrank der Natur

Beim Aufenthalt in Wald und Feld ist der Tisch für Wanderer und Abenteurer stets reich gedeckt. Man muß nur wissen, welche Pflanzen genießbar sind und welche Zubereitungsart sich empfiehlt. Voraussetzung für die hier beschriebenen Gerichte aus dem Vorratsschrank der Natur ist, daß das Land nicht zuvor mit Chemikalien wie Kunstdünger und Insektenvernichtungsmitteln bearbeitet wurde. Anderenfalls scheiden alle darauf gedeihenden Pflanzen zur Ernährung des Wanderers aus. Vergiftungen und schwere gesundheitliche Schäden können auftreten, wenn chemische Hilfsmittel der Landwirte in den menschlichen Organismus gelangen.

Auf naturbelassenen Wiesen findet der Wanderer das Gras als vitaminreiche Nahrung. Insbesondere das untere, saftige Ende ist genießbar, man kann es sogar roh essen. Eine schmackhafte Suppe läßt sich aus Grassamen bereiten, wenn man sie in Wasser kocht. Einen pikanten Salat kann man aus Sauerampfer zusammenstellen. Man findet ihn in Frühjahr und Sommer auf feuchten Wiesen, in feuchten Wäldern und an Grabenrändern. Er ist nicht nur appetitanregend, sondern führt dem Körper auch reichlich Mineralstoffe und Vitamine zu. Von ihm verwendet man die grasgrünen, lanzenförmig zulaufenden Blätter. Dort, wo der Stiel in das Blatt mündet, bildet der Sauerampfer zu beiden Seiten zwei Spitzen aus. Schneidet man seine Blätter in dünne Streifen und dünstet sie zusammen mit Zwiebelscheiben, etwas Salz und Muskat weich, so kann man ihn, gebunden mit heller Mehlschwitze und etwas saurer Sahne, als vortreffliches Gemüse zubereiten.

Oft kommt es vor, daß Salatkräuter zu herb oder bitter schmecken. Dennoch sollte man nicht auf ihren Genuß verzichten; schließlich sind sie sehr gesund und es gibt einige Tricks, um den herben, bitteren oder scharfen Geschmack zu mildern. Fügt man nämlich einem Liter Wasser zwei Teelöffel Kochsalz zu und läßt diese Salzlösung aufkochen, muß man die besonders bitteren Kräuter darin abbrühen. Schon nach etwa drei Minuten kann man sie aus dem Salzwasser herausnehmen; der nun weitaus mildere Geschmack paßt hervorragend in jeden Salat. Will man die Kräuter nicht überbrühen, so kann man sie ganz fein pürieren und unter Kartoffelpüree mischen. Man erhält so einen angenehm schmeckenden grünen Brei.

Nach der gleichen Methode wird mit den Blättern der Himbeere verfahren. Erntet man sie im Frühjahr, erhält man ein vitaminreiches Gemüse. Im April und Mai bietet sich der Huflattich als ein magenfreundliches, appetitförderndes Gemüse an. Die Blätter der Klette ergeben einen gesunden Salat; Stengel und

Wurzelwerk eignen sich als Gemüse. Hierzu muß man Stengel und Wurzeln schälen, um zu dem angenehm schmeckenden Mark vorzudringen. Während man das Mark zunächst etwa zehn Minuten lang in Wasser kocht, muß es anschließend in einer schwachen Fleischbrühe noch einmal aufgekocht, mit Salz und Pfeffer gewürzt, einer Messerspitze Butter versehen und mit Mehl leicht bestäubt werden. Besonders gut schmeckt Klettengemüse zu Wildgerichten und Rinderbraten. Die Blätter der Klette erntet man im Frühjahr, die Wurzeln im Herbst.

Von Mai bis Juni spendet auch die Linde schmackhaftes Gemüse. Hier gilt die gleiche Zubereitung wie für Sauerampfer, Löwenzahn oder Brombeerblätter.

Wer sich über längere Zeit aus der Speisekammer der Natur ernährt, wird bald selbst Kompositionen finden, um Salate, Gemüse und Gewürze aufeinander abzustimmen. Einen zünftigen Waldläufer hält der zunächst absonderliche Geschmack einiger dieser Kräuter nicht von deren Genuß ab.

Aus dem jungen Grün von Fichten und Tannen kann man durchaus einen sehr aromatischen, vitaminreichen Trunk brühen. Man darf sie jedoch nicht mit den giftigen Eiben verwechseln, die in allen ihren Pflanzenteilen sehr giftig sind. Oft hört man, daß sich Abenteurer über längere Zeit von Baumrinden ernährt haben und ist versucht, das Gesicht zu verziehen. Hat man es selbst einmal ausprobiert, läuft einem nur noch das Wasser im Mund zusammen; denn das dünne Pflanzengewebe zwischen borkiger Rinde und Baumstamm, auch Innenrinde genannt, ist besonders an Tannen, Fichten und Weiden sehr schmackhaft. Man kann es als Suppe aufkochen, roh essen oder aber – und das ist oft wichtig – als Mehl verwenden. Dazu muß man es zuvor trocknen und anschließend pulverisieren. Besonders angenehm schmeckt die in Streifen geschnittene, gelbe Innenrinde der jungen Birken.

Bei aller Suche nach Nahrung aus der Natur muß darauf geachtet werden, daß weder Bäume noch Sträucher in ihrem Fortbestand gefährdet werden. So sollte man nur in äußersten Notfällen eine lebende Birke schälen, um ihre Innenrinde zu erhalten. Bäume benötigen ihr Rindenwerk und sterben, wenn man es ihnen entzieht.

Bei dem Angebot an Grünpflanzen, Rinden und Wurzeln besteht keine Notwendigkeit, unbekannte Beeren oder Pilze zu essen. Man sollte nur dann zugreifen, wenn man sie ganz genau kennt. Bei Beeren und Pilzen haben selbst beste Beschreibungen, Zeichnungen und Fotografien zu verhängnisvollen Irrtümern geführt. Schon aus diesem Grund sollte jeder, der sich dafür interessiert, versuchen, nicht aus der Theorie heraus sich Fachwissen anzueignen, sondern in praktischen Kursen und in gemeinsamen Pilz- und Beerensammler-Wanderungen die notwendigen Grundkenntnisse zu erwerben. Illustrierte Schautafeln und Bücher können dieses Wissen erst anschließend vervollständigen und als Nachschlagewerke dienen.

Feindseliges

Für den Bergwanderer geht von Steinschlag und Steinlawinen große Gefahr aus. Hin und wieder sind an Wanderwegen besonders gefährdete Stellen mit Hinweistafeln gekennzeichnet. Im Sommer besteht die Gefahr von Stein- oder Geröllawinen insbesondere während und nach heftigen, langanhaltenden Regenperioden, weil oft das Erdreich, das die losen Steine und Felsbrocken zusammenhält, weggespült wird und die Gesteinsmassen sich krachend und tosend zu Tale wälzen.

Häufiger ist der Steinschlag im Winter. Durch das Wechselspiel von Wärme und Kälte dehnt sich das Gestein, zieht sich wieder zusammen und dehnt sich aufs neue. Hierdurch entstehen ganz feine Risse und winzige Spalten, in die Feuchtigkeit eindringen kann. Gefriert die Feuchtigkeit in den Rissen, so treibt sie mit ungeheurer Kraft die Steine auseinander und spaltet sie wie ein Keil. Das Heimtückische dabei ist, daß das Eis die abgespaltenen Felsenteile noch festhält. Erst wenn am Morgen die Sonne auf den Hang scheint und das Eis zu schmelzen beginnt, gibt es seine zentnerschwere Last frei: die abgespaltenen Felsbrocken poltern zu Tal. Daraus ist zu ersehen, daß die gefährlichste Zeit des Steinschlags die frühen Morgenstunden sind.

Der Wanderer sollte daher steinschlaggefährdete Gebiete zur Zeit des Sonnenaufgangs und während der Vormittagsstunden meiden.

Auch Blitzschlag und heftige Sturmböen sind oft Auslöser von Steinlawinen.

Stellt der Wanderer fest, daß er sich in einem gefährdeten Gebiet befindet und daß sich neben ihm Felsen oder Steinhalden mit lockerem und brüchigem Gestein auftürmen, so muß er diesen Hang besonders gut beobachten. Zeigen Felsflächen oder der Erdboden deutlich Spuren von aufgeprallten Steinen, ist besondere Vorsicht geboten.

Muß der Wanderer ein steinschlaggefährdetes Gebiet durchqueren, tut Bedacht not. Zunächst sucht er sich Deckungsmöglichkeiten, aus denen er den Hang aufmerksam beobachtet, und beeilt sich, von Deckung zu Deckung zu gelangen. Gelingt das nicht, muß er sich die Fallinie des herannahenden Steins genau ansehen, um im letzten Augenblick ausweichen zu können. Unberechenbar sind die Fallinien in Schluchten, Rinnen oder schmalen Bergtälern. Hier tanzen die Steine von einer zur anderen Seite wild durcheinander, prallen bald senkrecht nach oben, springen anschließend im Zick-Zack-Kurs bergab. Ist man mit einer Gruppe unterwegs, so werden steinschlaggefährdete Gebiete prinzipiell einzeln überwunden. Während ein Mitglied der Gruppe von Deckung zu Deckung geht, beobachten die anderen aufmerksam und melden durch lautes Rufen das Nahen herabstürzender Felsbrocken.

Bei Wanderungen ist es mitunter unumgänglich, Landstraßen zu benutzen. Im Normalfall wird man bestrebt sein, nur Teilstücke zurückzulegen. Auch hierbei gilt es, gewisse Regeln zu beachten und Sicherheitsvorkehrungen zu treffen. So gehen Wanderer auf Land- und Bundesstraßen, wenn kein separater Fußweg ausgezeichnet ist, stets auf der linken Fahrbahnseite. Nur so ist es möglich, die entgegenkommenden Fahrzeuge rechtzeitig zu sehen und ihnen gegebenenfalls auszuweichen. Wichtig ist es, daß Wanderer stets darum bemüht sind, als Straßenverkehrsteilnehmer rechtzeitig auf sich aufmerksam zu machen. Dies kann durch Armbinden und Westen in Leuchtfarben geschehen. Bei Dunkelheit empfehlen sich außerdem Rückstrahler, die man am Gepäck leicht anbringen kann und die, als Armbinden getragen, auf sich aufmerksam machen. Besonders hellere Strahler, wie in Fahrradpedalen, zeichnen sich durch ihre Leuchtkraft aus.

Tiere, vor denen man sich hüten sollte

Das Wandern in unseren Wäldern ist relativ gefahrlos. Es gibt weder heimtückisch-lauernde Raubkatzen noch Wölfe, Bären, Krokodile oder Nashörner. Trotzdem sollte der Wanderer wissen, daß auch bei uns Gefahren von Tieren ausgehen können. Diese sind zwar so gering, daß man sich deshalb das Wandern nicht verleiden lassen sollte. Bei entsprechenden Vorsichtsmaßnahmen und richtigem Verhalten kann man sie sogar fast gänzlich ausschließen.

Die größte unmittelbare Gefahr geht von den Giftschlangen aus. Sie produzieren in Giftdrüsen ein Sekret, das sie beim Biß durch einen Ausflußkanal des Giftzahns in die Wunde spritzen, um ihre Beutetiere zu töten.

Bei uns gibt es zwei Giftschlangenarten, deren Biß für den Menschen tödlich ist, wenn nicht unmittelbar ein Gegenserum gespritzt wird. Es sind dies die Kreuzotter und die Aspisviper. Beide gehören der Familie der Vipern an. Während die Kreuzotter in der gesamten Bundesrepublik zu Hause ist und in verschiedenen Bereichen unterschiedlich stark auftritt, ist die Aspisviper nur im Südzipfel des Schwarzwaldes anzutreffen.

Die Kreuzotter kann etwa 85 Zentimeter lang werden und ist an ihrem dunklen Zickzackband auf dem Rücken gut zu erkennen. Die Grundfarbe der männlichen Schlange ist graubraun, das Weibchen weist eine dunkelbraune Grundfarbe auf. Beide haben einen dunklen Bauch. Vielfach ist von Höhlenottern und Kupferottern die Rede. Dies sind Kreuzottern, die lediglich eine andere Färbung aufweisen. Die Kupferotter ist rotbraun, die Höhlenotter fast schwarz. Bei ihr kann man das Zickzackband nicht immer klar erkennen.

Die Kreuzotter fühlt sich sowohl im Bereich der Moore als auch in lichten Wäldern mit sonnenbeschienenen Hängen sehr wohl. Ein bevorzugter Lebensraum ist auch das Heidegebiet. Auf ihrem Speiseplan steht der Verzehr von Mäusen ganz obenan, aber auch Frösche und Eidechsen gehören zu ihrer Nahrung.

Die Aspisviper hat den gleichen Speiseplan. Sie erkennt man an ihren dunklen Querbändern auf dem graubraunen Rücken. Diese Querbänder sehen aus wie das zerrupfte Zickzackmuster der Kreuzotter. Auch ihr Bauch ist dunkel. Ihr Lebensraum sind sonnenbeschienene, steinige Hügel. Die Aspisviper wird ungefähr 75 Zentimeter lang und verfügt über das gleiche Gift wie die Kreuzotter.

Dieses Gift hat eine herzlähmende Wirkung und läßt das Blut gerinnen. Die wichtigste Sofortmaßnahme nach einem Giftschlangenbiß ist das Abbinden des entsprechenden Körperteils. Um aber ein Absterben der abgebundenen Gliedmaßen zu verhindern, muß von Zeit zu Zeit die Abbindung gelockert werden. Es empfiehlt sich, nach dem Abbinden durch einen kleinen Schnitt die Bißwunde zu vergrößern, um sie besser ausbluten zu lassen. Zudem muß der Verletzte jede Bewegung vermeiden, damit der Blutkreislauf nicht zusätzlich belastet wird. Weltweit wird die Sterblichkeit nach Giftschlangenbissen mit 25 Prozent angegeben. In Europa hingegen sehen diese Werte ganz anders aus. Hier überleben von 100 gebissenen Menschen 93.

Es muß nicht erst dazu kommen, daß man von einer Giftschlange gebissen wird. In Bereichen, in denen man mit dem Vorhandensein solcher Tiere rechnen muß, bedarf es eben einer gewissen Umsicht und Aufmerksamkeit, damit man nicht auf eine am Boden liegende Schlange tritt. Dies kann besonders beim Rennen geschehen, wenn man bei großen Schritten in der Kürze der Zeit nicht übersehen kann, ob eine Schlange am Boden liegt. Läßt man den Schlangen die Gelegenheit, sich zurückzuziehen, so tun sie es. Sie sind nicht aggressiv, wenn man ihnen nicht zu nahe tritt. Unterschreitet man aber ihre Fluchtdistanz, so schlagen sie in Sekundenbruchteilen zu. Hier können ein zu Boden geworfener Gegenstand oder ein vorgehaltener Stock den ersten Biß auf sich lenken, so daß man sich selbst sofort außer Reichweite begeben kann. Schlangen sehen nicht besonders gut, haben aber einen hervorragenden Tastsinn. Ihre lange, geteilte Zunge dient als Riech- und Tastinstrument. Die Schlangen nehmen selbst geringe Erschütterungen des Erdbodens wahr und entfernen sich aus dem Gefahrenbereich. Macht man sich also rechtzeitig in einem Schlangengebiet bemerkbar, so wird man es ungehindert durchqueren können. Man kann jedoch nicht ausschließen, doch mit einer Schlange unmittelbar Bekanntschaft zu machen. Eine besondere Gefahr liegt im Erklettern steiler, sonnenbeschienener Hänge. Es kann vorkommen, daß man beim Emportasten auf einen Felsvorsprung faßt, auf dem gerade eine Giftschlange ihren Mittagsschlaf hält.

Hat man Glück, dann ist es eine der vielen heimischen Natternarten, die zwar ebenfalls empfindlich zubeißen können, aber kein Gift in die Wunde spritzen. Dennoch sind solche Wunden grundsätzlich vom Arzt zu behandeln, da sich die Schlange nicht nach jedem Ratten- oder Mäusemahl die Zähne putzt und die akute Gefahr einer Blutvergiftung besteht.

Eine nicht zu unterschätzende Gefahr geht von einer anderen Tierfamilie aus: die der Wespen, insbesondere von der größten und aggressivsten Familie der Hornisse. Sie lebt sowohl in hohlen Baumstümpfen als auch im Dachgebälk von Scheunen und Häusern. Ihre Nester übersteigen oft die Größe von Fußbällen, in denen senkrecht übereinander die Waben angelegt sind. Eine Hornissen-Königin kann bis zu knapp vier Zentimeter lang werden. Die Nester werden kunstvoll mit einer Hülle umgeben, die Pergament ähnlich ist. Ein Hornissenstaat besteht aus Arbeiterinnen und der Königin. Die Arbeiterinnen nagen zum Bau des Nestes Holz von Pflöcken, Balken und Bäumen ab, kauen dies durch und stellen die papierähnliche Masse her, mit der die Waben umgeben werden. Das Eingangsloch zum Hornissennest ist entweder auf der Unterseite oder seitlich angebracht. Ein Hornissenstaat besteht aus einigen tausend Tieren. Im Gegensatz zur deutlich gelb gekennzeichneten Wespe, erkennt man die Hornisse leicht an ihrer Größe sowie an ihrer Färbung. So sind ihr Brustteil und der vordere Teil des Hinterleibs rotbraun gefärbt. Bis auf die jungen befruchteten Königinnen leben sie nur ein Jahr. Die Königinnen gründen im Frühjahr nach dem Überwintern einen neuen Staat. Die Larven der Hornissen werden – wie auch bei den anderen Wespenarten – mit zerkauten Insekten gefüttert. Die Arbeiterinnen können sich nicht fortpflanzen. Sie schlüpfen in der Zeit vom Frühjahr bis weit in den Sommer hinein. Königinnen kommen erst im Herbst zur Welt. Sie schlüpfen, im Gegensatz zu den Männchen, aus unbefruchteten Eiern. Die Begattung der Königinnen findet während des Hochzeitsfluges statt.

Wespen- und Hornissenstiche sind sehr schmerzhaft und können sogar zum Tod führen. Dies insbesondere dann, wenn ein allergischer Schock auftritt. Hornissen sind besonders deshalb gefürchtet, weil sie auf hastige Abwehrbewegungen aggressiv reagieren. Einige werden sogar so wütend, daß sie einem davonlaufenden Menschen nachsetzen und ihn hartnäckig verfolgen. Dieses Verhalten, das man in weit schwächerer Form von den anderen Wespenarten kennt, ist Anlaß genug, beim Auftauchen dieser Insekten besonders vorsichtig zu sein.

Gerade beim essen oder trinken in freier Natur muß man unbedingt darauf achten, daß man beim Zugreifen nicht in eine Wespe oder Hornisse faßt, die auf der Speise sitzt. Noch schlimmer ist es, wenn man diese Tiere mit dem Essen an oder gar in den Mund bringt. Stiche in den Rachenraum verursachen sofort ein Anschwellen und führen nicht selten zum Erstickungstod. Derartig verletzten Personen muß unbedingt sofort Eis oder anderes Kühles zum Lutschen gegeben werden. Der sofortige Transport ins Krankenhaus ist unerläßlich.

Auch von Tieren, die eigentlich nicht in die freie Natur gehören, können Gefahren für den Wanderer ausgehen. Dies sind insbesondere streunende Hunde, vor denen man sich hüten muß. Am besten macht man einen großen Bogen um sie und meldet ihr Vorhandensein beim nächsten Förster. Wird man jedoch von ihnen angegriffen, so wirkt ein kräftiger Hieb mit einem Knüppel über die Schnauze oft Wunder.

Wird man von einem streunenden Hund gebissen, so besteht auf jeden Fall die Gefahr, daß man von Tollwuterregern infiziert wurde. Es ist unbedingt sofort ein Arzt zu Rate zu ziehen und neben der entsprechenden Wundbehandlung auch eine Tollwutimpfung durchzuführen.

Von der Tollwut kann jedes wild lebende Säugetier befallen sein. Es ist daher wichtig, daß man sich von unnormal verhaltenden Tieren in freier Wildbahn fern hält. Insbesondere dann, wenn normalerweise wild lebende Tiere zutraulich erscheinen. Der größte Tollwutüberträger ist der Fuchs. Infizierte Tiere geraten in eine Beißwut und übertragen mit ihrem Speichel den Erreger. Das ist auch ein Grund, warum man verendete Tiere im Wald nicht anfassen soll. Bereits durch kleinste Wunden oder Schrammen, die man selbst nicht einmal feststellen muß, kann der Erreger in den Körper eindringen. Nach einer Infizierung kann es 20 bis 60 Tage dauern, ja sogar bis zu drei Jahren, bevor die Krankheit ausbricht. Die Krankheitserreger gelangen durch die Blutbahn ins Gehirn und wirken hier auf das Nervensystem. Die Krankheit beginnt mit nervösen Störungen, es folgen Schluckbeschwerden insbesondere beim Wassertrinken. Der Patient hat außerdem eine Scheu vor Wasser, bekommt Fieber und im Endstadium Anfälle von Raserei und Tobsucht, die einen sehr qualvollen Tod einleiten.

Das Verhalten der wild lebenden Tiere kann je nach Stadium der Krankheit unterschiedlich sein. So kann durchaus ein Rehbock apathisch und zutraulich sein oder aber in wilder Raserei versuchen, den Wanderer auf seine Hörner zu spießen. Ähnlich verhält es sich mit Wildschweinen und anderen, freilebenden Tieren.

Doch auch bei der Begegnung mit gesundem Schwarzwild sollte man Vorsicht walten lassen. Wildschweine sind sehr scheue Tiere und ziehen es vor, Menschen aus dem Weg zu gehen. Dennoch kann es vorkommen, daß man beim Durchstreifen von Dickicht plötzlich einer Bache mit ihren Frischlingen gegenübersteht. Damit hat man die natürliche Fluchtdistanz des Wildschweins unterschritten und muß auf jeden Fall mit einem Angriff rechnen. Wildschweine haben – wie alle Tiere – um sich einen unsichtbaren Kreis, von dem sie ihr Verhalten abhängig machen. Befindet man sich außerhalb dieser Zone und das Tier wird auf den Menschen aufmerksam, so ergreift es die Flucht. Ist man jedoch schon innerhalb dieses Bereiches und wird vom Wildschwein bemerkt, ist die Fluchtdistanz unterschritten und das Tier handelt nach dem Motto „Angriff ist die beste Verteidigung" und stürmt auf den Eindringling los.

Sehr gefährlich kann es werden, wenn ein Mensch im Wald vermeintlich allein gelassene Junge findet und sich ihnen nähert. Der Wanderer muß wissen, daß die Mutter der Tiere stets in der Nähe ist und jede noch so liebevolle Zuwendung von den Menschen ihrem Nachwuchs gegenüber mit wenig Freundlichkeit beantwortet. Hat man aber begründeten Verdacht, daß dem Muttertier etwas zugestoßen ist, so sollte man sich einen sicheren Platz suchen und aus einer guten Deckung heraus die Szene beobachten. Bestätigt sich der Verdacht, daß die Jungtiere ihre Mutter verloren haben, so ist auf jeden Fall der Förster oder der entsprechende Jagdpächter zu benachrichtigen. Auf keinen Fall darf man die Jungtiere von der Stelle entfernen, an der man sie fand. Man muß sich diesen Platz genau merken, damit man ihn später den herbeigerufenen Fachleuten zeigen kann. Besteht die Gefahr, daß sich die Jungtiere selbständig von dem ursprünglichen Ort entfernen, so sollte man einen Beobachter zurücklassen, der sie unauffällig, ohne bei ihnen eine Panik auszulösen, beobachtet und verfolgt.

Sicher werden sich einige Leser wundern, wieso ich in diesem Kapitel nicht auf die so fürchterlich giftigen Spinnen in unseren Wäldern eingegangen bin. Das hat seinen Grund darin, daß es diese menschenmordenden, achtbeinigen Ungeheuer bei uns nicht gibt.

Zugegeben, wir haben eine Vielzahl von Spinnen, die ihre Beute mit Giftzähnen schlagen, lähmen oder töten, deren Gift aber dem Menschen nicht schadet. Lediglich in den südeuropäischen Ländern ist die Tarantel zu Hause. Sie wird 25 bis 37 Millimeter lang und lebt in Erdhöhlen. Ihr Biß verursacht Schmerzen und Entzündungen, die hin und wieder von Fieber begleitet sind.

Während man die größeren Tiere, von denen Gefahr ausgeht, relativ einfach meiden kann, sind es meist die kleinen, die uns das Leben erschweren. Ein recht unangenehmer Zeitgenosse ist der Holzbock, auch Zecke genannt. Dieser lästige Schmarotzer ernährt sich vom Blut der Säugetiere. Seine Opfer spürt er durch ein sehr ausgefeiltes Ortungssystem auf. So wollen Wissenschaftler herausgefunden haben, daß der Holzbock die Milchsäure registriert, die bei Säugetieren infolge der Ausdünstung freigesetzt wird. Hat die Zecke ein Säugetier oder einen Menschen geortet, so läßt sie sich vom Baum herabfallen und dringt behutsam zur Haut ihres Opfers vor. Hat sie dann endlich eine ihr genehme – meist weiche – Hautstelle gefunden, dringt sie mit ihrem Saugmechanismus ein und pumpt sich voll Blut. Dabei kann sich der Umfang ihres Körpers um mehr als das Dreifache vergrößern. Oft merkt man erst durch einen Juckreiz, daß sich eine Zecke eingenistet hat. Der Juckreiz stammt von einer kleinen Entzündung, die rund um die Saugstelle der Zecke nach einer bestimmten Zeit entsteht.

Zecken verankern sich so fest am Körper ihres Opfers, daß man sie nicht herausreißen kann. Versucht man dies, so reißt meist der Kopf mit den Saugvorrichtungen ab, was in der Folgezeit sehr schmerzhafte Vereiterungen hervorrufen kann. Es ist daher das beste Mittel, der Zecke die Möglichkeit der Atmung zu nehmen, indem man sie in einen Tropfen Speiseöl hüllt. Nach geraumer Zeit löst sie dann ihre Halte-

und Saugvorrichtungen und kann von der Haut genommen werden.

Zecken haben es nicht eilig, um an ihre Nahrungsquelle zu gelangen. Über einen sehr langen Zeitraum hinweg benötigen sie keinerlei Nahrung.

Die blutsaugenden Zecken gehören zur Familie der Milben. Milben bilden eine Ordnung der Spinnentiere. Sie haben acht Beine (im Larvenstadium sechs) und einen gliederlosen Körper. Haben sie sich lange genug voll Blut gesogen, lassen sie von ihrem Wirtstier ab und sich zu Boden fallen. Zecken gibt es überall, wo dichter Pflanzenwuchs besteht. Außerdem bevorzugen sie hohe Luftfeuchtigkeit.

Die Weibchen legen ihre Eier, aus denen die Larven schlüpfen, am Boden ab. Sowohl die Larven als auch die erwachsenen Tiere lassen sich von den Pflanzen auf ihre Wirte fallen.

Ganz besonders lästig kann die Stechmücke werden. Bei dieser Insektenart sind es die Weibchen, die sich vom Blut des Menschen und anderer Warmblütler ernähren. Die Männchen hingegen halten sich an den Nektar der Blüten. Obgleich der Wanderer eine auf ihm niedergelassene Mücke nicht erst daraufhin untersuchen wird, ob es ein Männchen oder ein Weibchen ist, sondern mit einem schnellen Schlag dem Besuch ein Ende bereitet, sollte er dennoch die Unterscheidungsmerkmale kennen: während das Männchen buschige, harte Fühler hat, sind die Fühler des Weibchens fadenförmig. Das Männchen spürt damit die Blumen nach ihrem Duft auf, während sich das Weibchen an der verbrauchten Atemluft, die der Mensch ausatmet, orientiert und selbst bei absoluter Dunkelheit stets ihr Opfer findet.

Die Stechmückenlarven wachsen im Wasser heran. Man sieht sie meist mit dem Kopf nach unten an der Wasseroberfläche hängen, wo sie durch eine Atemröhre der Luft Sauerstoff entnehmen. In Form eines Schiffchens legt im Frühjahr die Stechmücke ihre Eier in stehende Gewässer. Ein auf der Oberfläche schwimmendes Schiffchen enthält etwa 300 Eier, aus denen sich die Larven bilden. Hat die Stechmücke das Larvenstadium beendet und ist sie geschlüpft, so finden sich die männlichen Tiere zu großen Schwärmen zusammen. Zur Kopulation fliegen die weiblichen Mücken in diese Schwärme hinein. Sind sie erst einmal befruchtet, müssen sie zur Überwinterung reichlich Blut saugen, sie benötigen dies unbedingt, um bei der Überwinterung die Eier heranreifen zu lassen. Sind diese im Frühjahr erst einmal auf die Wasseroberfläche gelegt, sind sie unwahrscheinlich widerstandsfähig. Trocknet nämlich die Pfütze oder der Tümpel, auf dem sie schwimmen, aus, so kann ein entsprechendes Ansteigen des Wassers die scheinbar eingetrockneten Mückeneier nach Jahren wiederbeleben, und es werden ihnen Larven entschlüpfen. Es ist daher wichtig, nach Möglichkeit Regentonnen und Wasserbehälter während des Frühjahrs und des Sommers abgedeckt zu halten oder des öfteren zu entleeren. So kann man einmal der Stechmücke die Möglichkeit nehmen, ihre Eier an geeigneter Stelle abzulegen, und zum anderen erreicht man durch den häufigen Wechsel des Wassers, daß bereits geschlüpfte Larven vernichtet werden.

Der Wanderer kann sich gegen Mücken am besten dadurch schützen, daß er den kleinen Angreifern so wenig freie Hautstellen wie möglich bietet. Außerdem gibt es im Fachhandel mehr oder weniger taugliche Mittel, mit denen man die Haut einreiben kann. Stechmücken mögen den Geruch von Vitamin B nicht, und wer Gelegenheit hat, sich damit einzureiben, wird von ihnen nicht geplagt.

Die Überträgerin der Malaria, die Fiebermücke, ist auch bei uns heimisch. Früher kam sie sehr häufig in Norddeutschland vor und übertrug – besonders im Raum Friesland – eine Form der Malaria, die „Marschfieber" genannt wird. Die Malariaerreger selbst können sich in unseren Breitengraden infolge der niedrigen Temperaturen nicht entwickeln. Die Larven der Fiebermücken leben an den Rändern der Teiche, Weiher und Gräben sowie in Viehtränken und größeren Pfützen. Zum Blutsaugen suchen die erwachsenen Mücken in erster Linie die Rinderställe auf. Hier findet man sie am häufigsten. Der Wanderer kann sie anhand ihrer Haltung in der Ruhestellung von der gemeinen Stechmücke unterscheiden. Während der Körper der gemeinen Stechmücke parallel zur Unterlage verläuft, sitzt die Fiebermücke fast senkrecht abgewinkelt zu ihrer Unterlage.

Ein Schmarotzer ganz besonderer Art ist der Blutegel. Er zählt zu den Gürtelwürmern und kommt in pflanzenbewachsenen Teichen, Tümpeln und Bächen vor, wo er sich vorwiegend am Grund aufhält. Über die olivgrüne, gewölbte Oberseite ziehen sich rostbraune, dunkelgefleckte Streifen. Die Unterseite dieses Wurms ist abgeplattet. Er bewegt sich ähnlich wie die Spannerraupe vorwärts, wobei er die sieben letzten Segmente seinen Körpers, die eine Saugplatte bilden, benutzt. Mit ihr hält er sich auch an Steinen oder Pflanzen fest und lauert auf seine Beutetiere. Der Blutegel erreicht eine Länge von etwa 20 Zentimetern. Auf seinen vorderen Ringen lassen sich fünf Augenpaare erkennen, die wie zehn einfache schwarze Punkte erscheinen. Auch am Vorderende des Körpers befindet sich ein muskulöser Saugnapf.

Während der Blutegel in seiner Jugendzeit an Schnecken, Kaulquappen und anderen Kaltblütlern des Wassers saugt, ist er als erwachsenes Tier auf das Blut von Warmblütlern angewiesen. Im Grunde des vorderen Saugnapfes hat der Blutegel einen dreispaltigen Mund, in dem drei Kiefer sitzen. Sie haben gebogene Außenränder, die mit scharfen Zähnen bewehrt sind. Hat sich der Blutegel an seinem Opfer festgesaugt, sägt er mit Hilfe dieser Kiefer die Haut des Opfers durch und saugt sich voll Blut. Dabei füllt sich sein dehnbarer Darm, der Wurm schwillt unförmig an. Spezielle Ausscheidungsorgane entziehen dem aufgenommenen Blut das Wasser und dicken es ein. Der Darm des Wurms verfügt über zehn Blindsäcke, in denen die Nahrung gespeichert wird. Hat sich ein Blutegel vollgesogen, so kann er über ein Jahr ohne weitere Nahrungsaufnahme auskommen. Früher wurde der Blutegel in der Medizin verwandt, um bei verschiedenen Krankheiten Blut zu schröpfen. Dies gelingt den Würmern recht gut, da sie gleichzeitig beim Saugen Hirudin absondern, was die Gerinnung des Blutes verhindert.

Moore und Sümpfe

Neben unseren Wäldern und Feldern bieten die Moore eine reizvolle Landschaft mit ihrem ausgeprägten Charakter. Die Moore, bei denen wir das Flach- und das Hochmoor unterscheiden, entstehen dort, wo ein hoher Grundwasserstand anzutreffen ist. Zur Bildung eines Moores sind ein wasserundurchlässiger Boden, ständige Wasserzufuhr und eine hohe Luftfeuchtigkeit notwendig. Die Moore sind unsere Torfproduzenten. Während sich das Flachmoor nur wenig über den Grundwasserspiegel erhebt, wölbt sich das Hochmoor deutlich auf. Ein Flachmoor entsteht dort, wo Gewässer verlanden. Beim Flachmoor sind die oberen Bodenschichten im Gegensatz zum Hochmoor reich an Nährstoffen. Es ist daher üppig bewachsen, jedoch fehlen Bäume und Sträucher. Sie können erst dann auf dem Flachmoor gedeihen, wenn dieses höher wächst und der Untergrund trockner wird. Dann findet man hier Weiden, Birken, Erlen und Pappeln. So wird aus einem Flachmoor im Laufe der Zeit ein Moorwald. Je nach Niederschlagsmenge kann es sich bei einem solchen Moorwald um einen

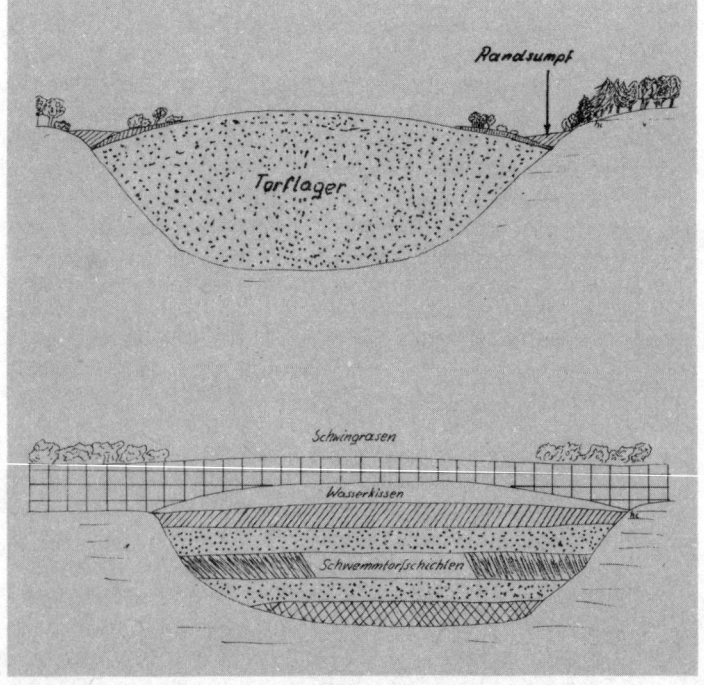

trocknen oder aber sehr feuchten Wald handeln. Während in den trocknen Moorwäldern Kiefern stehen, herrscht in den feuchten der Erlenbruch vor. Bei sehr hohen Niederschlägen kann sich der Moorwald in ein Hochmoor verwandeln.

Diese Hochmoore liegen deutlich über dem Grundwasserspiegel und weisen eine gewölbte Form auf. Torfmoose sind die vorherrschende Vegetation der Oberfläche eines Hochmoors. Bei den Hochmooren findet man nur einen nährstoffarmen Untergrund. Dieser besteht aus Torf, der dadurch entsteht, daß die Bleichmoose nur in ihrem oberen Bereich wachsen, während die unteren Teile absterben und den Torf bilden. Dadurch, daß sich das Hochmoor immer weiter aufwölbt – das Torflager kann über 12 Meter hoch werden –, wird den Pflanzen ihre Verbindung zum Grundwasser genommen. Sie nehmen nun das lebensnotwendige Wasser als Tau oder Regen entgegen. Ohne große Luftfeuchtigkeit ist ein Hochmoor nicht denkbar. Daher finden wir sie bei uns in Nordwestdeutschland und hoch oben auf den Mittelgebirgen. Ein Hochmoor ist meist mit einem Sumpf- oder Wasserrand umgeben. Da Hochmoore aus nährstoffarmem Boden bestehen, halten sich hier nur wenige Pflanzenarten. Hauptsächlich sind es Torfmoose, die das 20fache ihres Eigengewichts an Wasser aufnehmen können. So sind sie auch in trocknen Zeiten stets gut durchfeuchtet. Sauergräser und Wollgras sind weitere Bewohner dieses Lebensraums. So seltene Pflanzen wie der Sonnentau können im Hochmoor existieren. Diese fleischfressende Pflanze gleicht den fehlenden Nährstoff im Boden dadurch aus, daß sie sich selbst Eiweißnahrung zuführt, indem sie mit dem klebrigen Saft ihrer Blätter Insekten einfängt.

Für den Wanderer bietet das Moor besondere Gefahren. Ein Abweichen vom Weg kann tödlich ausgehen. Meist sind die Wege gut gekennzeichnet und an gefährdeten Stellen mit Holzbohlen ausgelegt. Der Boden im Moor ist sehr heimtückkisch. Während das Auge eine durchgehende Pflanzendecke wahrnimmt, ist es durchaus möglich, daß einige Löcher nur ganz schwach überwachsen sind und den Wanderer beim Betreten unvermittelt einsinken lassen. Allein hat er dann kaum eine Chance, der Tiefe des Moores zu entgehen. Er wird für immer darin versinken. Das Moor konserviert die Leichen so, daß wir heute beim Torfabbau immer wieder auf Moorleichen vergangener Jahrhunderte stoßen.

Bei Wanderungen in Mooren ist es streng verboten zu rauchen oder ein Feuer anzulegen. Wie im Wald, muß man unbedingt alles vermeiden, was ein Feuer auslösen könnte. Dazu gehört auch das Wegwerfen von Glas und das Liegenlassen von Brillen. Moorbrände sind nur sehr schwer zu löschen. Sie fressen sich oft monatelang unterirdisch fort, um plötzlich an einer ganz anderen Stelle wieder aufzuflammen.

Meist sind die Moorlandschaften zu Naturschutzgebieten erklärt und genießen gesetzlichen Schutz. Will der Wanderer diese reizvolle Landschaft durchqueren, so ist er vor Schaden sicher, wenn er sich nicht auf eigene Faust abseits der Wege begibt und wenn er nicht allein geht. Es ist ratsam, sich vor einer solchen Wanderung bei Einheimischen nach besonders tückischen Stellen zu erkundigen.

Im Gegensatz zum Moor ist der Sumpf eine stets mit Wasser bedeckte Fläche, die keine geschlossene Pflanzendecke aufweist, obgleich sie dicht mit Pflanzen bewachsen ist. Beim Sumpfgebiet stehen die Pflanzen im Wasser. Es kann sich dort bilden, wo ein See verlandet ist oder wo Wasser in Vertiefungen stehenbleibt. In Sümpfen bildet sich kein Torf, da die vergehenden Pflanzen total abgebaut werden. Das Moor wird durch die Torfbildung der Böden immer nährstoffärmer, und mit der Veränderung der Lebensgrundlage der Pflanzen wechseln auch ihre Arten. Im Sumpf ist dies nicht der Fall. Hier bleiben die Arten konstant und bieten einer Anzahl von Tieren – insbesondere Vögeln – einen hervorragenden Lebensraum.

So ist es die Vielzahl der Frösche, die zum Beispiel die Ringelnatter ins Sumpfgebiet lockt, die wiederum auf dem Speiseplan des Iltis steht. Der Fuchs sucht die Nester der vielen, im Sumpfboden brütenden Vögel, und eine unzählbare Zahl von Insekten sind im Sumpfgebiet heimisch.

Dadurch, daß der Mensch immer mehr Sümpfe trockenlegt, um sie anschließend zu bewirtschaften, wird einer Vielzahl von Vögeln der Lebensraum genommen. Typische Bewohner der Sümpfe: Rohrdommeln, Kiebitz, Bekassine, Drosselrohrsänger, Sumpfohreule, Teichrohrsänger, Wasserläufer, der große Brachvogel, Strandläufer, Sumpfrohrsänger, Rohrammer, Rohrweihe und Schafstelze.

Wenn's blitzt und donnert

Bei allen Ratschlägen, die für Wanderungen und Aufenthalte in der Natur notwendig sind, seien hier nicht die Unannehmlichkeiten der Naturgewalten zu vergessen. Natürlich kann man sich auf den Standpunkt stellen, daß weder Gewitter noch Sturm dem gut ausgerüsteten Wanderer gefährlich werden können, jedoch sollte man sich nicht nur auf die Ausrüstung verlassen, sondern auch mit einigen Maßnahmen vertraut sein, mit denen man einer Gefahr rechtzeitig begegnen kann.

Immerhin sterben in Europa jährlich über 100 Menschen durch direkte Blitzeinwirkung. Es ist nicht einfach, sich gegen die Gewalt eines Gewitters zu schützen. Wer im Freien von einem Gewitter überrascht wird, der befindet sich auf jeden Fall in akuter Gefahr. Es ist daher wichtig, etwas über die Entstehung von Gewittern und die Auswirkung der Blitze zu wissen, um sich schützen zu können.

Bei einem Gewitter haben die Wolkenschichten und die Erdoberfläche eine unterschiedlich hohe Spannung aufgebaut. Diese Differenzen können einige hundert Millionen Volt betragen. Die Spannung entlädt sich durch einen Funken – nämlich den Blitz. Mit der enormen Geschwindigkeit von über 10 000 Kilometern in der Sekunde springt dieser Entladungsfunke über. Er entwickelt dabei eine Temperatur von 30 000 Grad Celsius und verursacht durch das plötzliche Ausdehnen der von ihm erhitzten Luft eine Druckwelle, die weithin als Donner zu hören ist.

Es ist nicht immer notwendig, daß der Mensch vom Blitz direkt getroffen werden muß, um von ihm getötet zu werden. So können auch die Erdströme im weiten Umkreis einer Einschlagstelle für den Wanderer tödlich sein. Es kommt dabei darauf an, welchen Widerstand der Mensch zur Zeit des Blitzschlags überbrückt. Macht er gerade einen großen Schritt, so fährt die Spannung in das eine Bein und aus dem anderen heraus: der Mensch ist getroffen. Man darf daher im Gewitter weder laufen noch breitbeinig stehen. Auch hinlegen ist sehr gefährlich, da man dabei ebenfalls eine große Wegstrecke durch die Körperlänge überbrückt. Es ist daher unbedingt notwendig, daß man mit dicht beieinanderstehenden Füßen in die Hocke geht oder eine leicht kugelförmige Haltung einnimmt. Dies sollte nach Möglichkeit auf trocknem Boden geschehen. Eine zusätzliche Bodenberührung muß unbedingt vermieden werden. Das bedeutet, daß man auch die Regenjacke und die anderen Kleidungsstücke hochrafft, damit sie nicht auf den Boden hängen.

Doch wo soll man sich so niederkauern? Auf jeden Fall nicht auf freiem Feld, am Waldrand oder auf Berggipfeln. Ein relativ sicherer Ort ist das Waldinnere, da hier die Wahrscheinlichkeit

sehr gering ist, daß der Blitz ausgerechnet in den Baum ein-
schlägt, unter den man sich gekauert hat. Hierbei darf man sich
natürlich weder den größten Baum aussuchen, noch in einem
Feuchtgebiet niederlassen. Übrigens sollte man jegliche Näs-
se und Feuchtigkeit meiden, da sie elektrische Spannung leitet.
Bei Gewitter sollte man in unmittelbarer Nähe offen umherlie-
gende Metallgegenstände meiden. So sind an der eigenen
Ausrüstung alle metallenen Dinge im Rucksack zu verstauen.
Daß man sich bei Gewitter vor Gipfelkreuzen und anderen Me-
talltafeln hüten muß, ist selbstverständlich. Die wenigsten wissen, daß von einem nicht sachgemäß geerdeten Drahtzaun bei
Gewitterwetter noch bis zu einer Entfernung von 15 Metern tödliche Blitzschläge ausgehen können.
Gerät ein Mensch in den enormen Spannungsbereich eines
Gewitters und steht ein Blitzschlag unmittelbar bevor, so macht
sich dieser beim Wanderer durch Kribbeln der Kopfhaut, Aufstellen der Haare sowie leises Knistern, das nicht selten von einem bläulichen Leuchten entlang von Metallgegenständen begleitet wird. Außerdem tritt das Gefühl auf, als habe man Spinn-
weben auf der Haut.
Befindet man sich in der Nähe einer senkrechten Felswand, die
mindestens die zehnfache Höhe des Wanderers in gekauerter
Stellung hat, so ist der Wanderer etwa fünf bis acht Meter von
ihr entfernt relativ sicher. Wer sich aber in einer Felswand befindet, sollte daran denken, daß sein herabhängendes Seil – ist
es vom Regen durchnäßt – als Blitzableiter den Blitz anziehen
könnte. Außerdem muß man daran denken, daß der Blitz bei
seiner Entladung ein Seil durchschlagen kann. Der Bergsteiger
in der Wand muß daher mehrere Sicherungen anbringen. Auch
am Boden darf man das ausgerollte Seil nie liegen lassen, da
es schließlich eine enorme Wegstrecke überbrückt und als Leiter dienen kann.
Der sicherste Ort bei einem Gewitter sind Häuser mit Blitzablei-
tern oder geschlossene Kraftfahrzeuge. Die Autos bilden einen
Faradayschen Käfig, benannt nach dem englischen Naturwis-
senschaftler Michael Faraday (1791 bis 1867). Er hatte festgestellt, daß der Blitz in ein rundum geschlossenes Drahtgeflecht
nicht eindringen kann.
In frei stehenden Häusern muß Durchzug unbedingt vermieden
werden, da auch dieser den Blitz anziehen kann. Sind Blitz und
Donner zeitlich nicht mehr voneinander getrennt, befindet man
sich unmittelbar im Zentrum des Gewitters. Das Herannahen
und Abziehen kann man sehr gut verfolgen, indem man vom
Augenblick des Blitzes bis zur Wahrnehmung des Donners die
Sekunden zählt. Teilt man diese Zahl anschließend durch drei,
so hat man die Entfernung des Gewitters in Kilometern festgestellt. Will man aber abschätzen, ob man es bis zum nächsten
sicheren Unterstand noch schafft, so darf man sich nicht von

den Windverhältnissen, die am Boden herrschen, täuschen lassen. Man muß vielmehr die Geschwindigkeit der Wolken abzuschätzen versuchen. Einem Gewitter geht meist eine sogenannte Gewitterwalze – ein sehr starker Wind, der sich ähnlich einer Walze vor dem Gewitter herschiebt – voran. Schafft man es nicht mehr, einen sicheren Schutz zu erhalten, so muß man sich doch vor Gräben, Rinnen und Mulden hüten.

Ist ein Gewitter vorüber, so muß die Gefahr noch lange nicht gebannt sein. Es kann durchaus sein, daß es sich nur um eine kurze Atempause handelt und das nächste Gewitter schon aus einer anderen Richtung naht, oder das gleiche zurückkommt. Die Atempause sollte man auf jeden Fall nutzen, um einen blitzgesicherten Ort aufzusuchen. Erst wenn sich die Wetterlage wieder stabilisiert hat und die Spannungen sich entladen haben, sollte man seinen Weg fortsetzen.

Wandern einmal anders

Tips für Rundwanderwege

Gut ausgeschilderte Rundwege, die von Wandererparkplätzen ausgehen, bieten ideale Möglichkeiten, sich in freier Natur zu bewegen, ohne gleich eine größere Gepäckwanderung durchführen zu müssen. Einprägsame Symbole kennzeichnen diese Wege. Auf dem jeweiligen Parkplatz befinden sich zumeist ausführliche Hinweise und Schautafeln über den Streckenverlauf. In der Regel werden unterschiedliche Routen angeboten. Die Wanderdauer und die Länge der Strecke in Kilometern sind dabei meist aufgeführt.

Die Rundwanderwege sind fast immer so angelegt, daß sie ohne große Anstrengung bewältigt werden können. Wer über eine Wanderkarte des entsprechenden Gebiets verfügt und in der Lage ist, ihre Symbole richtig zu lesen, kann seine Strecke entsprechend variieren. So können Abstecher ins nahe gelegene Waldgasthaus oder zu einem besonders schönen Aussichtspunkt eingeplant werden. Die Einrichtung der Rundwanderwege erfolgt zumeist nach den Gesichtspunkten der Gefahrlosigkeit. Aus diesem Grund werden Straßenübergänge, so gut es geht, vermieden. Sollte also ein Wirtshaus durch eine Straße von dem Wanderweg getrennt sein oder sollte das Erreichen eines besonderen Aussichtspunktes nur durch Überspringen eines Baches möglich sein, so wird ein Rundwanderweg in der Regel diese Punkte nicht anlaufen.

Oft sind Rundwanderwege, die zumeist von den Forstbehörden, Wandervereinen, Wanderkreisen oder Gemeinden angelegt sind, sehr abwechslungsreich gestaltet. So findet man an ihnen Picknickplätze, Abenteuerspielplätze für Kinder, Wassertretbecken und Schutzhütten.

Seit 1967 ist das Schild, das auf einen Wanderparkplatz hinweist, amtliches Verkehrszeichen.

In jüngster Zeit sind die Wanderparkplätze häufig Ausgangspunkt für Lehrpfade, in deren Verlauf Gehölze, Tierarten und viel Wissenswertes über die Funktion des Waldes auf übersichtlichen Tafeln beschrieben werden. Häufig beginnen an Wanderparkplätzen auch „Trimm-dich-Pfade", die separat von Wanderwegen und Lehrpfaden angelegt wurden.

Ganz gleich, wie lange man sich in der Natur aufhält, man sollte stets einige Kleinigkeiten dabei haben. So empfiehlt sich selbst auf kurzen Touren die Mitnahme eines Taschenmessers, eines Heftchens mit Wundpflaster und ein paar Sicherheitsnadeln. Weiterhin ist es ratsam, einen kleinen Leinenbeutel, der sich zusammengerollt leicht verstauen läßt, mitzunehmen. Man kann ihn sowohl für das Sammeln von Beeren und Pilzen als

auch für den Transport interessanter Steine benutzen. Auf Plastiktüten sollte man verzichten. (Vorsicht: Pilze niemals in Plastiktüten sammeln!)

Wer darüber hinaus noch Platz in der Jacken- oder Hosentasche hat, sollte sich überlegen, ob er eventuell noch einige Meter dünne Schnur eng aufgewickelt und ein zusammenklappbares Vergrößerungsglas mitnehmen möchte.

Von großem Vorteil ist ein Fernglas. Das wird erst der ermessen können, der es als ständigen Wegbegleiter bereits öfter mit in Wald und Flur hatte. Es kann sogar seinen festen Platz im Kofferraum des Autos haben, so daß es stets zur Hand ist.

Auch der Fotofreund wird auf seine Kosten kommen. Doch seien alle „Gelegenheitsfotografen" davor gewarnt, ihren Foto-

apparat mit eingelegtem Film längere Zeit im Handschuhfach des Autos liegen zu lassen. Hier entstehen gerade im Sommer hohe Temperaturen, die die Filme verderben lassen.

Auch bei Kurzwanderungen und Spaziergängen von Wanderparkplätzen aus sollte sich der Spaziergänger „waldgerecht" vehalten. Er ist dadurch, daß er nur wenige Stunden den Wald nutzt, nicht davon entbunden, ihn zu schonen. Hierzu gehört auch das absolute Rauchverbot. Daß Unrat und Abfälle nicht in den Wald gehören, sollte sich von selbst verstehen. Auch Äste und Blüten – und seien sie noch so schön und in reichlicher Zahl vorhanden – läßt ein verantwortungsbewußter Bürger dort, wo sie wachsen. Zum einen weil sich auch andere Spaziergänger an ihnen erfreuen wollen, zum anderen deshalb, weil sie einer Vielfalt von Insekten und Kleinlebewesen Schutz und Nahrung bieten. Diese Kleintiere sind fester Bestandteil in der Ernährungskette anderer Tiere, so daß jeder gewaltsame Eingriff das Gleichgewicht der Natur beeinträchtigt. Ganz abgesehen davon, daß beim Abschneiden von Knospen und Blüten die jeweiligen Pflanzen zugrunde gehen können, wird doch auf jeden Fall ihre Vermehrung verhindert. Dies sollte auch Kindern klargemacht werden. Daß sie sich nur auf leisen Sohlen durch den Wald bewegen, kann nicht gefordert werden. Doch sicher kann man ihnen ab einem gewissen Alter die Einsicht vermitteln, daß die Beobachtung von Tieren in freier Wildbahn nicht gelingen wird, solange sie johlen und toben.

Mit dem Fahrrad durch die Natur

Große Strecken durch eigene Muskelkraft und abgasfrei zurückzulegen bietet das Fahrradwandern. Radwandern ist wieder „in". Doch sind es nicht nur die vielen Kilometer, die man auf diese Art zurücklegt, sondern auch die Möglichkeit, in weiter entfernte, unbekannte Gebiete vorzustoßen. Obgleich man bergauf die Last der Packtaschen, Decken und Zelte spürt, ist die Fortbewegung in der Ebene doch recht unbeschwerlich, der Rücken frei von schweren Lasten.

Natürlich muß eine Radwanderung anders geplant werden als ein Fußmarsch; denn schließlich müssen ja auch die Wege anders beschaffen sein, die man mit seinem Drahtesel befahren will. Wenn es auch nicht unbedingt Betonpisten sein müssen, so ist es doch sehr angenehm, wenn die Wege zumindest mit Schotter befestigt sind. Aufgeweichte, tiefgründige Stellen, die der Wanderer mit wenigen Schritten leicht umgehen kann, sind mit dem vollgepackten Fahrrad weitaus mühsamer zu bewältigen. Das bedeutet, daß man sich für Radtouren eine Gegend aussuchen soll, in der man über längere Strecken hinweg ebene oder nur leicht ansteigende Wege vorfindet. Dabei scheidet zum Beispiel das Hochgebirge völlig aus. Ideale Radwandergegenden sind die Ausläufer der Mittelgebirge. Hier findet man allmählich ansteigende Täler und kilometerlange, relativ flache Abfahrten. Auch entlang unserer breiten Flußtäler schlängeln sich in halber Höhe reizvolle Wege, die mit dem Fahrrad angenehm zu befahren sind. Norddeutschland nimmt für den Bereich des Radwanderns einen ganz besonders hohen Stellenwert ein. Hier muß man keine Angst vor kraftraubenden Steigungen haben. Lediglich der ungebremst über die ebenen Flächen wehende Westwind kann in dieser Gegend zum Feind des Fahrradfahrers werden.

Doch Radwandern hat auch Nachteile. Dies muß jeder wissen, der eine Tour plant, damit er hinterher nicht enttäuscht ist. So wird der Fahrradfahrer viel öfter als Teilnehmer des Straßenverkehrs gezwungen sein, stark befahrene Strecken zu benutzen. Dies ist nicht immer erholsam und erfordert eine Menge Konzentration. So kommt es auch, daß die Kommunikation der Teilnehmer einer Radwanderung leidet. Auch die Möglichkeit, Beobachtungen am Wegesrand zu machen, aus eigenen Entdeckungen Rückschlüsse zu ziehen, ist beim Radwandern nicht allzu groß. Um daher die Erholung in freier Natur nicht zu kurz kommen zu lassen, ist es wichtig, Rastplätze so einzuplanen, daß man sie rechtzeitig erreichen kann, um in Ruhe viele kleine und große Entdeckungen machen zu können.

Die Zeitplanung ist gewissenhaft durchzuführen und darf nicht so eng ausgelegt werden, daß sie eine wilde Strampelei zur Folge hat. Außerdem sollte man sein Ziel stets bei Tageslicht erreichen können. Eine Fahrradtour bei Dunkelheit auf belebten Straßen birgt stets Gefahren. Hinzu kommt, daß man mit einem vollgepackten Fahrrad nicht sehr wendig ist. Beim Packen muß auf eine gleichmäßige Gewichtsverteilung zu beiden Seiten des Fahrrades geachtet werden.

Vor jeder Radtour sollte man sich vom einwandfreien technischen Zustand der Fahrräder überzeugen: Bremsen, einwandfrei arbeitende Beleuchtung und deren richtige Einstellung, die für Fahrräder konstruierten Zeichen, mit denen Kraftfahrer auf ausreichenden Seitenabstand hingewiesen werden, die gelben Rückstrahler an den Pedalen, die Bereifung. Das Fahrrad darf nicht überladen werden. Als Ladefläche steht der Gepäckhalter zur Verfügung, über den Packtaschen gelegt werden, die zu beiden Seiten des Hinterrades herabhängen. Auf keinen Fall dürfen Gepäckstücke die Lenkung oder die einwandfreie Bedienung der Pedale behindern. Man sollte – anders als der Wanderer im Wald – leuchtend helle Kleidung tragen, am besten dünne Plastikwesten in roter Leuchtfarbe, die über die Kleidung gezogen werden können.

Bei Dämmerung oder schlechten Sichtverhältnissen muß Licht eingeschaltet werden. Dies wird oft unterlassen, weil der Dynamo eine gewisse Bremswirkung ausübt. In einer Gruppe stets hintereinanderfahren und soviel Abstand voneinander halten, daß es den überholenden Kraftfahrzeugen möglich ist, zwischen den einzelnen Radfahrern einzuscheren.

Auch mit Defekten muß gerechnet werden. Hat man jedoch vor Abfahrt den ordnungsgemäßen Sitz aller Schrauben, das Fahrrad auf seinen Gesamtzustand getestet, wird man wohl kaum größere Schwierigkeiten bekommen. Dennoch kann aufgrund von Materialermüdung das eine oder andere Teil zerbrechen. So ist es wichtig, Ersatzteile mitzunehmen: ein Satz der gebräuchlichsten Schrauben mit den dazugehörenden Muttern, ein oder zwei Kettenschlösser, Flickzeug und Ersatzbirnchen. Ein kleines Ölkännchen sollte dabei sein, um bei langen Fahrten trocken gelaufene Teile flottzukriegen und unangenehme Quietschgeräusche zu beseitigen. Zur Vorbereitung einer Radtour gehört es auch, das Gefährt gründlich abzuschmieren. Geölte Kugellager laufen nun einmal leichter und erfordern weitaus weniger Kraftanstrengung. Da damit zu rechnen ist, daß ein Fahrrad auch einmal unbewacht stehen gelassen werden muß, darf ein Schloß nicht fehlen. Aus dem großen Angebot sollte man ein flexibles Schloß auswählen. Es besteht aus dem Schließmechanismus und einem mit Kunststoff überzogenen Stahlseil. Mit dieser Vorrichtung können mehrere Fahrräder aneinander geschlossen, aber auch an Verkehrsschildern, Bäumen oder Treppengeländern befestigt werden.

Wer lange keinen Drahtesel mehr geritten hat, der sollte sich nicht sofort eine größere, mehrtägige Radtour zumuten, weil sich Muskelkater und Gesäßschmerzen einstellen werden. Es ist daher ratsam, vor einer größeren Tour über einige Tage hinweg den Körper zu trainieren. Muskelkater bekämpft man am besten mit lauwarmen Bädern, die mit etwas Wacholdersalz angereichert sind.

Der Radwanderer sollte Wege suchen, die er nicht mit Kraftfahrzeugen teilen muß. Auf Waldwegen ist es selbstverständlich, daß er auf Fußgänger und Wanderer besondere Rücksicht nimmt und sich überhaupt so verhält, daß er der Natur keinen Schaden zufügt.

Tips für Tramper

In der Bundesrepublik Deutschland ist das Trampen grundsätzlich erlaubt. Bestraft werden nur Autofahrer, die an Stellen halten, an denen andere Verkehrsteilnehmer gefährdet oder behindert werden. Dies gilt auch für Autobahnen und ihre Zubringer. Wer trampen will, sollte darauf achten, die Kraftfahrer nicht zu verbotenem „Halt" zu verleiten.

In Europa ist nur in der DDR und in der UdSSR das Trampen grundsätzlich verboten. In der Schweiz, in Schweden, in Italien und in den Niederlanden gilt die Einschränkung, daß auf Autobahnen und Hauptverkehrsstraßen nicht getrampt werden darf. In Frankreich dürfen organisierte Gruppen nicht trampen. Jugendliche unter 18 Jahren sollten stets eine schriftliche Erlaubnis ihrer Eltern mit sich führen, da dies bei Polizeikontrollen hilft.

Wer „per Daumen" reist, ist bei Unfällen nicht besonders gut abgesichert. Man ist am besten dran, wenn der Fahrer eine „Insassen-Versicherung" hat. Die Haftpflichtversicherung des Unfallgegners zahlt nämlich nur dann, wenn dieser den Unfall verschuldete.

Tramper sollten sich so schnell wie möglich von Autofahrern trennen, die ihnen nur zeigen möchten, wie toll sie fahren können.

Was man sonst noch wissen sollte

Umweltschutz, und was wir davon haben

Die Natur, die Landschaft bilden die Lebens- und Wirtschafts-grundlage des Menschen, bieten ihm Erholung und Entspannung. Dieser Lebensraum wird durch die Industrie und deren Abwässer, Abgase und Abfälle mit nachteiligen Folgen für Menschen, Pflanzen und Tiere belastet. Das Wirtschafts-wachstum hat bei schnell fortschreitendem Rohstoff- und Energieverbrauch zu einer gesteigerten Nutzungsintensität gegen-über der Landschaft und der Natur geführt.

So wird die freie Landschaft mehr und mehr verbaut, geteilt und besiedelt. Wohnungsbau, Industrie, Transportwesen ver-schlingen jährlich viele tausend Hektar dieser für uns so lebenswichtigen Umwelt. Durch die Zerschneidung von zusammenhängenden Landschaftsräumen aber auch durch planloses Besiedeln nehmen die Umweltschäden auch in Räumen zu, die von ihrer Struktur her eigentlich geringer oder kaum belastet sind. Große Probleme bereiten die Müllablagerung und der Abbau von Bodenschätzen.

Wer morgen noch unbeschwert die Natur und seine funktionierende Umwelt genießen möchte, der ist aufgerufen, sich entsprechend zu verhalten. So müssen alle Gruppen und Kräfte unserer Gesellschaft für eine aktive Umweltschutzpolitik eintreten, sie bejahen und tatkräftig an ihrer Gestaltung mitwirken.

Wichtig ist die Erkenntnis, daß uns allen aus eigenem Versagen eine Umweltkrise droht, wenn nicht jeder einzelne bereit ist, umweltbewußt zu handeln, Opfer zu bringen und Einschränkungen auf sich zu nehmen. Umweltbewußtsein ist schon heute ein fester Bestandteil der öffentlichen Meinung. Oft ist es nur Unwissenheit, die viele Menschen dazu verleitet, Dinge zu tun, die der Natur Schaden zufügen. Sind diese Mitbürger erst einmal aufgeklärt, so folgt aus dem Mitwissen die Pflicht, umweltschädliche Gewohnheiten zu ändern. Von dem Biologen Jakob von Uexküll wurde in der ersten Hälfte dieses Jahrhunderts der Begriff „Umwelt" geprägt. Nach seinen Vorstellungen umgibt den Menschen eine dreifache Umwelt:

1. die physische mit den natürlichen Bedingungen wie Klima, Luft, Wasser, Oberflächenformen, Gesteine und Boden, Pflanzen- und Tierwelt;

2. die kulturelle als Ergebnis der technischen Werke, die der Mensch selbst geschaffen hat;

3. die soziale Umwelt unserer Gesellschaft.
Da der Mensch im technischen Zeitalter neue Bedingungen der Umwelt schafft, ändert er auch die gesellschaftlichen Bedingungen. Damit sind Umweltprobleme auch soziale und politische Probleme.
Verstöße gegen unsere Umwelt sind schon lange keine Kavaliersdelikte mehr; man spricht von Umweltkriminalität, wenn Verstöße gegen Rechtsvorschriften zum Schutze der Umwelt vorliegen. Das bedeutet, daß inzwischen schärfste Strafen gegen Umweltdelikte verhängt werden.
Wie aber kann der Wanderer dazu beitragen, Umweltschutz aktiv zu betreiben? Eine Vielzahl von Möglichkeiten tut sich ihm dabei auf. Das beginnt bei dem immer wieder zitierten „Bonbonpapier", das man nicht achtlos auf den Weg werfen soll, und schließt alle kleinen und großen Nachlässigkeiten mit ein. Es ist schon erschreckend, was bei Reinigungsaktionen, die Vereine oder verantwortungsbewußte Bürger von Zeit zu Zeit in Wald und Flur durchführen, zusammenkommt. Lastwagenweise wird dann der Unrat aus dem Wald gekarrt. Wer Papierreste und Dosen im Wald wegwirft, verschmutzt diese Stelle auf Jahrzehnte hin, bis das Material verrottet. Sind es aber Kunststoffbehälter oder Plastiktüten, so ist es Verschmutzung für die „Ewigkeit", da die meisten Kunststoffe nicht vermodern und allen Witterungseinflüssen gegenüber resistent sind. Ein verantwortungsbewußter Wanderer handelt stets nach dem Grundsatz: „Was ich zum Lagerplatz voll mitschleppen konnte, kann ich auch leer wieder zurück zur nächsten Mülltonne mitnehmen."
Beim Lagerleben ist es wichtig, das wir beim Waschen der Kleider, bei der Körperpflege und beim Geschirrspülen mit Reinigungsmitteln sparsam umgehen, die Bäche nicht unnötig belasten. Das Abwasser sollte durchs Versickern ins Erdreich sich soweit selbst reinigen, daß es keine unmittelbare Gefahr für die Bachbewohner darstellt, wenn es dort ankommt. Abwässer also nie direkt in den Bach zurückleiten.

Eine kleine Wetterkunde

Wenn man das Wetter auch nicht beeinflussen kann, so gibt es doch einige Anzeichen, um es vorherzusehen. Hierzu kann man sich natürlicher Vorboten bedienen oder mit Hilfe eines Barometers Vorhersagen treffen.

Während der Wanderer vor Antritt seiner Tour durch einen Blick auf das Barometer die Wetterentwicklung erkennen kann, muß er sich in der Natur auf andere Hilfsmittel stützen.

Alle Wettererscheinungen spielen sich in der Troposphäre ab. Sie reicht vom Boden bis in etwa 12 000 Meter Höhe. In ihr sind die Einflüsse von Lufttemperatur, Luftfeuchtigkeit und Luftdruck wetterbestimmend. Die Stratosphäre erstreckt sich bis etwa 40 000 Meter Höhe. In ihr herrschen gleichmäßig tiefe Temperaturen.

Die Ursache aller Wettererscheinungen ist die Energieeinstrahlung der Sonne. Durch die Erddrehung im Jahresrhythmus und die dadurch bedingte unterschiedliche Stellung der Erde zur Sonne entstehen in unseren Breitengraden jahreszeitlich verschiedene Wettererscheinungen. Sie sind von der Erwärmung der Erdoberfläche abhängig.

Da zwei Drittel der Erdoberfläche von Ozeanen bedeckt sind, die sich anders erwärmen als das Festland, entstehen bestimmte Luftströmungen, die großräumige Luftdruckschwankungen auslösen. So wird kalte Luft aus den Polargebieten und warme Luft aus dem äquatorialen Bereich ununterbrochen, aber in zeitlich völlig unregelmäßigen Schüben, aufeinander zugeführt. Überall dort, wo über großen Gebieten gleiche Temperatur und gleiche Luftfeuchtigkeit bestehen, bilden sich sogenannte Luftmassen. Diese meist über mehrere Quadratkilometer verbreiteten Gebilde nehmen entsprechend Temperatur und Feuchtigkeit der Land- oder Meeresoberfläche an. Warme Luftmassen werden als „tropisch" bezeichnet, kalte sind als „polare" gekennzeichnet. Bereits nach wenigen Tagen geraten sie in Bewegung. Hierbei kühlen sie sich ab oder erwärmen sich. Je nachdem, über welchem Gebiet sie sich bewegen, werden sie trockner oder feuchter und hinterlassen keineswegs ein Vakuum, sondern an jener Stelle entsteht sofort wieder eine Luftmasse von ähnlichem Charakter.

Unterschiedliche Luftmassen vermischen sich nicht, wenn sie aufeinander treffen. Das ist der Grund dafür, daß es auf beiden Erdhälften einen Gürtel gibt, in dem das Wetter relativ unbeständig ist. Unser Klima wird im wesentlichen durch die Westwindzone bestimmt. Zur Wettervorhersage sind ortsfeste Luftdruckgebiete in der Großwetterlage am günstigsten. So schätzen Wanderer und Bergsteiger die ruhigen „Altweibersommer-Wetterlagen" im Herbst.

Bei Verdunstung verbraucht die Luft Wärmeenergie. Sie kann bei vorgegebener Temperatur nur eine ganz bestimmte Menge Wasserdampf aufnehmen. Dies bedeutet, daß sie bei großer Hitze mehr Wasserdampf mit sich führen kann als bei Kälte. Wird dann in der Nacht beispielsweise die Luft abgekühlt, so muß sie die zuvor bei wärmerer Luft mitgenommene Feuchtigkeit absondern. Dies geschieht in winzig kleinen Wassertröpfchen, die am Morgen als Tau wiederzufinden sind. Im Winter ruft dieses Phänomen den Rauhreif hervor. Diese Feuchtigkeitsabgabe der Luft beim Erkalten geschieht auch dann deutlich spürbar, wenn warme, aufsteigende Luft sich in der Höhe stark abkühlt und Wolken bildet. Tut sie dies im Herbst oder Winter in kalten Tälern, so entsteht Nebel oder Hochnebel.

Insbesondere an den Wolken kann der Wanderer die Wetterentwicklung am besten absehen. Wolken bilden sich nur, wenn winzig kleine Ruß- oder Staubteilchen in der Luft schweben, an denen sich der Dampf niederschlagen kann. Fehlen diese Luftverunreinigungen, ist diese völlig sauber, kann keine Kondensation stattfinden.

Eine Wolke setzt sich aus winzig kleinen Wassertropfen und Eiskristallen zusammen, die so klein sind, daß sie schweben. Erst wenn sie sich verschmelzen oder wenn sie kondensieren, bilden sie Regentropfen. Es ist erstaunlich, daß erst bei einer Temperatur unter minus 40 Grad Celsius alle Wassertropfen in einer Wolke gefroren sind. Bis zu dieser Temperatur bestehen die Wolken aus unterkühlten Wassertropfen und aus Eiskristallen. Häufig ist es so, daß die Wassertropfen verdunsten und ihr Wasserdampf sich an die Eiskristalle lagert. Später bilden dann die Eiskristalle Schneeflocken, die absinken, in wärmeren Luftschichten tauen und als Regentropfen auf die Erde fallen. Fehlen die wärmeren Luftschichten – wie zum Beispiel im Winter –, so kommt es zu Schneefällen.

Die Wolken mit ihren kleinsten Wassertropfen und Eiskristallen entstehen dort, wo Warmluft in großen Blasen aufsteigt. Wenn sie, ähnlich wie ein Heißluftballon, in die Höhe streben, kühlen sie ab. Irgendwann erreichen sie auf ihrem Höhenflug den Taupunkt, bei dem sich der Wasserdampf, der in der Luft enthalten ist, zu Tropfen verdichtet. Die so entstehende Wolke bekommt dadurch, daß die Wärme des Wasserdampfs frei wird, durch diese weiteren Auftrieb. Ist das Temperaturgefälle zur kälteren Nachbarluft günstig, so kondensiert immer mehr Wasserdampf, und die Kondensationswärme läßt die Wolke immer höher wachsen.

Bei der Verschmelzung sind es die größeren Tropfen, die sich vorwiegend im Zentrum von Regenwolken befinden. Durch aufsteigende Luft werden sie emporgewirbelt und kommen dabei mit vielen kleinen schwebenden Wasserteilchen in Berührung. Mit ihnen verschmelzen sie sich und bilden schließlich große Regentropfen.

Kühlt die Luft so weit ab, daß sie mit der sie umgebenden identisch ist, steigt sie nicht weiter auf. Hin und wieder wird die Bildung von Haufenwolken dadurch unterbunden, daß die aufsteigende Luft auf eine Schicht wärmere Luft trifft; dies kommt insbesondere im Herbst und Winter vor, wenn sich Warmluft über einen Kaltluftkeil geschoben hat. Da die aufsteigende Luft kälter ist, kann sie die Warmluftschicht darüber nicht durchstoßen. Sie ist gezwungen, sich nach allen Seiten auszudehnen und breite Wolkenschichten zu bilden.

Die Meteorologen sprechen von Inversion, wenn Warmluft über Kaltluft liegt.

In kalten klaren Winternächten kühlt sich die Luft über dem kalten Erdboden stärker ab als die darüber liegenden Luftschichten. Das hat zur Folge, daß am Boden kein Luftaustausch stattfinden kann; Staub, Rauch, Ruß sowie Abgase und Schadstoffe nicht emporsteigen können. Die Warmluftglocke hält sie am Boden fest: es entsteht der gefürchtete Smog.

In den wärmeren Jahreszeiten dominieren die Haufen- oder Quellwolken (Cumulus). Im Winter sind es die Schichtwolken (Stratus). Es sind insbesondere die stärkeren Formen der Quellwolken, die auf labiles Wetter hindeuten. Eine Schichtwolke kündigt stabiles Wetter an. In Hochdruckgebieten ist Schönwettercumulus mit stabiler Schichtung verbunden. Es sind dies Wolkenhaufen mit glatter Unterfläche und nur ganz wenigen hochquellenden weißen Aufsätzen. Günstiges Wetter hält an, wenn sich diese Wolken gegen Abend auflösen und keine anderen Wolkenformationen nachkommen. Oft bildet sich die Cumuluswolke in aufgetürmte Haufenwolken um. Sie wird dabei langsam auf der Unterseite dunkelgrau, da sie an Höhe gewinnt, die Lichtdurchlässigkeit abnimmt. Lösen sich diese blumenkohlartigen Wolken gegen Abend auf, ist noch nicht unmittelbar mit einem Wetterumschwung zu rechnen. Bleiben sie jedoch bis in die Nacht, oder breiten sie sich schichtförmig aus, ist der Wetterumschwung sehr nah.

Tauchen Schauer- oder Gewitterwolken (Cumulonimbus) auf, ist mit schlechtem Wetter zu rechnen. Sie entstehen meist, wenn sich Haufenwolken turmartig entwickeln und schnell in große blumenkohlartige Wolken übergehen. Sehr rasch stülpen sie sich über die Berge, und in schnellem Wechsel kommen und gehen Wolkenfetzen an ihrer Unterseite. Der drohende Ausdruck wird durch ihre dunkelgraue Färbung noch verstärkt.

In großer Höhe bilden sich dann Eiswolken, zunächst in Streifenform, dann in Form eines Ambosses. Nur in diesen Wolkenformen ist ein Gewitter möglich. Die Cumulonimbuswolke ist eine spontane Wettererscheinung. In dem Augenblick, da man sie als voll ausgebildet erkennt, tobt unter ihr bereits das Unwetter. Es wechselt zwischen wolkenbruchartigem Regen und Hagel. Durch die vielfältige Bewegung innerhalb dieser Wolkenformation sowie die Abgabe von Eis und Wasser entsteht elektrische Aufladung. An der Größe des Eisschirms der Wolkenformation läßt sich die Heftigkeit des Gewitters absehen.

Sind Federwolken unregelmäßig über den Himmel verteilt, deutet sich der Abbau eines Hochdruckgebietes an, und es ist noch nicht unmittelbar mit einer Wetterverschlechterung zu rechnen. Verwandeln sich hingegen Federwolken rasch zu Schleierwolken, so deutet dies auf Schlechtwetter hin. Weist eine mittelhohe Schichtwolkendecke in tieferen Luftschichten Wolkenfetzen auf, und besitzt sie eine strukturlose Unterkante, so kommt bald Niederschlag. Wenn in einem Regengebiet Regenwolken langsam in Schäfchenwolken übergehen, so ist mit einer Beendigung des schlechten Wetters zu rechnen. Anders ist es, wenn Schäfchenwolken als eigene Formation bei Schönwetter auftreten; dann nämlich künden sie einen Wetterumschwung an.

In einem Sprichwort heißt es „Abendrot, Schönwetterbot; Morgenrot, schlecht Wetter droht". Es besagt, daß bei Morgenrot in Verbindung mit rosa angeleuchteten Wolken schlechtes Wetter aufzieht. Diese rötliche Farbgebung der Wolken weist auf Regen oder Schnee hin. Am Abend hingegen sind es winzig kleine Staubpartikeln, die das Licht der untergehenden Sonne rot erscheinen lassen. Diese Staubteilchen schweben jedoch nur in trockner Luft. Daraus ergibt sich, daß ein Abendrot, das anschließend auch rotbraune oder orangene Farben hervorruft, schönes Wetter am kommenden Tag ankündigt. Im Gebirge kündigt das Alpenglühen die Fortdauer von schönem Wetter an.

Neben den vielen Wolkenbildern, kann man auch am Verhalten der Tiere das unmittelbar bevorstehende Wetter – mehr oder weniger genau – ablesen. Am bekanntesten ist hier wohl die unterschiedliche Flughöhe der Schwalben. Da ihre Nahrung aus kleinen Fliegen besteht, die luftdruckempfindlich sind und in Hochdruckgebieten sehr hoch fliegen, bei einem bevorstehenden Regen sich jedoch in Bodennähe aufhalten, richten auch die Schwalben ihre Flughöhe danach. Fliegen sie also hoch, kann mit schönem Wetter gerechnet werden, während bei tieffliegenden Schwalben Regen zu erwarten ist. Diese Regel trifft jedoch dann nicht zu, wenn es bereits über Wochen hinweg geregnet hat und die Luft von Fliegen ausgewaschen ist. Dann dauert es eine Zeit, bis die Insekten wieder in die Höhe gelangen. So kann es kommen, daß die Schwalben auch bei bevorstehendem schönen Wetter in Bodennähe jagen.

Kommen wie auf Kommando alle Bienen zu ihren Stöcken zurück, so deutet das ein bevorstehendes böiges, windiges Wetter an. Anders ist es, wenn die Glühwürmchen am Abend in großer Zahl auftreten oder Frösche ein langanhaltendes Konzert anstimmen. Dann kann man sicher sein, daß das Wetter schön wird.

Eine alte Wetterregel sagt, daß es fortdauernden Regen bedeutet, wenn der Hahn während eines Regens spät in den Abend hinein kräht. Sieht man, daß eine Spinne am Abend ihr Netz flickt und die Schäden des Tages beseitigt, so kann man danach gehen, daß das Wetter schön wird. Steht Regen bevor, bemüht sich die Spinne nicht darum, ihr kunstvolles Bauwerk zu reparieren.

Auch an der Bewegung der Ameise lassen sich schönes und schlechtes Wetter ablesen. Bei hohem Luftdruck und sonnigem Wetter sind die Ameisen munterer als bei geringem Luftdruck und kühlerem Wetter. Tiere, die auf der Weide leben, zeigen bei herannahendem Gewitter ein eigenartiges Verhalten. So galoppieren Rinder oft mit hochgestelltem Schwanz wie wild über die Weide, und unmittelbar vor Gewitter sieht man sie sich dicht aneinanderdrängen.

Die dünnen Schuppen von Tannen-, Fichten- und Kiefernzapfen reagieren extrem stark auf wechselnde Luftfeuchtigkeit. Öffnen sie sich weit, so gibt es trocknes und heißes Wetter, schließen sie sich, steht Regen unmittelbar bevor. Mit kaltem Wetter muß gerechnet werden, wenn die Kronen vieler Blumen oder die Kleeblätter geschlossen bleiben.

Neben dunstverhangenen Tälern, die bei klaren Bergspitzen schönes Wetter ankündigen, oder der klaren Sicht mit dunklen Konturen, die auf schlechtes Wetter hinweisen, gibt es weitere optische Signale, von denen man beim Bestimmen und Vorhersagen des Wetters Gebrauch machen kann. Auch mittels der Flugzeuge, die in großer Höhe ihre Kondensstreifen an den Himmel zeichnen, läßt sich die Wetterentwicklung ablesen. Ziehen sie lange Streifen hinter sich her, die sich langsam in kleine Wölkchen umformen, so ist mit schlechtem Wetter zu rechnen, es bleibt hingegen schön, wenn der Schweif des Flugzeugs nur eine kurze Zeit sichtbar ist und sich rasch verliert. Dies hat seine Ursache darin, daß die aus den Düsen gewirbelten Staubteilchen und der Wasserdampf künstliche Eiswolken entstehen lassen. Ist die Feuchtigkeitsdichte in dieser Höhe sehr groß, so führt es zu einer anhaltenden Kondensation, und es bilden sich kleine runde Wolken. Ist der Streifen aber nur kurz sichtbar, zeigt dies an, daß die Luft in der Flughöhe sehr trocken ist, der ausgestoßene Wasserdampf schnell verdunsten kann und das Wetter anhaltend schön bleibt.

Auch der aus Schornsteinen aufsteigende Rauch kann bei Windstille einen Hinweis auf kommendes Wetter geben. Wird er in einem Tiefdruckgebiet – also vor Schlechtwetter – nach unten gedrückt, so steigt er in einem Hochdruckgebiet – also bei oder vor schönem Wetter – senkrecht in die Höhe.

Beachtet der Wanderer all diese Zeichen und Vorboten, so kann er Dauer und Zeitpunkt der Wanderung entsprechend seiner Wettervorhersage festlegen. Dennoch sollte sich niemand – und das gilt gerade für Wanderungen im Gebirge – überschätzen. Der Wetterwechsel im Hochgebirge erfolgt so schnell, daß er schon vielen erfahrenen Bergsteigern zum Verhängnis wurde. Es sollte daher auch bei noch so geschultem „Wetterblick" der Regen- und Kälteschutz nie zu Hause gelassen werden.

Tiere sagen das Wetter voraus.

Schon unsere Vorfahren haben versucht, am Verhalten der Tiere Wetterprognosen zu stellen. Diese – nicht immer ganz ernstzunehmenden – Beobachtungen wurden in Sprüchen überliefert. Hier eine kleine Auswahl.

Steigt der Frosch die Leiter rauf,
reißen bald die Wolken auf.
Kommen die Kühe lang nicht nach Haus'
bricht tags d'rauf schlecht' Wetter aus.
Der Regen wird nicht lange rinnen,
wenn in ihm die Spinnen spinnen.
Siehst du die Gans auf einem Fuß,
dann kommt schon bald ein Regenguß.
Wenn Roßkäfer schon morgens fliegen,
wird man bis Mittag Regen kriegen.
Wenn Hühner in den Regen gehen,
dann bleibt dies Wetter lang bestehen.
Wenn die Krähen sehr laut schreien,
stellt sich schon bald der Regen ein.
Fliegen die Schwalben hoch hinauf,
hört bald schon das schlecht' Wetter auf.
Halten die Krähen Konsilium,
sieh nach Feuerholz dich um.
Reißt die Spinne ihr Netz entzwei,
kommt der Regen bald herbei.
Wenn die Katzen gähnend liegen,
werden wir Gewitter kriegen.
Putzen die Katzen sich ihr Fell,
so scheint schon bald die Sonne hell.

Wetterregeln

Da die Landwirtschaft ganz besonders stark von Wettereinflüssen abhängig ist, versuchen die Bauern seit jeher Anhaltspunkte für die kommende Wetterlage zu erhalten. Hieraus entstand eine Vielzahl von Regeln. Natürlich versuchen sie schon in der Neujahrsnacht festzustellen, ob sie ein gutes oder ein schlechtes Jahr erwartet. „Neujahrsnacht, still und klar, deutet auf ein gutes Jahr." Oder: „Wenn's um Neujahr Regen gibt, oft um Ostern Schnee noch stiebt." Mitunter kann man auch den Eindruck gewinnen, daß viele Wetterregeln deshalb aufgestellt wurden, weil sie sich so schön reimen: „Ist der Januar hell und weiß, wird der Sommer sicher heiß." Es gibt noch eine Anzahl Wetterregeln, die sich mit dem Januar befassen, hier eine Auswahl: „Anfang und End' vom Januar zeigen das Wetter vom ganzen Jahr." „Soll uns der Frühling lachen, so muß der Januar schon krachen." „Kommt der Frost im Januar nicht, zeigt er im März sein kalt Gesicht."

Da es häufig vorkommt, daß nach einem bereits frühlingshaften Februar im März noch einmal winterliche Kälte aufkommt, heißt es: „Spielen die Mücken im Februar, frieren Schafe und Bienen das ganze Jahr." Über den folgenden Monat: „Wenn im Februar die Mücken geigen, dann müssen sie im März schon schweigen."

Natürlich ist den Bauern von jeher ein nasser März mit durchweichten, tiefgründigen Feldern unangenehm. Dies drückt sich auch in einer speziellen Wetterregel aus: „Ein fauler, feuchter März, ist jedes Bauern Schmerz." War der März nicht so feucht und konnten schon Blumen sprießen, so war das stets ein beruhigendes Zeichen: „Siehst du im März gelbe Blumen im Freien, magst du getrost deinen Samen ausstreuen."

Uns allen ist das Sprichwort, „Der April tut, was er will", wohl bekannt. In diesem Monat wechselt das Wetter ständig und animiert die Landwirte, Rückschlüsse auf die kommende Ernte zu ziehen: „Je früher im April der Schlehdorn blüht, je eher der Bauer zur Ernte zieht."

Für den Mai gilt: „Fällt am Ersten Mai Reif, so hofft man auf ein gutes Jahr," aber auch: „Donner und Fröste im Wonnemond, Müh' und Arbeit wenig lohnt." Da es bis zum Tag nach den drei Eisheiligen, der Kalten Sophie, noch Frost geben kann, entstand der Spruch: „Vor Nachtfrost bist du sicher nicht, bis Sophia vorüber ist."

Es leuchtet ein, daß sich im Juni die bereits getroffenen Prognosen bestätigen mußten: „Wenn kalt und naß der Juni war, verdirbt er dir das ganze Jahr."

Im Juli erhoffen sich die Bauern hohe Temperaturen, unterbrochen von Sommergewittern: „Im Juli muß vor Hitze braten, was im September soll geraten." „Wettert der Juli mit großem Zorn, bringt er dafür reiches Korn." „Heftiges Juligewitter ist gut für Winzer und Schnitter."

Da nach dem August in der Regel das Wetter nicht mehr so warm und beständig ist, fand man folgenden Spruch: „Was Juli und August nicht kochen, kann kein Nachfolger braten." Der Nordwind hat besondere Bedeutung: „Nordwinde im August bringen beständiges Wetter."

Was im August gesagt wurde, findet man in einer anderen Bauernregel für den September wieder: „Was August nicht vermocht, auch September nicht kocht." Im September beziehen sich die meisten Vorhersagen natürlich auf Herbst und Winter: „September schön in den ersten Tagen, will schön den ganzen Herbst ansagen." „Wie im September der Neumond tritt ein, so wird das Wetter den Herbst hindurch sein."

Da es in klaren Oktobernächten schon empfindlich kalt werden kann, heißt es: „Oktoberhimmel voller Sterne, hat warme Öfen gerne." „Je früher das Laub im Oktober fällt, desto fruchtbarer wird das nächste Jahr."

Da sich der Winter hin und wieder verschiebt, ist es einleuchtend, daß er möglicherweise im kommenden Jahr länger dauern wird, wenn er erst sehr spät beginnt. „November hell und klar, ist übel fürs nächste Jahr." „Blühen im November die Bäume aufs neu, währet der Winter bis zum Mai."

Ähnlich zweifelhaften Charakter haben Bauernregeln, die sich mit dem Dezember befassen: „Dezember kalt mit Schnee, gibt Korn in jeder Höh'." „Ein dunkler Dezember weist auf ein gutes Jahr, ein nasser aber macht es unfruchtbar."

Alles in allem sind Bauernregeln über das Wetter eine Mischung aus Erfahrung, Aberglaube und Spekulation. So sollte man sich freuen, wenn sie tatsächlich zutreffen.

Verhalten in den Bergen

Berge üben auf die Menschen ganz besondere Anziehungskraft aus. So strömen jährlich viele tausend Menschen zu den europäischen Hochgebirgen um sie auf unterschiedlichste Art und Weise zu bezwingen. Während die einen die Wanderwege nutzen, versuchen es andere, am Seil hängend auf direktem Weg über die Steilwände zum Gipfel zu gelangen. Eine weitere Gruppe begnügt sich damit, bequem mit einer Seilbahn auf den Gipfel gehievt zu werden.

An dieser Stelle soll die Aufmerksamkeit den Bergwanderern gelten. Bei ihnen nehmen Vorbereitung und Planung einen ganz besonders hohen Stellenwert ein. Schon in diesem Stadium kann man bösen Überraschungen vorbeugen und wesentlich dazu beitragen, daß das Vorhaben auch so abläuft, wie man es sich wünscht.

Bergtouren sollte man nicht alleine unternehmen. Das bedeutet aber, bei der Vorbereitung nicht nur seine eigene Leistungsfähigkeit, sondern auch die der Begleiter richtig einzustufen. Selbstüberschätzung hat schon manchen Bergtouristen das Leben gekostet. Jedes Vorhaben in den Bergen muß selbstverständlich an der Belastbarkeit und Leistungskraft des schwächsten Gruppenmitglieds orientiert werden. Dies gilt insbesondere dann, wenn die Kinder mitgenommen werden. Gerade im Gebirge kommt es auf richtige Kleidung, geeignetes Schuhwerk sowie auf die entsprechende Ausrüstung an. Wer eine Bergwanderung unternimmt, sollte auf jeden Fall den markierten Wegen folgen und nicht von ihnen abweichen, da man in Notsituationen wesentlich schneller gefunden werden kann. Wichtig ist es, vor dem Aufbruch Nachricht über das Wanderziel zu hinterlassen. Das kann in Form eines Vermerks im Hüttenbuch geschehen. Ändert sich die ursprüngliche Planung, muß sofort die Unterkunft verständigt werden, damit Suchmannschaften nicht unnötigerweise aufbrechen.

Beim Bergwandern muß ein gleichmäßiges Tempo gefunden werden, das alle Mitglieder durchhalten. Oberstes Ziel einer Bergwanderung sollte es nicht allein sein, den Gipfel zu erreichen, sondern gesund wieder zurückzukehren. Dies gilt insbesondere dann, wenn das Wetter umschlägt, wenn Nebel einfällt oder der Weg unpassierbar wird. Umkehren ist keine Schande, sondern ein Zeichen von Vorsicht und Verantwortungsbewußtsein. Man soll es vermeiden, Steine abzutreten, die andere Wanderer weiter unten am Berg gefährden würden.

Bei Begehung steiler Grashänge und schräger Schneefelder sollte der Wanderer sehr vorsichtig sein. Das, was sicher und spielend leicht aussieht, kann zu folgenschwerem Absturz führen. Schon mancher ist von einer harmlos aussehenden Wiese in den Tod gerutscht. Das gleiche gilt auch für das Überqueren von Gletschern, das niemals ohne Seilsicherung geschehen darf.

Ist trotz aller Achtsamkeit ein Unfall geschehen, so gilt es zunächst Ruhe zu bewahren und mit klarem Verstand zu handeln. Wird Hilfe benötigt, müssen die allgemein üblichen und bekannten Notsignale gegeben werden. So kann der Wanderer sich durch Rufen oder Winken mit einem großen Kleidungsstück bemerkbar machen. Ein alpines Notsignal besteht aus sechs sichtbaren oder hörbaren Zeichen innerhalb einer Minute. Anschließend folgt eine Minute Pause, und die Notsignale werden wiederholt. Ist man nicht in der Lage, den Verletzten selbst abzutransportieren, bleibt – falls vorhanden – ein Mitglied der Gruppe beim Verletzten, ein weiteres alarmiert die Polizei oder Bergrettung. Ist man jedoch nur zu zweit, muß der Verunglückte, wenn möglich an gut sichtbarer Stelle, gebettet werden, bis Hilfe herbeigerufen ist.

Überleben im Schnee

Bereits bei der Schilderung verschiedener Unterkünfte wurde aufgezeigt, wie ein Überleben im Schneeloch, im Schneetunnel oder im Iglu möglich ist. Doch um den Gefahren, die besonders in den Bergen auf den Wanderer lauern, begegnen zu können, muß man unbedingt einige Grundregeln beachten.

Meist sind es mangelnde Vorbereitung und Unwissenheit über die Gefahren im winterlichen Gebirge, die den Einsatz von Rettungsmannschaften erforderlich machen. In jeder Wintersaison gehen bei den Bergwachtstationen in Deutschland, Österreich, Frankreich und in der Schweiz über 25 000 Notrufe ein. Bei fast allen Einsätzen stellen die Helfer anschließend fest, daß die Touristen aufgrund mangelnder Ausrüstung sowie unzweckmäßiger Kleidung in Bergnot geraten sind.

Führt man sich vor Augen, daß feuchte Kälte bei einer Temperatur zwischen minus 5 und minus 18 Grad Celsius die Körperwärme des Menschen 22mal schneller ableitet als beispielsweise trockne Kälte von unter minus 20 Grad, wird deutlich, welche Bedeutung warme Kleidung bei Wanderungen in die Schneelandschaft hat. Selbst wer bei schönstem Wetter und Sonnenschein in die Berge aufsteigt, sollte mit warmer Kleidung ausgerüstet sein. Dabei sind hautenge Hosen und Jacken zu meiden, da kein aufheizbares Luftpolster zwischen Haut und Kleidungsstück entstehen kann. Auch Textilien aus Kunstfaser sollten bei Ausflügen in den Schnee besser im Schrank bleiben.

Wer im Gebirge die markierten Wanderwege verläßt, begibt sich in sehr große Gefahr. Dies gilt schon im Sommer, aber erst recht im Winter. Wer abseits der großen Touristenströme wandern möchte, muß sich besonders darauf vorbereiten. Statt des „Flachmanns" mit hochprozentigem Inhalt, sollte man kalorienhaltige Nahrung mitnehmen. Wer glaubt, daß sich Schnaps und Schnee vertragen, der irrt. Alkohol läßt die Körpertemperatur enorm absinken, da er die Poren öffnet, den Kreislauf beschleunigt und dadurch zu einem schnellen Abfluß der Körperwärme beiträgt. Selbst dickste Kleidung hilft dann nicht mehr. Der Tod eines Menschen durch Unterkühlung tritt bereits beim Absinken der Körpertemperatur um nur zwei Grad ein. Es ist daher wichtig, den Körper normal arbeiten zu lassen und ihn nicht durch Alkohol in seiner Funktion zu beeinflussen. Im Normalfall nämlich ist der Körper durchaus in der Lage, seine Temperatur konstant zu halten. Dieses System kann allerdings dadurch gestört werden, daß die Kleider nach einem Sturz in einen Bach gefrieren. In einem solchen Fall kann Pulverschnee lebensrettend sein, wenn man sich anschließend sofort im Pulverschnee wälzt, der das Wasser, ähnlich wie ein Löschpapier, aufsaugt.

Kalorienhaltige Nahrung regt den Stoffwechsel an, wodurch die Körpertemperatur erhöht wird. Das bedeutet für den Wanderer, daß er in Notsituationen seine kalorienhaltige Kost erst dann zu sich nimmt, wenn die Dunkelheit anbricht, um das natürliche Aufheizen des Körpers in der Kälte der Nacht zu nutzen.

Unerläßlich bei Wanderungen im Schnee ist die Mitnahme einer Rettungsdecke. Dieser hauchdünne Überlebenshelfer wurde bereits in verschiedenen vorangegangenen Kapiteln angesprochen. In dieser aluminiumbeschichteten Decke wird die abgestrahlte Körperwärme konserviert, so daß sie den ganzen Körper umschließt und warm hält.

Besondere Gefahren gehen von Lawinen und Schneebrettern aus. Wer noch nie einen solchen tosend zu Tal rasenden weißen Tod gesehen hat, macht sich keine Vorstellungen von seiner verheerenden Wirkung. Dabei werden Kräfte frei, die das normale Vorstellungsvermögen überfordern. Bei Naßschneelawinen zum Beispiel wiegt ein Würfel von einem Meter Kantenlänge (also einem Kubikmeter) eine Tonne. Bei dieser Lawinenart findet man nichts mehr, was auf die zuvor so sanft aus den Wolken herniederschwebenden Schneeflocken hinweist. Der Schnee in einer Naßschneelawine ist so zusammengepreßt, daß er nur mit schwerstem Gerät wie Motorsägen, Meißeln und Hacken geteilt werden kann. Wie Spielzeug verbiegen diese Schnee- und Eismassen Stahlträger und Seilbahnmasten.

Ist es bei der Naßschneelawine ihr großes Gewicht, so bei der Staublawine die enorm hohe Geschwindigkeit, mit der sie alles hinwegfegt, was sich ihr in den Weg stellt. Staublawinen donnern teilweise mit Geschwindigkeiten bis zu dreihundert Kilometern pro Stunde zu Tal.

Um sich vor Lawinen schützen zu können, muß man stets die Warntafeln und Hinweise beachten. Als Wanderer – ob mit oder ohne Skiern – sollte man sich zuvor über lawinengefährdete Gebiete informieren und stets den Berg beobachten. Als lawinengefährdete Bereiche gelten unbewaldete Hänge, die eine Neigung von mindestens 20 Grad haben. Lawinen können durch unterschiedliche Einflüsse ausgelöst werden. So tragen Sonneneinwirkung und Tauwetter sehr häufig dazu bei, daß sich Schneemassen vom Untergrund lösen und zu Tal rasen. Auch starke Schneefälle, heftiger Wind sowie die Harschbildung bei Wetterumstürzen können Lawinen auslösen.

Wird man von einer Lawine überrascht, so sind die Überlebenschancen nicht sehr groß. Staublawinen lösen sich in Sekundenbruchteilen über große Flächen ab und schießen zu Tal.

Eine geringe Chance besteht darin – ist man mit Skiern unterwegs –, die Skistöcke verkehrt herum in den Schnee zu rammen und sich in gekauerter Haltung an ihnen zu verankern. Die Sogwirkung einer Staublawine ist nämlich so groß, daß man, frei stehend, mitgerissen würde. Wichtig ist auch, schnell noch einen Schal über Mund und Nase zu ziehen, damit man vom Schneestaub nicht erstickt wird.

Beim Überqueren lawinengefährdeter Hänge muß man immer eine Lawinenschnur dabei haben. Sie ist etwa 20 Meter lang und weist kleine Pfeile auf, denen die Suchmannschaften nachgehen können. Die Lawinenschnur muß mit dem richtigen Ende um den Körper gebunden werden (mit dem, auf das die Pfeile hinweisen), und das tatsächlich am Körper und nicht am Rucksack festgebunden ist. Schon oft ist es vorgekommen, daß bei der Suche nach Verschütteten irgendwo die Lawinenschnur zu sehen war, man ihr entlang gegraben hat, um nach mühsamem Suchen nur einen Rucksack zu finden, an dem sie befestigt war.

Skiwanderer, die sich in lawinengefährdeten Gebieten aufhalten, müssen auf jeden Fall die Fangriemen ihrer Skier lösen und dürfen die Hände nicht in die Schlaufen der Stöcke stecken. Lawinen sind unberechenbar und selbst von Hängen, die über viele hundert Jahre als lawinensicher galten, zu Tal gepoltert.

Auch einer Naßschneelawine auszuweichen ist sehr schwer. Einige Skifahrer – es sind dies aber Ausnahmefälle – konnten sich vor einer Lockerschneelawine retten, indem sie ähnlich wie beim Wellenreiten auf ihrem Kamm zu Tal rasten. Um bei dieser tollkühnen Jagd allerdings zu überleben, muß man schon ein ganzes Geschwader von Schutzengeln bemühen. Der Wanderer, der noch langsamer ist als der Skifahrer, muß schon großes Glück haben, wenn er am Rande einer Lawine noch in einen Wald flüchten kann.

Oberstes Gebot beim Herannahen einer Lawine, die sich durch Poltern, Tosen und Pfeifen ankündigt, ist es, trotz aller gebotenen Eile einen klaren Kopf zu behalten, die Lawine richtig einzuschätzen. Davon hängen Verhalten und somit Überleben ab. Rast eine Lockerschneelawine auf den Wanderer zu und gibt es kein Entrinnen, so kann er seine Überlebenschance dadurch vergrößern, daß er sich mit ausgebreiteten Armen und Beinen auf die Lawine wirft und mit Schwimmbewegungen versucht, an ihrer Oberfläche zu bleiben. Dies ist bei der Turbulenz im vorderen Bereich der Lawine sehr schwer, bietet aber die einzige Möglichkeit, nicht ganz unter die Schneemassen zu geraten.

Erkennt der Wanderer, daß es sich bei den auf ihn zurasenden Schneemassen um eine Naß- oder Festschneelawine handelt, so muß er versuchen, aufrecht stehend den schweren Eis- und Schneebrocken auszuweichen, von kippenden oder sich überschlagenden Platten und Brocken abzuspringen, um so an der Oberfläche zu bleiben, ohne von den zentnerschweren Schneeklumpen erschlagen zu werden.

Wird der Wanderer dennoch in die Schneemassen gedrückt, so muß er sich zusammenrollen, tief einatmen und die Arme vor dem Gesicht verschränken, um so beim Stillstand der Lawine eine ausreichende Luftblase zu schaffen, in der er dann das Eintreffen der Retter abwarten muß. Wer einmal in diese Situation gerät, der weiß, was Todesangst ist. Es bedeutet nämlich, im Stockfinsteren zusammengerollt, vielleicht sogar mit dem Kopf nach unten, ohne die Möglichkeit, auf sich aufmerksam zu machen, auszuharren und auf Rettung zu hoffen.

Von einer Lawine verschüttete Menschen verlieren den Orientierungs- und Gleichgewichtssinn. Da sie keine Vergleichsmöglichkeiten und Anhaltspunkte haben, rundum aber fest vom Schnee eingeschlossen sind, können sie nicht wissen, wo oben und wo unten ist. Vielfach ist es schon vorgekommen, daß Lawinenopfer versucht haben, sich in die falsche Richtung freizugraben. Dem kann man entgehen, indem man Speichel sammelt und aus dem Mund herauslaufen läßt. Er wird stets nach unten fließen. Man muß nicht sehr tief verschüttet sein, wenn es stockfinster ist. Schon ein halber Meter Schnee läßt keinen Lichtstrahl mehr durchdringen. Wichtig für den Verschütteten ist das Überwinden der eigenen Angst, sind die Hoffnung auf Rettung sowie ein ungebrochener Überlebenswille. Sind Retter zu hören, kann man sich durch Rufen und Schreien bemerkbar machen. Hochempfindliche Suchgeräte können diese Geräusche orten. Wichtig dabei ist, daß man versucht, die Augen zu schützen, um nicht durch die Sonden der Suchmannschaften verletzt zu werden.

Wer sich über längere Zeit in Schnee und Eis aufhält, ist der Gefahr von Erfrierungen ausgesetzt. Diese treten am häufigsten an den am weitesten vom Herzen entfernten Stellen auf. Der Betroffene merkt zuerst überhaupt nicht, daß Teile seines Körpers abfrieren. Es ist daher geboten, sich gegenseitig zu beobachten, um sofort entsprechende Maßnahmen einleiten zu können. Erfrierungen lassen sich daran erkennen, daß die Haut ganz weiß wird und die entsprechenden Stellen keine Druckempfindlichkeit mehr haben. Es ist falsch, anzunehmen, daß das Massieren erfrorener Körperteile hilfreich ist. Durch das Kneten und Reiben werden die erfrorenen Hautstellen nur noch stärker beschädigt. Auch ein Aufwärmen über dem Feuer ist bei Erfrierungen falsch. Das einzige, was bei erfrorenen Händen oder Füßen hilft, ist die Wärme von Körper zu Körper. Bei Erfrierungen muß umgehend gehandelt werden, um irreparable Schäden zu vermeiden.

Große Schwierigkeiten bereitet den Wanderern das Zusammenwirken von Sonne und Schnee. Deshalb sollte man sich rechtzeitig gegen den Gletscherbrand und das gleißende Sonnenlicht, das vom Schnee reflektiert wird, schützen. Dies kann dadurch geschehen, daß man freie Hautstellen – insbesondere die Lippen – mit Sonnenschutzcreme einschmiert. Schneebrillen bieten den Augen einen relativen Schutz. Die Gefahr von Schneeblindheit darf nicht unterschätzt werden. Sie beginnt damit, daß man zunächst rote Schleier sieht, die sich schließlich so verdichten, daß man nichts mehr sehen kann. Die Schneeblindheit ist verbunden mit sehr starken Kopfschmerzen und kann nur geheilt werden, indem der Betroffene mehrere Tage eine feuchte Augenbinde angelegt bekommt.

Notsignale

Gerät man in Bergnot und ist die Alarmierung von Helfern notwendig, so gibt es in allen Alpenländern einheitliche Hilferufe, indem man innerhalb einer Minute sechsmal in regelmäßigen Abständen von zehn Sekunden Signal gibt; es kann akustischer oder optischer Art sein (Trillerpfeife, Taschenlampe, ein Spiegel, der das Sonnenlicht reflektiert, Rauch, Rufen, das Abfeuern von Böllern). Nach einer Minute – das heißt nach sechs Signalen – erfolgt eine Minute Pause, danach werden die Signale wiederaufgenommen. Dies muß fortgesetzt werden, bis Antwort erfolgt. Eine Antwort ist ein dreimal innerhalb einer Minute gegebenes Signal in regelmäßigen Abständen von 20 Sekunden.

Der Antwortgebende muß zunächst den in Bergnot Geratenen einwandfrei orten können, denn nach seiner Antwort werden die Notsignale verstummen und ein nachträgliches Auffinden kann kostbare Zeit verstreichen lassen. Es ist daher ratsam, ihnen bei akustischen Notsignalen so weit zu folgen, bis man genau ausmachen kann, aus welchem Bereich sie erschallen. Erst dann ist eine Antwort angebracht.

Doch kann man auch mit anderen Notsignalen auf sich aufmerksam machen, insbesondere dort, wo alpine Notsignale nicht gebräuchlich sind. Hier ist es in erster Linie das ursprünglich für die Schiffahrt eingeführte SOS, das auch an Land seine Gültigkeit hat. Es wird nach den international gültigen Morseregeln abgesetzt: „dreimal kurz, dreimal lang, dreimal kurz". Auch kann man dieses Zeichen als große Buchstaben in den Schnee stampfen oder mit Felssteinen auf eine freie Fläche auslegen. Sieht ein Pilot das Zeichen „SOS", so ist er zur Hilfe verpflichtet.

Weitere Notsignale, die von Flugzeugbesatzungen selbst aus größter Höhe erkannt werden, können durch das Entfachen von drei Feuerstellen, die in Form eines gleichschenkligen Dreiecks angelegt werden, ausgehen. Damit dieses Notsignal in größter Höhe nicht nur als leuchtender Punkt wahrgenommen wird, müssen die Feuer jeweils mindestens 100 bis 150 Schritte voneinander entfernt liegen.

Bei Tageslicht müssen Rauchsignale gegeben werden. Eine starke Rauchentwicklung erhält man dadurch, daß man frisches Gras und Laub auf die Feuerstellen legt.

Helfen und retten

Wer als Wanderer oder Abenteurer unterwegs ist, ist auch dann auf sich selbst gestellt, wenn es darum geht, bei größeren oder kleineren Verletzungen sich oder anderen zu helfen.

Den meisten von uns geht es so, daß sie zwar irgendwann einmal – sei es in der Schule, beim Militär oder bei der Führerscheinprüfung – mit Regeln der Ersten Hilfe konfrontiert wurden, im entscheidenden Augenblick aber nicht helfen – aus Furcht, etwas falsch zu machen. Da dieses Buch ein ständiger Wegbegleiter sein soll, dürfen hier gewisse Grundregeln der Ersten Hilfe nicht fehlen.

Bei Hilfe, die man anderen angedeihen lassen will, sollte man sich folgendes Schema einprägen: zunächst muß man den eigenen Schreck überwinden und Ruhe bewahren. Vor dem ersten Handgriff erst nachdenken, dann handeln, da sonst folgenschwere Fehler gemacht werden könnten. Die Lage des Verletzten darf nicht verändert werden, bevor Klarheit über die Art seiner Verletzung besteht. Zunächst müssen die lebensbedrohlichen Zustände festgestellt und bekämpft werden. Hierzu gehören in der Reihenfolge schwerste Blutungen (Schlagaderverletzungen), Atemstillstand oder Verlegung der Atemwege, Vergiftungen, Schock. Anschließend werden weitere Verletzungen aufgespürt und in nachstehender Reihenfolge versorgt: Wunden, Knochenbrüche, Verstauchungen, Verrenkungen und ähnliches.

Da die richtige Lagerung eines Verletzten lebensrettend sein kann, hier einige Beispiele richtiger Lagerung: normalerweise ist die flache Rückenlage mit einem dünnen Kopfpolster (1) am besten. Der Leichtverletzte sollte sie bereits einnehmen, bevor er durch zunehmende Schwäche dazu gezwungen ist. Diese Lage beugt dem Schock vor.

Doch gibt es von dieser normalen Lage auch Ausnahmen: hat der Verletzte einen hochroten Kopf, muß der Kopf hoch, müssen die Beine tief gelegt werden (6). Ist sein Gesicht bleich, muß umgekehrt verfahren werden. Das ist die Schocklage (2). Sie darf nicht bei Schädel- oder Hirnverletzungen angewandt werden! In die Seitenlage (4) bringt man Bewußtlose sowie Schädel- und Hirnverletzte. Die Seitenlage erreicht man dadurch, daß man sich auf die linke Seite neben einen auf dem Rücken liegenden Bewußtlosen kniet, ihm seinen linken Arm am Körper entlang ausgestreckt leicht unter das Gesäß schiebt, sein linkes Bein möglichst stark angewinkelt aufstellt und ihn an Hüfte und Schulter gefaßt auf die linke Seite rollt. Bei diesen Handgriffen rollt der Verletzte von selbst in die Seitenlage. Sein Gesicht muß so gelegt werden, daß es erdwärts zeigt, die rechte Hand schiebt man dem Bewußtlosen unter seine linke Wange. Einen Bewußtlosen bringt man deswegen in die

Seitenlage, damit Erbrochenes, Schleim und Blut nicht in die Atemwege gelangen können. Es ist bei Bewußtlosen besonders darauf zu achten, daß ihre Atemwege frei bleiben und Erbrochenes aus dem Mund entfernt wird.

Personen mit starken Leibschmerzen und Bauchverletzungen müssen in der Rückenlage mit einer Knierolle gelagert werden (3). Diese Haltung entspannt die Bauchmuskulatur und kann durch zusammengerollte Decken, einen Rucksack oder aber einen Baumstamm erreicht werden. Lungenverletzungen und andere, mit Atemnot einhergehende Wunden machen eine Rückenlage mit erhöhtem Oberkörper und seitlich aufgestützten Armen notwendig (5).

Ein Verletzter muß warm gehalten, nasse Kleidung entfernt werden und die Stätte, an der man ihn gelagert hat, vor Wind geschützt sein. Verletzte können in kleinen Mengen mit Wasser, Kaffee oder Tee versorgt werden, bis ihr Durst gestillt ist.

Achtung! Bei Brust- und Bauchverletzungen sowie bei Bewußtlosigkeit darf man nichts zu trinken geben! Alkohol ist strikt verboten!

Ist ein Transport möglich, so muß er in richtiger Lage schonend durchgeführt werden.

Gegenüber dem Verletzten ist ein sehr rücksichtsvolles, aber beherztes Auftreten notwendig. Er muß durch die umsichtig durchgeführten Maßnahmen beruhigt werden.

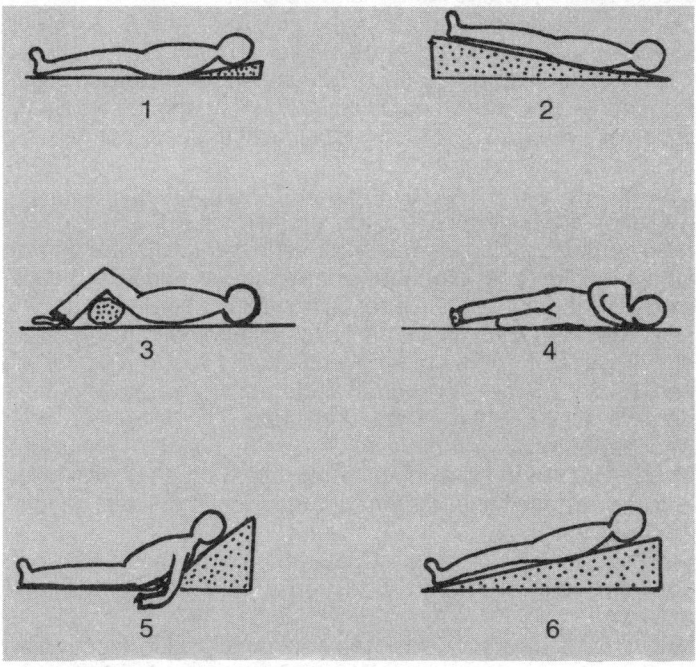

Wichtig ist, dem Verletzten niemals seine Wunden zu zeigen, da dies eine Schockwirkung auslösen kann, die alle zuvor geleistete Hilfe zunichte macht.

Hilfe bei Wunden: Als Grundregel für die Erste Hilfe bei Wunden gilt: zunächst die Blutung stillen, dann die Wunde bedecken und den Schock bekämpfen.

Eine Wunde ist übersichtlich freizulegen, dabei ist eine Entkleidung des Verletzten auf das Notwendigste zu beschränken. Reißt oder schneidet man seine Kleidung auf, ist dies schonender und meist weniger schmerzhaft. Beim Entkleiden stets auf der gesunden Seite beginnen.

Die Wunde weder berühren noch eigenmächtig auswaschen oder behandeln. Lediglich bei Säure- und Laugenverätzungen muß die Wunde vor dem Verbinden reichlich mit Wasser ausgespült werden.

Jede Wunde muß mit einem keimfreien Verband verbunden werden, wobei sich der Verletzte so wenig wie möglich bewegen darf. Über den Verband muß insbesondere in der kalten Jahreszeit noch ein Schutzverband mit dem Dreieckstuch, einem Halstuch oder weiterem Verbandsmaterial erfolgen.

Jede Wunde ist nach dem Verbinden möglichst ruhig zu stellen und eventuell hoch zu lagern.

Bei blutenden Wunden den Blutverlust so gering wie möglich halten, die Blutung sofort stillen. Je höher der Blutverlust, desto größer ist die tödliche Gefahr des Schocks.

Oftmals erfolgt eine Blutstillung bereits durch einen keimfreien Verband, dessen blutstillende Wirkung durch Druck auf die Wundauflage und durch Hochhalten unterstützt werden sollte. Knochenbrüche dürfen natürlich nicht hochgehalten werden!

Blutet ein Verband durch, so wird er nicht entfernt, sondern ein zweiter darüber gelegt.

Das Abbinden der Blut zuführenden Schlagader ist gefährlich, weil das abgebundene Glied absterben kann. Es ist nur in Notfällen erlaubt, beispielsweise bei sehr starken Blutungen an Oberschenkel oder Oberarm und wenn alle anderen Blutstillungsverfahren versagen oder Gliedmaßen abgetrennt sind.

Das Abbinden kann mit einem Halstuch erfolgen und soll etwa eine Handbreit oberhalb der Wunde zum Herzen hin geschehen. Es darf niemals im unteren Drittel des Oberarms abgebunden werden. Ebenso ist das Abbinden über Gelenken oder Knochenbrüchen verboten. Auch darf es niemals fester sein als zur Blutstillung unbedingt notwendig, und es dürfen keine einschneidende Mittel wie Draht, Strick oder ähnliches genommen werden!

Während man an Arm und Unterschenkel mit einer Schlinge abbindet, muß man am Oberschenkel einen Knebelverband anlegen.

Nach 15 Minuten darf eine Abbindung nicht mehr vom Laien

geöffnet werden und sie darf nicht länger als eineinhalb Stunden andauern. Aus diesem Grund muß an die Abbindung ein Zettel mit Datum und Uhrzeit gehängt werden. Besser noch ist es, dem Verletzten Datum und Uhrzeit auf die Stirn zu schreiben. Ein Abbinden verpflichtet zum raschen Abtransport in sofortige ärztliche Behandlung.

Man kann eine Blutstillung auch dadurch erreichen, daß man etwa fünf bis sieben Minuten fest auf die Schlagader drückt. Hilft dies nicht und ist ein Abbinden nicht möglich, bleibt der Versuch, das blutende Gefäß mit den Fingern in der Wunde auf einen Knochen zuzudrücken.

Dies sind allerdings Extremsituationen, in die ein Wanderer geraten wird. Die häufigsten Wunden werden Schürf- und Kratzwunden sein, hin und wieder auch Verstauchungen und Prellungen, in seltenen Fällen Knochenbrüche.

Für die Situationen, in denen der Wanderer als Sanitäter seine Fähigkeiten beweisen muß, gebe ich hier einige grundlegende Verhaltensregeln. Es hat keinen Sinn, den Laien mit medizinischen Fachausdrücken zu überfordern, ihm zu raten, einem Brandverletzten eine Kochsalzlösung mit Natriumbikarbonat einzuflößen, da dies den Verlust von Wasser, Salzen und Gewebsflüssigkeiten ausgleicht, zumal die Opfer vielfach das Bewußtsein verloren haben und man ihnen bekanntlich keine Flüssigkeiten geben darf. Viel wichtiger ist hingegen darauf zu achten, daß man eine in Brand geratene Person zwar möglichst schnell mit einer Decke umhüllt, um die Flammen zu ersticken, doch auch, daß es sich dabei nicht um eine in der Hitze schmelzende Kunststoffdecke handeln darf. Notfalls sind brennende Personen besser am Boden zu wälzen und die Flammen auf diese Weise zu ersticken. Einen Feuerlöscher niemals auf das Gesicht des Betroffenen richten!

Personen, deren Brandverletzungen mit verschmolzenen Textilien überzogen sind, sind so in ein Krankenhaus oder besser noch in eine Spezialklinik einzuliefern. Auf keinen Fall dürfen Textilrückstände aus den Wunden gezogen werden.

Ist ein Brandwundenverband zur Hand, müssen die Wunden damit abgedeckt werden. Bei großflächigen Verbrennungen – und das gilt auch für einen schweren Sonnenbrand – muß ein keimfreier Verband mit einem Brandwundentuch oder einem ausgekochten Leinentuch angelegt werden. Bei direkten Verbrennungen keine Heilmittel in die Wunden bringen! Das Einsalben, Pudern und Desinfizieren obliegt auf jeden Fall dem behandelnden Arzt. Verbrennungen am Körper werden keimfrei bedeckt, im Gesicht müssen sie offen bleiben. Verbrennungen der Gliedmaßen sind dergestalt zu behandeln, daß man sie in kaltes Wasser taucht, bis eine deutliche Schmerzminderung festzustellen ist. Auf keinen Fall sollte man diese Prozedur unter 15 Minuten abbrechen. Anschließend müssen dennoch die Wunden mit einem keimfreien Verband abgedeckt werden.

Oft bedeutet es das Ende eines Ausflugs, wenn man auf steinigem oder unebenen Boden umknickt, stolpert oder auf einer Wiese unvermittelt in ein Kaninchenloch tritt. Es sind dies neben Schürf- und Kratzwunden die häufigsten Verletzungen, die man sich beim Wandern zuziehen kann. Sie sind sehr schmerzhaft und lassen meist keine eindeutige Diagnose durch den Laien zu. Es ist daher wichtig, wenn man ein verstauchtes, verrenktes oder vertretenes Fußgelenk so behandelt, als sei es gebrochen. Sofort angelegte kalte Umschläge helfen, die Schwellung nicht zu groß werden zu lassen, und unterdrücken größere Blutergüsse. Eine nicht zu fest angelegte elastische Binde hilft dem Verletzten, den Fuß in einer Ruhestellung zu halten. Es ist auch empfehlenswert, das verletzte Gelenk leicht hochzulegen.

Bei kleineren Verstauchungen, bei denen ein Laufen zwar noch möglich ist, aber dennoch leicht Schmerzen auftreten, sollte ebenfalls eine elastische Binde angelegt werden, nachdem das betroffene Gelenk mit einer Salbe, die gegen Sportverletzungen, Verzerrungen und Verstauchungen hilft, eingerieben wurde. Sehr hilfreich ist die unmittelbare Anwendung von reinem Alkohol. Ihn nutzt man zur Kühlung des Gelenks, indem man nach Einreiben und Bandagieren ihn einfach über die Bandage gießt. Beim Verdunsten entzieht er dem Fuß die Wärme und kühlt angenehm. Selbstverständlich ist dieses Verfahren in der kalten Jahreszeit nicht nötig. Im Gegenteil: im Winter können durch das Hantieren mit hochprozentigem Alkohol oder Treibstoff Erfrierungen auftreten.

Während man früher die Schiene als Erste-Hilfe-Maßnahme bei Knochenbrüchen zur Hand nahm, ist man in letzter Zeit davon abgekommen, von Laien zu verlangen, daß sie Knochenbrüche einrenken und schienen oder verrenkte Gliedmaßen wieder in ihre normale Lage zurückbringen, weil sehr viel Schaden angerichtet wurde. Es ist also sehr wichtig, gebrochene Gliedmaßen stillzulegen und sie so zu polstern, daß ein Transport möglich ist.

Trifft ein Fremdkörper das Auge, muß man versuchen, ihn herauszufischen, indem man das obere Lid über das untere zieht, dabei die Wimpern des unteren Lids als Bürste nutzt, die die Innenseite des oberen säubert. Bekommt man so den Fremdkörper nicht heraus und ist er sichtbar nicht in das Auge gedrungen, sollte man versuchen, ihn mit der Ecke des Taschentuches zur Nase hin vorsichtig herauszuheben, nicht zu reiben.

Handelt es sich aber um einen Fremdkörper, der im Auge steckt oder den man nicht sehen kann, ist ärztliche Hilfe notwendig. Im Falle eines Transports müssen beide Augen verbunden werden. Verbindet man nur ein Auge, so macht dies trotzdem alle Bewegungen des freien Auges mit, das Verbinden wäre völlig überflüssig.

Wird der Wanderer von einer Schlange gebissen, muß sie einwandfrei identifiziert werden, um die richtige Seruminjektion bestimmen zu können. Es kann sich aber auch durchaus um eine ungiftige Schlange handeln, die erschreckt zugeschlagen hat, weil man auf ihr Schwanzende getreten ist. Generell gilt bei einem Schlangenbiß, daß man sofort eine Stauung anlegt. Im Gegensatz zum Abbinden muß eine Stauung so angelegt werden, daß der Puls noch schwach fühlbar ist, was bedeutet, daß zwar das frische Blut der Arterie einfließen, das Blut aus dem Körperteil selbst über die Vene aber nicht in den Blutkreislauf zurückfließen kann. Hierdurch fließt das Blut verstärkt aus der Wunde heraus und spült große Teile der Giftstoffe mit aus. Eine Stauung wird ebenso wie eine Abbindung zwischen Herz und Wunde angelegt und darf erst dann von einem Arzt gelöst werden, wenn ein Gegenserum gespritzt wurde. Um die Wunde eines Schlangenbisses besser ausbluten zu lassen, sollte man sie mit einem Messer leicht aufschneiden und dadurch erweitern.

Achtung! Auf keinen Fall Schlangenbißwunden aussaugen! Hierbei besteht erhöhte Vergiftungsgefahr über die Schleimhäute!

Von allen frei laufenden Tieren – insbesondere Hunden in der Nähe von Bauernhöfen – geht die Gefahr aus, gebissen zu werden. Bei jeder Bißverletzung gibt es drei Gefahrenpunkte: Tollwut, Wundstarrkrampf, Infektion. Tollwut und Wundstarrkrampf sind heimtückische Krankheiten, die zu einem qualvollen Tod führen. Es ist daher wichtig, sich umgehend in ärztliche Betreuung zu begeben. Auch hier sollte zunächst festgestellt werden, um welches Tier es sich handelt, wem es gehören könnte, ob es abnorme Verhaltensweisen zeigt und ob der Verdacht auf Tollwut berechtigt ist. Obgleich man dies nicht allein vom äußeren Eindruck des Tieres und seinem Verhalten her hundertprozentig feststellen kann, sind solche Angaben doch für den Arzt sehr nützlich. Handelt es sich um ein Wildtier, ist es mit an Sicherheit grenzender Wahrscheinlichkeit von Tollwut befallen. Wildtiere gehen nämlich dem Menschen normalerweise aus dem Weg. Bißwunden sind neben Verätzungen die einzigen, die gesäubert werden müssen. Man reinigt sie mit Seifenwasser und wäscht sie gründlich aus. Anschließend müssen sie mit einem keimfreien Verband bedeckt werden. Die weitere Versorgung übernimmt dann der Arzt.

Kennt man das Tier und ist sicher, daß es nicht von Tollwuterregern befallen ist, und hat man selbst gegen den Wundstarrkrampf (Tetanus) eine noch wirksame Grundimmunisierung (diese sollte man alle sieben Jahre erneuern lassen), so besteht dennoch die Gefahr einer Lymhbahnenentzündung (Blutvergiftung). Bei einer solchen Infektion besteht Lebensgefahr. Man erkennt sie oft – nicht immer – an einem roten Streifen, der von der Wunde weg zum Herzen führt. Die Lymphknoten unter den Achseln oder in der Leiste schwellen an. Bei fortgeschrittenem Stadium hat der Kranke Fieber und fühlt sich schlapp. Es ist umgehend ärztliche Hilfe erforderlich. Bis dahin muß der verletzte Körperteil hochgelegt und mit Alkoholumschlägen gekühlt werden. Lymphbahnenentzündungen können auch durch Insektenstiche ausgelöst werden. Man sollte nicht wehleidig sein, aber dennoch stets den Körper kontrollieren und versuchen, Anzeichen unnormaler Reaktionen richtig zu werten.

Bei Überanstrengung im Sommer kann es hin und wieder zu Hitzeerschöpfungen kommen. So gibt es Hitzekrämpfe, Bewußtlosigkeit und, in schweren Fällen, auch Kreislaufversagen ähnlich dem Schock. Man erkennt diese Erschöpfungserscheinungen an bleicher Gesichtsfarbe, Schwäche und Übelkeit. Das Opfer muß man im Schatten flach lagern, seine beengende Kleidung öffnen und es zudecken. Ist der Verletzte ansprechbar und besteht keine Übelkeit, muß man dem Verletzten zu trinken geben, wenn möglich Wasser mit zwei Teelöffeln Kochsalz auf einen Liter. Ist der Puls kaum noch fühlbar, wird die Schocklage notwendig. Bewußtlose müssen auf der Seite gelagert werden. Ärztliche Behandlung ist umgehend erforderlich, wenn sie nicht bald wieder erwachen.

Die gleiche Hilfeleistung läßt man Überanstrengten angedeihen, die zusammenbrechen oder sich übergeben. Haben die Erste-Hilfe-Maßnahmen Erfolg, und normalisiert sich der Gesundheitszustand des Betroffenen, so darf er auf keinen Fall sofort wieder weiterwandern, sondern benötigt über einen längeren Zeitraum Ruhe.

Bei Wärmestauungen kann man einen Hitzschlag erleiden. Seine Symptome sind eine hochrote, trockene Haut, erhöhte Körpertemperatur, Bewußtlosigkeit oder Verwirrungszustände. Der Patient ist nach Möglichkeit schon vor Beginn der Bewußtlosigkeit – am besten beim plötzlichen Versagen der Schweißbildung – im Schatten zu lagern. Hierbei muß der Kopf erhöht liegen. Um die Körpertemperatur zu senken, entfernt man seine Kleidung und besprengt ihn vorsichtig mit kaltem Wasser. In raschem Wechsel müssen feucht-kalte Tücher jeweils kurz aufgelegt werden. Außerdem muß man ihm Frischluft zufächeln. Verschwindet die Hautrötung und wird der Patient bleich, muß die Abkühlung eingestellt, der Betroffene zugedeckt werden. Liegt ein Hitzschlag vor, besteht Lebensgefahr. Schnelle ärztliche Hilfe ist nötig. Sollte sich Atemstillstand einstellen, muß der Patient sofort durch Atemmaske oder von Mund zu Mund beatmet werden.

Trotz hochrotem und heißem Kopf bleibt bei einem Sonnenstich die Körperhaut kühl. Meist sind Schwindelgefühl, Übelkeit

– manchmal mit Erbrechen –, Kopfschmerzen und Ruhelosigkeit typische Anzeichen. Auch ein steifer Nacken, in schweren Fällen Bewußtlosigkeit, sind Symptome zu starker Sonneneinwirkung. Kinder haben oft hohes Fieber und im Gegensatz zu Erwachsenen hin und wieder eine weiße Gesichtsfarbe. Eine sofortige Lagerung im Schatten ist notwendig, der Kopf muß erhöht liegen. Bei Bewußtlosigkeit ist die Seitenlage anzuwenden. Mit feuchten Tüchern muß der Kopf gekühlt werden. Bei besonders schweren Fällen kann künstliche Beatmung erforderlich sein.

Bei allen Verletzungen muß der Bekämpfung des Schocks größte Aufmerksamkeit gewidmet werden, da er nächst dem Verbluten die häufigste Todesursache bildet: der Blutkreislauf versagt, die Blutgefäße der Baucheingeweide erweitern sich, so daß ein großer Teil des zirkulierenden Butes versackt. Dadurch ist die Hirndurchblutung ungenügend. Es sind die gleichen Symptome, die bei großem Blutverlust Lebensgefahr hervorrufen.

Das Eintreten eines Schocks erkennt man an der bleichen bis aschgrauen Gesichtsfarbe, der feucht-kalten Haut, dem Frösteln und kalten Schweiß auf der Stirn des Opfers. Die Pulstätigkeit ist zunächst normal, beschleunigt sich dann und wird dabei immer schwächer. Schließlich ist der Puls sehr schnell und kann kaum noch gefühlt werden.

Je schneller und schwächer der Puls schlägt, desto schwerer der Schock. Steigt die Pulsfrequenz auf mehr als 120 Schläge in der Minute, besteht akute Lebensgefahr. Der Veletzte muß mit dem Kopf tief und den Beinen hoch (Schocklage) gelagert werden. Dies darf nicht geschehen bei Schädel- und Hirnverletzungen oder bei Atemnot. Anschließend müssen die Schmerzen gelindert, muß jede unnötige Bewegung vermieden werden.

Erfrierungen sind oft heimtückisch, da man vielfach außer strenger Kälte nichts von ihnen spürt. Anfänglich können allerdings Schmerzen auftreten, die man aber meist nicht wahrhaben will. Anschließend tritt absolute Gefühllosigkeit der befallenen Stellen ein. Die Haut wird kalkweiß und reagiert auf Druck unempfindlich. Bei Erfrierungen werden Haut- und Muskelzellen zerstört. Massiert man erfrorene Stellen, so zerstört man durch den Druck und die Bewegung weiteres Gewebe. Es darf daher eine erfrorene Stelle nicht massiert werden und auch das Erwärmen im warmen Wasser oder über dem Feuer darf auf keinen Fall erfolgen!

Blasen, die von Erfrierungen herrühren, müssen unbedingt keimfrei verbunden, kühle Körperabschnitte in Decken gehüllt werden. Ärztliche Behandlung ist erforderlich. Während des Transportes zum Arzt muß der Betroffene warm gehalten werden. Ist es ihm möglich, so soll er selbst gehen, da durch seine Bewegung und Muskelarbeit Wärme erzeugt wird.

Bei Unterkühlung tritt meist zunächst Gänsehaut auf, die schon bald von Muskelzittern, starker Müdigkeit und bläulicher Gesichtsfarbe begleitet wird. Bei starker Unterkühlung geht dieser Zustand in Muskelstarre der Glieder über, und der Betroffene zeigt sich auffallend teilnahmslos. Im Endstadium fällt er in tiefe Bewußtlosigkeit. Seine Gesichtsfarbe ist wachsbleich, Atemtätigkeit und Herzschlag sind stark verlangsamt.

Während des Transportes darf man nicht versuchen, einen Unterkühlten wieder anzuwärmen, er erleidet sonst den Bergungstod. Bei einer Körpertemperatur über 33 Grad genügt ein warmes Bett, um die natürliche Temperatur wiederherzustellen. Es ist auf jeden Fall verboten, einem Unterkühlten Alkohohl zu geben. Beim schrittweisen Aufwärmen kann man ihn behutsam mit einem heißen, nach Möglichkeit mit Traubenzucker gesüßten Getränk versorgen.

Auf einen Blick

Tips, wie man sich bei kleinen Zwischenfällen selbst helfen kann.

Blutergüsse: feuchte, kalte Umschläge, Verband mit Alkohol tränken (nicht im Winter!).

Fremdkörper im Auge: nicht reiben, sondern mit Taschentuchzipfel versuchen, den Gegenstand zur Nase hin herauszuheben.

Holzböcke: Festsitzende Holzböcke nicht abreißen, mit einem Tropfen Öl oder Fett bestreichen, sie fallen dann von selbst ab. Beim gewaltsamen Abreißen bleibt der Kopf in der Haut stecken, und es entsteht eine eitrige Wunde.

Holzsplitter, Dornen: Schnell entfernen, da sie sonst leicht heraueitern. Sitzen sie nicht sehr tief, kann man sie mit einer ausgeglühten Nadel oder einer Pinzette aus der Haut holen.

Insektenstiche: Stiche von Bienen und Wespen müssen feucht verbunden werden. Bei Bienenstichen ist der Stachel aus der Wunde zu entfernen. Der Arzt muß sofort aufgesucht werden, wenn Stiche in Lippen oder Mund erfolgten. Bis dahin: Eis lutschen. Sonstige Insektenstiche sind mit juckreizstillenden Mitteln zu bestreichen oder mit Speichel zu betupfen. Nicht aufkratzen!

Kratz- und Schürfwunden: Können in der Regel mit Pflastern oder Wundschnellverband abgedeckt werden (Achtung! Bei allen offenen Wunden besteht Infektionsgefahr durch den tödlichen Wundstarrkrampf!). Liegt keine Grundimmunisierung durch Tetanus vor, ist bei allen Wunden höchste Vorsicht geboten.

Marschblasen: Gehen sie nicht von selbst auf, sollte man sie mit einer ausgeglühten Nadel vom Rand her anstechen und aufreißen. Anschließend desinfizieren und mit Wundpflaster abdecken.

Nasenbluten: Kopf zurückbeugen, Nase hoch halten, kaltes Tuch in den Nacken legen. Es muß dabei durch den Mund geatmet werden. Nicht die Nase putzen.

Wadenkrämpfe: Durch Dehnen der Muskulatur kann man sie lösen. Hierzu ist es am besten, wenn sich der Betroffene auf den Rücken legt und einem Helfer das durchgestreckte Bein entgegenhält. Dieser muß den

Fuß kräftig nach oben drücken. Nach kurzer Zeit und unterstützender Massage ist der Krampf gelöst.

Wundlaufen: Wunde Füße in kaltem Bad säubern, die wunden Stellen mit Pflaster überkleben. Bei wundgelaufenen Oberschenkeln (Wolf) die Stellen kalt und ohne Seife abwaschen. Weiche Unterwäsche zwischen die reibenden Stellen legen.

Bergen eines Verletzten

Kann ein Gruppenmitglied die Wanderung nicht aus eigener Kraft fortsetzen, wird ein Abtransport notwendig. Er richtet sich nach der Art der Verletzung und setzt Transportfähigkeit voraus. Muß der Verletzte liegend transportiert werden, so gibt es eine Anzahl funktionstüchtiger Tragen, die man mit wenigen Handgriffen selbst bauen kann. Am schnellsten ist eine Trage aus zwei geraden Stangen und drei Jacken hergestellt. Dies geht so vor sich, daß man zunächst die Ärmel der Jacken nach innen zieht und sie zugeknöpft hintereinander am Boden aufreiht. Nun schiebt man links und rechts jeweils eine Stange durch die nach innen gezogenen Ärmel: fertig ist die Trage. Steht mehr Zeit zur Verfügung und benötigen die Helfer aufgrund der Witterung ihre Jacken selbst, so kann aus Holz ein Tragerost hergestellt werden. Ein solcher Rost eignet sich für Schwerverletzte allerdings nur bedingt, da er eine sehr harte Auflagefläche hat, auch wenn.man sie mit Wäschestücken und anderem weichen Material gepolstert hat.

Kann der Verletzte sitzend transportiert werden, so gibt es einen Tragegriff, der so aussieht, daß zwei Helfer mit der linken Hand jeweils ihren rechten Arm unmittelbar am Handgelenk umfassen, sich gegenüber stellen und mit der rechten Hand das linke Handgelenk ihres Gegenübers ergreifen. So entsteht ein Sitz, auf dem ein Verletzter abtransportiert werden kann. Einen weiteren Sitz kann man aus zwei Dreieckstüchern konstruieren. Dies geht so vor sich, daß man ein Dreieckstuch zusammenrollt, daraus einen Ring bildet und diesen verknotet. Ein zweites Dreieckstuch wird um diesen Ring geschlungen und ebenfalls verknotet. Ist der Verletzte in der Lage, sich selbst festzuhalten, dann können die beiden Helfer den Tragering mit der Innenhand fassen, während sich der Verletzte an den

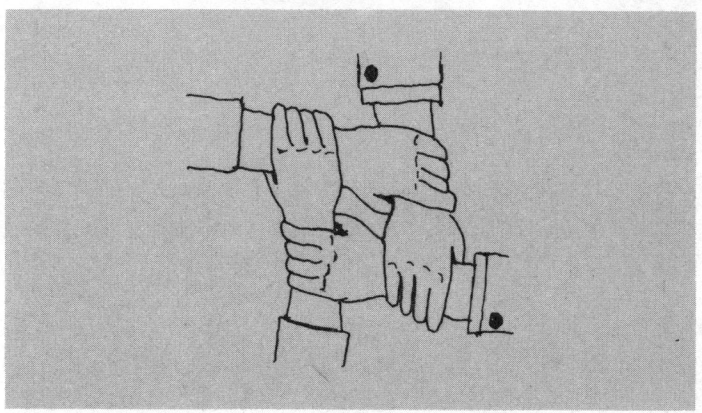

Schultern der Helfer festhält. Ist nicht gewährleistet, daß der Verletzte allein sitzen kann, fassen die Helfer den Tragering mit den äußeren Händen an und bilden mit den inneren Armen, die sie hinter dem Rücken des Verletzten verschränken, die Rükkenlehne.

Ist das Tragen eines Fußverletzten nicht möglich, und ist dieser in der Lage, auf einem Bein zu stehen, kann man ihm aus einer Astgabel eine Krücke bauen und beim Abtransport zusätzlich stützen.

Eine weitere Möglichkeit bildet der Schultertragegriff. Dabei greift man dem Verletzten zwischen die Beine und läßt ihn hinter dem Kopf des Helfers auf die Schulter sinken. Anschließend ergreift man den nach vorne gerichteten Arm des Verletzten und hält ihn daran fest. Bei Abtransport hängen Beine und Kopf des zu Transportierenden nach unten.

Schwerer ist das Tragen im Hüftsitz. Dabei wird der Verletzte auf den Rücken genommen und ähnlich wie bei Reiterspielen der Kinder getragen. Am beschwerlichsten ist das Tragen auf den Armen. Der Helfer muß den Verletzten vor dem Bauch auf den Armen tragen, indem eine Hand den zu Transportierenden unter den Oberschenkeln faßt, eine andere ihn im Rippenbereich umgreift. Der Verletzte nimmt dabei eine sitzende Haltung ein und kann sich mit beiden Händen um die Schultern des Helfers klammern. Um unnötige Erschütterungen zu vermeiden, dürfen die Helfer niemals im Gleichschritt gehen. Dies gilt insbesondere für den Transport von Verletzten auf Tragen.

Die Grenzen der Belastbarkeit

Für die meisten von uns ist die Bewegung in freier Natur ungewohnt. Es ist daher leicht möglich, daß sich unerwartet früh Ermüdungserscheinungen einstellen. Dies geschieht insbesondere dann, wenn wir über längere Zeit hinter anderen herlaufen. Dadurch wird nämlich die Aufmerksamkeit nicht gefordert, und man gelangt sehr schnell an einen „toten Punkt". Merkt man dies, wechselt man in einer Gruppe zur Führung. Trotzdem kann die Müdigkeit anhalten. Man spürt, daß die Arme schwer herabhängen, und hat das Gefühl, als ob an den Beinen Bleiklumpen hingen. Während wir Europäer in einem solchen Fall versuchen, uns durch einen starken Kaffee wieder wach zu machen – was übrigens nur kurzfristig gelingt –, wenden die Naturvölker einen anderen Trick an. Die Indianer fanden heraus, daß man Müdigkeit durch eine bestimmte Atemtechnik besiegen kann. Dieses Verfahren ist sehr einfach und wirkt erstaunlich zuverlässig. Es besteht darin, daß man zunächst tief einatmet und die Luft anhält. So geht man etwa zehn bis fünfzehn Schritte und atmet dann kräftig aus. Anschließend schöpft man sofort wieder tief Luft und wiederholt das Ganze. Macht man diese Übung etwa fünf Minuten lang, so wird man feststellen, daß die Müdigkeit verschwunden, ein Weiterwandern nicht mehr so beschwerlich ist.

Gerade was die Belastbarkeit in der Natur betrifft, so gibt es einige Tricks, die man von den Indianern übernehmen sollte. Legten sie zum Beispiel eine längere Strecke zurück, so belasteten sie beim Laufen über eine lange Zeit nur ein Bein, während das andere geschont wurde. Dies gab den Indianern eine leicht hinkende Bewegung. Nach einem gewissen Zeitraum konnte sich das zuvor belastete Bein ausruhen und alle Kraft ging vom anderen aus. Diese Methode ermöglichte es den Indianern, selbst sehr lange Strecken laufend zurückzulegen, ohne daß die Beine ermüdeten. Um dieses Verfahren nachzuvollziehen, bedarf es sehr langer Übung. Wer es beherrscht, wird in bezug auf Ausdauer seiner Beinmuskulatur allen anderen überlegen sein. Natürlich gehört zum Bewältigen großer Strecken im Laufschritt auch eine sonst hervorragende Körperverfassung.

Wer in der Wildnis oder auf langen Touren „Kohldampf" schiebt, muß keine Angst haben, daß er gleich verhungert. Hunger in gewissen Grenzen steigert sogar die Leistungsfähigkeit. Der Körper wird entschlackt, verliert Ballaststoffe, und die Leistungskurve steigt. Das sind keine Erkenntnisse der modernen Medizin, sondern Verhaltensregeln, die auch bei den Indianern üblich waren. Sie fasteten nämlich, wenn ein Kampf bevorstand, und brachten sich somit auf den Höhepunkt ihrer

Leistungsfähigkeit. Ein solches Fasten darf sich jedoch nur auf das Essen beziehen, da der Körper weiterhin die Zufuhr von Flüssigkeit benötigt.

In Afrika haben die Eingeborenen eine besondere Methode, größere Strecken zu Fuß zurückzulegen. Schon lange bevor wir an den Begriff Sportmedizin überhaupt dachten, hatten die Eingeborenen ein System erfunden, mit dem sie ihren Körpern eine Dauerbelastung zumuten konnten. Heute sagen wir dazu Intervalltraining oder „Jogging". So bestand der Lauf der Eingeborenen darin, daß sie 20 Schritte rannten und 20 Schritte wieder normal gingen. Dieser Wechsel zwischen An- und Entspannung wirkt sich vorteilhaft auf den Organismus des Menschen aus, und der Körper ermüdet weitaus langsamer als bei ununterbrochenem Rennen.

Trotz der vielen Tricks, die es bei den Naturvölkern gibt, hat der menschliche wie der tierische Organismus eine Grenze der Belastbarkeit. Obgleich es ein weiter Weg bis zum Erschöpfungstod ist, kann man bereits in den Stadien zuvor schweren körperlichen Schaden nehmen. Ermüdung und nachfolgende Erschöpfung werden ausschließlich vom Stoffwechsel beeinflußt. Werden die Ausgangsprodukte des Stoffwechsels – Sauerstoff und Glykogen – aufgebraucht, treten Erschöpfungszustände ein. Glykogen wird im Darm aus der Nahrung abgespalten und in der Leber aufgebaut; es gilt als Brennmaterial für den Stoffwechsel. In den Muskeln bilden sich bei starker Beanspruchung Ermüdungsstoffe, die durch Gefäßerweiterung eine stärkere Durchblutung des Gewebes hervorrufen. Diese Ermüdungsstoffe werden anschließend mit dem Blut abtransportiert und durch Sauerstoff verbrannt. So geht einer jeden Erschöpfung eine Ermüdung voraus. Dieser kann man durch entsprechende Ruhepausen vorbeugen. Auch Massagen empfehlen sich, da sie die Durchblutung fördern, was dem Abtransport der Ermüdungsstoffe dienlich ist. Außerdem muß dem Körper rasch neuer Brennstoff für den Stoffwechsel in Form von Nahrung zugeführt werden. Traubenzucker wird vom Körper am schnellsten aufgenommen und entsprechend verwertet. Falls vorhanden, ist auch das Einatmen von reinem Sauerstoff hilfreich.

Bevor es zum Erstickungstod kommt, werden vom Körper noch die letzten Adrenalinreserven mobilisiert, Reserven eines Hormones, das im Nebennierenmark produziert wird. Es hat die Aufgabe, die Pulsfrequenz zu steigern, den Blutdruck zu erhöhen und das Herzschlagvolumen zu vergrößern. Damit mobilisiert es die letzten Glykogenreserven in der Leber.

Es ist zwar wichtig, daß der Wanderer diese Zusammenhänge kennt, doch muß er, wenn er unter normalen Bedingungen seines Weges zieht, die ernsthaften Stadien von Ermüdung und Erschöpfung keineswegs fürchten. Wichtigste Voraussetzung dafür, daß die Bedingungen normal bleiben, ist das richtige Einschätzen der eigenen Leistungsfähigkeit.

Eine besonders große Gefahr liegt beim Wandern und Bergsteigen in der Anwendung von Aufputschmitteln, um leichter große Leistungen vollbringen zu können. Insbesondere einige Bergsteiger glauben, daß es leichter ist, Tabletten einzunehmen als sich einzugestehen, daß man müde ist oder sich in schlechter Tagesform befindet. Die Gefahr von Aufputschmitteln ist die, daß sie das natürliche Ermüdungsgefühl unterdrükken und das unbemerkte Überschreiten der natürlichen Sicherheitsschwelle des Körpers ermöglichen. Es werden dabei Leistungsreserven des Körpers in Anspruch genommen, die sonst ein Sicherheitspolster bei Überforderungen darstellen. Dadurch tritt der Erschöpfungszustand plötzlich ein. Eine totale Erschöpfung mit Todesfolge ist nicht selten.

Bei häufiger Anwendung von Aufputschmitteln kann zudem eine gewisse Abhängigkeit eintreten. Die Suchtgefahr durch Dopingmittel darf nicht unterschätzt werden. Lediglich in nahezu ausweglosen Situationen – zum Beispiel bei Expeditionen – kann als letztes Mittel zur Mobilisierung aller Leistungsreserven ein Dopingmittel Anwendung finden. Doch auch hier ist es nur unter Vorbehalt zu gebrauchen.

Darauf sollte man beim Baden achten

Ein Lager an Flüssen und Seen bietet besonderen Reiz und sorgt für Abwechslung. Selbstverständlich tut eine Abkühlung nach langer Wanderung in der Sommerhitze gut, doch steigt man erhitzt ins Wasser, kann dies schwere Gesundheitsschäden mit sich bringen. Man sollte sich zuvor abkühlen und nicht mit vollem oder leerem Magen schwimmen gehen. Alle, die nicht schwimmen können, müssen tiefe Gewässer meiden und dürfen sich auch nicht mit so gefährlichem Spielzeug wie Luftmatratzen oder Schläuchen von Autoreifen in tiefere Regionen vorwagen.

Badeunfälle sind oft auf Leichtsinn oder Unwissenheit zurückzuführen. So gibt es eine Vielzahl Menschen, die den Rest ihres Lebens querschnittgelähmt zubringen müssen, weil sie kopfüber in unbekannte Gewässer gesprungen sind.

Daß das Baden und Schwimmen im Bereich der Schiffahrtsstraßen der Strömungen und Wellen wegen verboten ist, muß wohl nicht näher erläutert werden. Auch bei Sturm, Wind und Gewitter muß man unbedingt rechtzeitig aus den Fluten.

Selbst ein gesunder Mensch begibt sich in große Gefahr, wenn er beim Tauchen seine Leistungsfähigkeit überschätzt. Hierauf kann nicht oft genug hingewiesen werden. Man sollte auch nicht zum Spaß andere unvermittelt ins Wasser stoßen. Nur zu leicht wird aus diesem Spaß bitterer Ernst.

Zum Sonnenbaden gehören entsprechende Schutzsalben, um Hautverbrennungen vorzubeugen. Zu lange Sonnenbestrahlung kann Kreislaufbeschwerden hervorrufen. Jegliche Übertreibung ist schädlich.

Beobachten und Fotografieren

Will man Tiere über einen längeren Zeitraum beobachten, empfiehlt es sich, einen Beobachtungsstand zu bauen. Form und Aussehen hängen von der Beschaffenheit der Umgebung ab sowie davon, welche Funktion er erfüllen soll. Dem Einfallsreichtum sind keine Grenzen gesetzt. So kann bereits ein gut getarntes Windschild mit entsprechender Beobachtungsöffnung ausreichen. Soll der Beobachtungsstand jedoch rundum geschützt sein, sollen Wind und Regen abgehalten werden, empfiehlt es sich, eine Zweigpyramide zu erstellen. Sie hat eine quadratische Grundfläche und ist, mit Ausnahme eines kleinen Eingangslochs, an allen Seiten geschlossen. Einen trapezförmigen Grundriß hat eine andere Art des Beobachtungsstandes, die man auch als Windfang im Lager nutzen kann. In diesem nach hinten offenen Unterstand hat man mehr Bewegungsfreiheit als in der rundum geschlossenen Zweigpyramide. Auf jeden Fall muß bei Beobachtungsständen auf das Material der natürlichen Umgebung zurückgegriffen werden, damit sich dieses künstliche Gebilde nicht von der Umgebung abhebt.

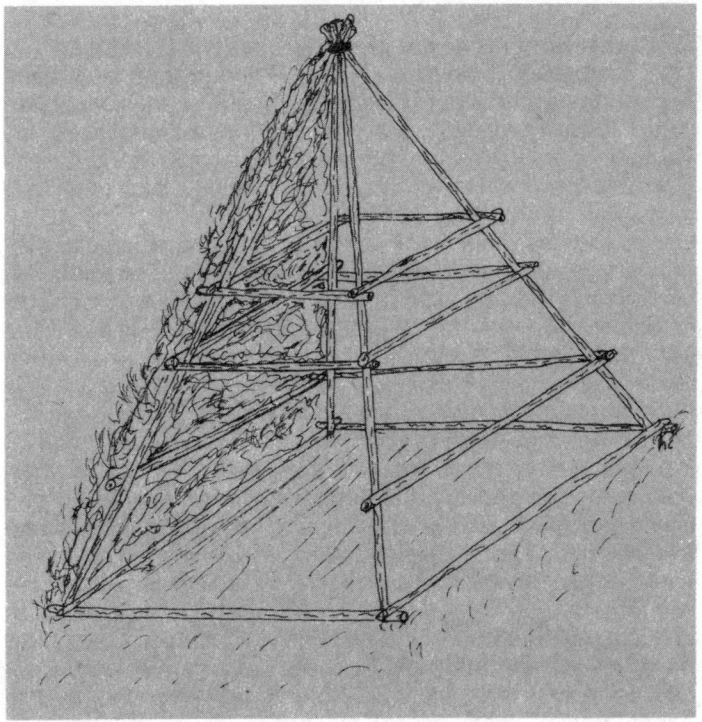

Einen Beobachtungsstand kann man auch im freien Gelände in die Erde graben. Hierzu sucht man einen kleinen Hügel und hebt ein Loch aus, in dem man bequem liegen kann. Der Boden wird mit Tannenreisig, Laub oder Gräsern ausgepolstert, als Dach dient eine Zeltplane, ein alter, aufgeschnittener Jutesack oder Zweige und Reisig. Die vordere Seite bleibt offen und dient als Ein-, Ausgang und Fenster.

Ein solcher Beobachtungsstand hat Vor- und Nachteile. Der größte Vorteil ist der, daß er den zu erwartenden Tieren am wenigsten auffällt; nachteilig ist die Tatsache, daß man ihn nicht so unauffällig betreten oder verlassen kann wie eine aus Zweigen gefertigte Hütte. Der beste Beobachtungsstand liegt im Baumwipfel, da sich die Tiere nicht dafür interessieren, was über ihnen vor sich geht. Man zimmert sich einen Hochsitz, sucht eine starke Astgabelung, die als Stütze für das künftige Baumhaus dienen soll. Hierauf befestigt man einen zuvor angefertigten Knüppelrost (Achtung! Auf keinen Fall Nägel in den Baum schlagen!). Die Grundhalterung für das Baumhaus muß fest mit Stricken verankert werden, im übrigen verfährt man nach der gleichen Methode, wie sie bereits beim Hüttenbau beschrieben wurde.

Will man die Tiere aus verschiedenen Richtungen vor die Kamera bekommen, so ist ein Hochsitz natürlich nicht mobil genug. Hier muß man unter Beachtung der Windrichtung eine transportable Zweithütte aufstellen. Den Standort kann man

dann von Tag zu Tag wechseln, um die Tiere nicht von ein und derselben Seite ablichten zu müssen.

Als Beobachtungsplatz muß man sich einen Ort wählen, an dem die Tiere oft vorbeikommen, was sich an den Spuren leicht ersehen läßt. Dennoch darf man nicht zu nahe an den Wildwechsel herangehen. Im Winter muß man Wildfütterungsplätze meiden, da die Tiere ungestört bleiben müssen. Will man dennoch das Wild an der Futterstelle filmen oder fotografieren, so ist es unerläßlich, den Jagdaufseher oder Förster um die Erlaubnis zu bitten diesen Platz mit ihm aufsuchen zu dürfen.

Der beste Beobachtungszeitraum liegt in der frühen Morgen-dämmerung. Dies ist – wegen der Lichtverhältnisse – auch bei der Auswahl der Filme zu beachten.

Einen Beobachtungsstand muß man ebenso geräuschlos ver-lassen, wie man ihn betreten hat. Nur so vermeidet man das Mißtrauen der Tiere. Will man das Wild nur beobachten, so empfiehlt sich ein starkes Prismenglas mit acht- bis zwölffacher Vergrößerung.

Etwas schwieriger ist die Beobachtung von Vögeln, und um sie gar fotografieren oder filmen zu können, gilt es, einige Proble-me zu überwinden. Ohne starkes Teleobjektiv und Stativ kommt man kaum aus. Am schwierigsten ist es, in die Horste von Raubvögeln hinein zu filmen. Denn selbst wenn man auf benachbarten Bäumen nach waghalsiger Klettertour einen provisorischen Beobachtungsstand einrichtet, wird man ver-mutlich von den scharfen Augen der Vögel entdeckt.

Ideal sind die Voraussetzungen, wenn der Baum mit dem Raubvogelhorst in der Nähe einer Fels- oder Steinbruchwand steht und von ihr überragt wird. So kann sich der Beobachter gut getarnt bis zur Kante der Felswand vorarbeiten und mit starkem Objektiv in den Horst filmen.

Tarnen, anschleichen und beobachten

Wenn wir Tiere in der Freiheit beobachten wollen, so müssen wir uns so anschleichen, daß sie uns weder sehen noch wittern können. Hierzu ist es notwendig, daß wir uns unserer Umgebung anpassen, vor allen Dingen unsere auffälligen Konturen verwischen, keine hastigen oder ruckartigen Bewegungen machen und in der Lage sind, über längere Zeit still zu verharren, wenn die Blicke des zu beschleichenden Wildes auf uns ruhen oder beim Spiel der gegnerische Späher in unsere Richtung schaut.

Spähen wir von einem Berg herab, so müssen wir unbedingt vermeiden, daß sich unsere Umrisse vom Himmel abheben. Dies ist der häufigste Fehler, den ein ungeübter Beobachter macht. Es gibt verschiedene Möglichkeiten, sich unauffällig in der Natur zu bewegen. So gibt es Tarnfächer, -kappen, -schilde und getarnte Kriechkörbe, die man sich leicht selbst anfertigen kann.

Tarnfächer sind in erster Linie dazu gedacht, das Gesicht zu verbergen, dabei kann man beim Beobachten aus der Deckung heraus den Fächer in der Hand halten oder – liegt man am Boden oder in einem Graben – vor sich in die Erde stecken. Wichtig ist, daß der Tarnfächer stets aus dem Material hergestellt ist, das auch die Umgebung aufweist.

Eine Tarnhaube, die pyramidenförmig aus Stöcken zusammengebunden und anschließend mit Gras, Schilf oder Astwerk versehen wird, stülpt man sich über den Kopf. Hierbei müssen weit ausladende Äste vermieden werden, da sie bei der kleinsten Bewegung des Kopfes auffallen.

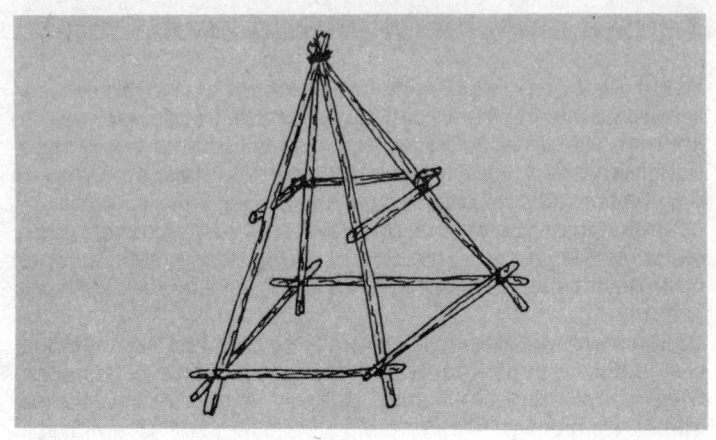

Auch ein Tarnschild wird aus Stöcken zusammengebunden und mit Buschwerk versehen. Er bildet einen künstlichen Strauch, hinter dem man sich verbergen und den man langsam vorwärts bewegen kann.

Der getarnte Kriechkorb besteht aus zwei gebogenen Ästen, die von langen Stangen verbunden werden. Diesen Korb kann man beim Kriechen über die Erde mit sich ziehen und dabei hervorragend beobachten. Auch in diesem Fall müssen hohe Aufbauten vermieden werden.

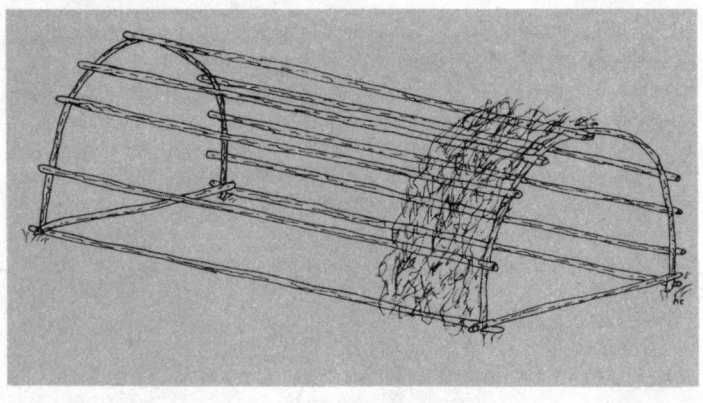

Tips für die Jüngsten

Durch Unwissenheit der hilfsbereitesten Menschen wird oft mehr Schaden als Nutzen angerichtet. Deshalb empfiehlt sich eine Absprache mit dem Förster. Das hat nichts mit Kontrolle oder Aufsicht zu tun, sondern trägt dazu bei, daß wirklich dort geholfen wird, wo Hilfe notwendig ist. Insbesondere in den Wintermonaten sind Förster und Jagdpächter für jede gewissenhaft helfende Hand dankbar. So bekommt man jene Stellen gezeigt, wo in regelmäßigen Abständen das Eis aufgehackt werden muß, damit die Tiere trinken können; wohin Heu und Salzblöcke zu transportieren sind; wo es sich empfiehlt, selbst eine Futterstelle einzurichten.

Für die Vögel können Futterhäuschen gebaut werden, und wie wichtig es ist, ausreichend Meisenknödel, Meisenringe und Schwartenstücke aufzuhängen, wird deutlich, wenn man sich vor Augen führt, daß eine Meise innerhalb der ersten Minuten nach ihrem Erwachen Nahrung benötigt, da sonst ihr Stoffwechsel zusammenbricht und der Tod eintritt. Trotz klirrender Kälte und knirschendem Schnee unter den Stiefeln sollte man daran denken, wie sehr die gefiederten Freunde mit ihrem Gesang uns im Sommer wieder erfreuen werden, wenn wir ihnen über die strenge Jahreszeit hinweghelfen.

Doch auch im Sommer gibt es im Wald genügend zu tun; sei es das Ausbessern von Geländern oder Stegen, die über Bäche führen; die Reparatur und Erneuerung von Hinweistafeln und Wegweisern, die von der Witterung in Mitleidenschaft gezogen wurden; die Ausbesserung von Zäunen rund um die Schonungen oder die Reparatur der im Winter benötigten Wildfütterungsanlagen.

Auch die Wander- und Gebirgsvereine, die das weitverzweigte Netz von Wanderwegen unterhalten und mit Hinweiszeichen versehen, sind für jede Hilfe dankbar. Bereits nach kurzer Einweisung wird es möglich sein, helfend mit anzupacken. Auf den nächsten Seiten findet man die Anschriften der Vereine aus dem jeweiligen Bereich der Bundesrepublik.

Vereinsanschriften

49 Wander-, Gebirgs- und Heimatvereine bilden (zur Zeit) den Verband Deutscher Gebirgs- und Wandervereine e.V. mit Sitz in Stuttgart. Mit mehr als einer halben Million Mitglieder sind hier die 2 500 örtlichen Gruppen dieser Vereine ohne Rücksicht auf ihre unterschiedlichen Struktur- und Organisationsformen zusammengeschlossen. Sie haben unterschiedliche Traditionen entwickelt.

Die Jugendorganisation des Verbandes, die Deutsche Wanderjugend (DWJ) zählt 120 000 Mitglieder, die in mehr als 1 000 Jugendgruppen zusammengefaßt sind.

Allgemein basiert ihre Arbeit seit 80, 90 oder 100 Jahren (oder auch wesentlich kürzer) auf vielerlei Bemühungen um den Naturschutz, um die Bewahrung und Erforschung von Geschichte und Landschaft und – daraus resultierend – die Pflege des Wanderns als Natur-Erlebnis, die Schaffung und Unterhaltung von Wanderwegen, Wanderheimen und Aussichtstürmen und die Werbung für das Wandern, auch über die Grenzen hinweg. Die 49 Vereine unterschiedlicher Größe konzentrieren sich zwar in den Mittelgebirgen, umspannen aber mit ihren Gruppen und ihrem Wegnetz (140 000 km) – bis auf wenige Ausnahmen – die gesamte Bundesrepublik. Ihre Verbindungen und ihre Wege reichen weit über die Ländergrenzen. Der deutsche Verband war 1969 der Initiator für die europäische Wandervereinigung (EWV), der heute 34 Organisationen mit 1,4 Millionen Mitgliedern in 16 Ländern Europas angehören.

Anschriften der Vereine, die im Verband Deutscher Gebirgs- und Wandervereine zusammengeschlossen sind:

Baumberge-Verein e.V., Münster/W., 1896
Philippistr. 9
4400 Münster, Tel. (0251) 82300

Bayerischer Waldverein, e.V. Zwiesel, 1883
Angerstr. 39
8372 Zwiesel, Tel. (09922) 9265
Mo.-Fr. 14-17 Uhr

Eggegebirgsverein, Bad Driburg, 1900
Elmarstr. 55
3490 Bad Driburg, Tel. (05253) 3251

Eifelverein e.V., Düren, 1888
Stürtzstr. 2-6
5160 Düren, Tel. (02421) 13121
Mo.-Fr. 8-13.00 Uhr u. 15.30-17.00 Uhr

Erzgebirgsverein e.V., 1878
Postfach 44
7184 Kirchberg/Jagst, Tel. (07954) 428
Kirchstr. 17

Fichtelgebirgsverein e.V., Hof/Saale, 1888
Altstadt 36
8670 Hof/Saale, Tel. (09281) 2531
Mo.-Fr. 13.30-17.30 Uhr

Fränkischer Albverein e.V., Nürnberg, 1914
Goldberger Str. 74
8500 Nürnberg, Tel. (0911) 805176

Fränkische-Schweiz-Verein e.V., Ebermannsstadt/Ofr., 1901
Oberes Tor 1
8553 Obermannsstadt, Tel. (09194) 8101 od. (09242) 373
Do. 10-12.00 Uhr, Fr. 14-16.00 Uhr

Frankenwaldverein e.V. Selbitz, 1898
Frankenwaldstr. 13
8671 Schwarzenbach a. Wald
werktags 14-18.00 Uhr

Frankfurter Stadtwaldverein, 1903
Elvira Fünfkranz
Offenbacher Landstr. 360
6000 Frankfurt 70, Tel. (0611) 653145

Glatzer Gebirgs-Verein e.V., Braunschweig 1881
Paul Leister
Altmarktstr. 38a
3300 Braunschweig-Bienrode, Tel. (05307) 5405

Hannoverscher Wander- und Gebirgsverein e.V., Hannover,
1883
Auf der Höchte 64
3008 Garbsen 1, Tel. (05137) 76883
19-21.00 Uhr

Harzclub e.V. Heimat- und Wanderbund Clausthal-Zellerfeld,
1886
Paul-Ernst-Str. 14
3392 Clausthal-Zellerfeld,
Mo.-Fr. 8-11 Uhr

Haßbergvereine e.V., Hofheim, 1928
Hohnhausen 25
8729 Burgpreppach

Heimat und Verschönerungsverein – Wandergruppe – Bad
Salzuflen, 1876
Werner Gaida
Narzissenweg 15
4902 Bad Salzuflen 5, Tel. (05222) 7568

Hessisch-Waldeckischer Gebirgs- und Heimatverein e.V.,
Kassel, 1886
Postfach 101744
3500 Kassel

Hunsrückverein e.V., Bernkastel-Kues, 1890
Verbandsgemeindeverwaltung
6581 Herrstein

Knüllgebirgsverein e.V., Neukirchen, 1884
Otto Krebs
Markt 37
6430 Bad Hersfeld, Tel. (06621) 2864

Kölner Eifelverein e.V., Köln, 1888
Hermann Keil
Thusneldastr. 9
5000 Köln 21, Tel. (0221) 883464

Mährisch-Schlesischer Sudetengebirgsverein (Altvaterland)
e.V., Kirchheim/T., 1881
Postfach 82
7312 Kirchheim/Teck

Oberhessischer Gebirgsverein e.V. Marburg/Lahn, 1894
An den Hohlgärten 1
6320 Alsfeld
Mo.-Fr. bis 20.00 Uhr

Oberpfälzer Waldverein e.V. Weiden, 1916
Sebastianstr. 25/I
8480 Weiden
Di.-Fr. 10.00-11.30 Uhr

Odenwaldclub e.V., Darmstadt, 1882
Postfach 1270
6128 Höchst 1

Pfälzerwald-Verein e.V., Neustadt a.d. Weinstraße, 1902
Fröbelstr. 26
6730 Neustadt, Tel. (06321) 2200
Mo.-Fr. 8-12 u. 14-17 Uhr

Rennsteigverein 1896 e.V., Zapfendorf/Ofr.
Fährweg 6
8601 Zapfendorf, Tel. (09547) 1009
19.30-20.00 Uhr

Rhein- und Taunus-Klub e.V., Wiesbaden, 1882
Paul Ludwig
August-Wolff-Str. 22
6200 Wiesbaden, Tel. (06121) 62282

Rhönclub e.V., Fulda, 1876
Marktstr. 24
6400 Fulda, Tel. (0661) 73488
Mo.-Do. 8.30-12.30 Uhr

Riesengebirgsverein e.V., Düsseldorf, 1880
Dr. Kurt Wiemer
Gartenstr. 38
4000 Düsseldorf, Tel. (0211) 492377

Rott-Inntal-Verein e.V., Pocking, 1972
Roland Zeisberger
Rottwerk 250
8398 Pocking

Saarwald-Verein e.V., Saarbrücken, 1907
Reichstr. 4
6600 Saarbrücken 3, Tel. (06806) 2717
Mo.-Fr. 9-12 Uhr

Sauerländischer Gebirgsverein e.V., Arnsberg, 1891
Emster Str. 104
5800 Hagen, Tel. (02331) 55255, 55814
Mo.-Do. 8-13 u. 14-17 Uhr
Fr. 8-13 u. 14-16 Uhr

Schwäbischer Albverein e.V., Stuttgart, 1888
Hospitalstr. 21B
Postfach 683
7000 Stuttgart 1, Tel. (0711) 290996
8-13 u. 14-16 Uhr

Schwarzwaldverein e.V. Freiburg i.Br., 1864
Rathausgasse 33
7800 Freiburg, Tel. (0761) 22794
Mo.-Fr. 8-13 u. 14-17 Uhr

Sollingverein e.V., Neuhaus im Solling, 1888
Königsberger Str. 43
3450 Holzminden 1, Tel. (05531) 7309
täglich ab 18.00 Uhr

Spessartbund e.V., Aschaffenburg, 1912
Jahnstr. 5
8752 Goldbach, Tel. (06021) 52130

Steigerwaldklub e.V., Ebrach, 1901
Postfach 28
8602 Ebrach, Tel. (09553) 217
Mo.-Fr. 8-12 Uhr u. Mo.-Do. 14-17 Uhr

Taunusklub e.V., Frankfurt/Main, 1868
Dr. Wilfried Grosscurth
Tannenwaldallee 16
6380 Bad Homburg v.d.H., Tel. (06172) 33437

Teutoburger-Wald-Verein e.V., Bielefeld, 1902
Konstantin Mehring
Siekerwall 10
4800 Bielefeld 1

Thüringerwald-Verein e.V., Coburg, 1880
Alte Ratschule, Kirchplatz 5/II
Postfach 103
8630 Coburg, Tel. (09561) 94809

Verein Linker Niederrhein e.V., Krefeld, 1928
Karisplatz 14
4150 Krefeld, Tel. (02151) 778238
Mo.-Fr. 10-12 Uhr

Verschönerungsverein für das Siebengebirge e.V., Bonn, 1869
Adenauerallee 7
5300 Bonn 1, Tel. (0228) 223040
Mo.-Fr. 8-13 Uhr

Vogelsberger Höhenclub e.V., 1881
Bahnhofstr. 26
6478 Nidda 1, Tel. (06043) 3794

Wanderbewegung Norddeutschland e.V., Hamburg, 1905
Große Reichenstr. 27
2000 Hamburg 11, Tel. (040) 327323
Di. und Fr. 10-18 Uhr

Wander- und Lennebergverein Rheingold, Mainz e.V., 1874
Albert-Stohr-Str. 24
6500 Mainz 1, Tel. (06131) 34403

Wanderverein Hameln-Weserbergland e.V., Hameln, 1973
Postfach 66
3250 Hameln 1

Werratalverein e.V., Eschwege, 1883
Nachtigallenweg 2
3440 Eschwege, Tel. (05651) 3408

Westerwald-Verein e.V., Montabaur, 1888
Kreisverwaltung
5430 Montabaur, Tel. (02602) 12206

Wiehengebirgsverband Osnabrück, 1908
Markt 22, Städt. Verkehrsamt
4500 Osnabrück, Tel. (0541) 323-2202
Mo.-Fr. 9-18 Uhr u. Sa. 9-13 Uhr

Wanderverband Porta Westfalica-Mittelweser e.V., Minden
Dürerstr. 3
4950 Minden, Tel. (0571) 52698